傳說孫武

苏州市吴中区孙子兵法研究会 编

中国·苏州
古吴轩出版社

《传说孙武》编纂委员会

孙武画像

兵法祖篇
百代扬名

刘源 壬辰夏

（作者刘源，中国孙子兵法研究会原会长、

中国人民解放军军事科学院原政委、上将）

序

杰出的军事学家孙武子以其所著《孙子兵法》享誉古今中外，然而，关于他的生平事迹却缺乏历史记载，以至于他生于何年、死于何年，尤其是他那惊世骇俗的《孙子兵法》的成书经过，也都湮沦而不详。这是一个不小的历史缺憾。它不仅影响人们对孙武子在吴越和吴楚战争中光辉战绩的了解，还导致一些学者对《孙子兵法》十三篇质疑甚至否定。特别是宋明时代，学术界刮起一股疑古之风，孙武子其人其书也未能幸免。一时之间，否定孙武子其人的存在、否定孙武子是其书作者的言论，迷惑了不少人，其恶劣影响也波及民间，使一些谱牒、传说也出现了真伪矛盾、相互抵触的现象，令人无所信从。

令人倍感欣慰的是，苏州市吴中区孙子兵法研究会编印了一部《传说孙武》，共收七十八个故事，分为五编，全面系统地介绍了孙武子的生平事迹。它虽非史家实录，却于史有征，生动具体，富于情趣，可读性强。

难能可贵的是，编纂者在《编后记》中明确表示：“本书在编纂中，按照‘去粗取精，去伪存真’的思想原则，做了一些年代考证，进行了纠偏改误、拾遗补阙等工作。”这是非常正确的。如果对所有轶闻传说不进行“去粗取精，去伪存真”的筛选加工，那就会出现把孙武子说成是《晏子春秋》记载的“二桃杀三士”的“以勇力搏虎闻”的勇士田开疆——一个头脑简单、四肢发达、毫无智慧可言的齐景公的贴身近臣（保镖）那样的“考证”。毋庸讳言，传说不是信史，民间文学也不能等同于历史典籍，但它在历史事实的基础上通过人们的想象，生动地塑造了人物，演绎了情节。比如说，书中第一编中的《名字的由来》写道：公元前545年（丙辰年），孙武子诞生，父辈们以“止戈为武”、“安邦定国”的含意为其取名为“‘武’，字‘长卿’”。这个故事便是颇有缘由的。

据史书记载，孙武子祖父陈（田）书因“伐莒有功”，齐景公给予了赐姓孙氏、食邑乐安的奖赏。从此，陈（田）书的陈（田）姓改为孙姓，乐安（今山东惠民）成为孙书的采邑。这一“赐姓封采”的殊荣，史籍却缺乏详细的记载。

我们知道，公元前512年孙武子见吴王，献兵书，吴宫教战，这个时间是明确的。

那么，陈书伐莒立功是哪一年呢？齐国曾多次伐莒，排除掉明确署名为“孙书”的记载外，《左传》还记载了公元前605年、公元前596年、公元前550年和公元前541年四次。前三次齐景公尚未即位，唯有公元前541年符合，而其时正值齐景公七年。

公元前541年与《传说孙武》所记孙武子诞生的公元前545年仅

差4年。早在20世纪90年代，我曾在惠民县访问过一位叫马汉卿的老人，他满肚子的孙武子传说故事，曾向我讲述了孙书三喜临门的故事：齐景公因孙书伐莒有功，赐姓孙氏是一喜；得到封赏采邑乐安是二喜；喜得贵孙是三喜。孙书发现小孙儿手掌有纹，像个篆体的“武”字，又与他打了胜仗暗相吻合，便为其取名孙武。

值得注意的是，公元前541年与公元前512年相距29年。三十而立。孙武子正是立德、立功、立言干一番事业的年龄，无疑是可信的。而有的人把孙书伐莒立功的时间定在公元前523年，前后相距仅12年。当时孙武子只不过是一个12岁不到的少年，显然不合情理。

我虽然只举这一例，但也可以看出《传说孙武》一书有相当的文化内涵，更可看出编纂者学养之深、用功之勤。掩卷而叹，令人肃然起敬！是为序。

吴如嵩

（作者系中国孙子兵法研究会原副会长、首席专家）

2017年5月20日

苏州市吴中区穹窿山

引言

孙武，春秋末期著名军事家，字长卿，后人尊其为孙子或孙武子，齐国乐安（今山东惠民县）人。原为齐国田完后裔，赐姓孙。因战乱避奔吴国，世人莫知其能。时逢吴国阖闾欲图霸业，思贤若渴。伍子胥深知孙武虽辟隐深居，但善为兵法，乃向吴王阖闾荐举。孙武以《兵法》十三篇见于阖闾。阖闾大悦，起用孙武为将。后“西破强楚，入郢，北威齐晋，显名诸侯，孙子与有力焉”（《史记·孙子吴起列传》）。

孙武奔吴，隐居吴国，以后又为将，南征北战，他在吴地生活了整整三十多年，留下了众多遗迹和民间传说。

关于孙武的民间传说，是吴地的一笔重要的非物质文化遗产。随着时光的流逝、人员新陈代谢，抢救这一珍贵的文化遗产更为迫切，若任其流失湮没则尤为可惜。为此，苏州市吴中区孙子兵法研究会组织人员收集民间口传资料，加以整理、编纂成书，以传后人。

《传说孙武》共收录七十八个小故事，以民间文学的形式、以孙武生平经历为序而分段记述，辑分为五编（聪明伶俐小孙武、避乱奔吴求发展、辅助吴王为将军、南征北战立功勋、终老吴地传智慧）。

民间传说，千年流传，常有一事多说的现象，这是民间文学之集体性、口头性、变异性、传承性的基本特征。《传说孙武》选录中，尊重了口述者原始的表述内容、语言习惯和不同的传说情节，完整记录了民间朴实的口传故事，从不同情节的小故事中展示出了孙武的大智慧、高境界、好品德和历史功绩，旨在传承中华民族优秀文明和先哲孙武之精神。

目 录

第四编　南征北战立功勋

第一编　聪明伶俐小孙武

孙武先祖原是春秋时陈国的公子，公元前672年因避陈国宫廷内乱而投奔齐国，改姓田氏。越四代之后，齐国田氏家族首领田无宇娶了齐灵公之女，官至齐国大夫，历仕灵公、庄公、景公三代，其第四子田书，因伐莒有功，被赐姓孙氏，食采于乐安。

孙武出生于齐国的名门世家，他的祖父孙书在经历中意识到“武将安邦，文臣治国”。于是，在孙武幼年，祖父就命专人向他传授诗书礼乐，创造了一个学文习武的良好环境。

小孙武天资聪慧。三岁起，就专心学文练字，到五六岁时，不但对所学内容倒背如流，还能解释其意。他学诗书礼乐的同时，也常常读兵书而习武，少年时就助人为乐，长大后文武双全……

孙武的祖先

采集整理：曹尧德，山东省龙口市人，作《孙子传》。

收集整理：谈世茂，今苏州市吴中区人，2011年供稿。

“传说孙武”，先从他的祖先说起。他家是春秋时陈国的公族，但宫廷内屡屡互相残杀，造成混乱。

公元前744年，陈国文公病逝，他十岁的儿子鲍承袭该国君位——陈桓公（前754年生，于前744年—前707年在位），当政共三十八年。陈桓公病重之时，其异母之弟陈佗却勾结蔡人杀了桓公太子免，并在桓公去世后自立为陈国之君。然而，陈佗当政不到一年，公元前706年，桓公的次、三、四子（跃、林、杵臼）联合设计杀了叔父陈佗，陈跃即位——陈厉公（前706年即位至前700年去世），在位七年。厉公去世之后，其弟林自恃有功，即自行继位——陈庄公（前699年—前693年），在位七年。那时，陈厉公之子陈完（字敬仲）失去了继承君位的机会，只能为陈国大夫。

公元前693年，陈庄公去世之后，其幼弟杵臼继位——陈宣公

（前692年—前648年），在位四十五年，其间宣公长子御寇被立为太子。那时，太子御寇与堂兄陈完相处甚好。

不料，宣公二十一年（前672年），宣公的宠姬生了一子，名款，宣公宠姬想立款为太子，就设计陷害、杀掉了原太子御寇。

那时，陈厉公之子陈完，害怕宣公宠姬施毒计，清算原太子御寇的余党而祸连自己，就携眷逃到了齐国，史称“完公避祸奔齐”。

当时，齐桓公见陈完本是陈国的公子、大夫，很有才能，要拜陈完为齐国之卿，但陈完推辞了，齐桓公就封其为“工正”（管理百工的官，主掌工匠营造），并赐给他很多田地。古时的“陈”和“田”同音（“古无舌上音”），故齐人称其为“田完”。从此，陈完以“田”为姓，成了齐国田氏的始祖，也是该家族第一任首领。

田完后传田孟夷（田稚）、田孟庄（田湣）、田文子（田须无）、田无宇（谥号桓，史称陈桓子、田桓子）四代，这支田氏家族逐渐兴旺，成为齐国名门望族。

田无宇承袭父亲田文子，为齐国田氏家族第五任首领，还聘娶了齐灵公与穆孟姬（鲁国叔孙侨如之女）所生的女儿为妻，即吕光（齐后庄公）、吕杵臼（齐景公）同父异母的姐姐。

田无宇身为齐灵公之婿，历仕齐灵公（前581年—前554年在位）、齐后庄公（前553年—前548年在位）、齐景公（前547年—前490年在位）三代。公元前571年—前567年，田无宇随齐相晏弱（又称晏桓子，晏婴之父）征战莱国，最终攻灭莱国，立下战功。

田无宇很有勇力和计谋，侍奉齐后庄公时很受宠爱，官升至上大夫。公元前548年，崔杼杀害齐后庄公，田无宇扶助小舅子、公子吕杵臼即位为齐景公。

田无宇有五个子：田武子（田开）、田僖子（田乞）、陈昭子（田昭）、田书（孙书）、子亶，都能文善武。

春秋时期，诸侯国之间常相互攻伐，兼并土地，倚强欺弱，征战不休。仅是齐后庄公与齐景公时期，齐国攻伐莒国的战争就有多次。田无宇四子田书是一位将军，足智多谋，因伐莒有功，被赐姓孙氏，食采于乐安（今属山东省惠民县境）。

乐安之邑，成了孙氏发祥地，田书改称孙书，他的儿子田凭，也改称孙凭。孙书、孙凭就是孙武的祖父和父亲，孙凭后来也做了齐国的上卿，成为君主以下最高一级的官员。

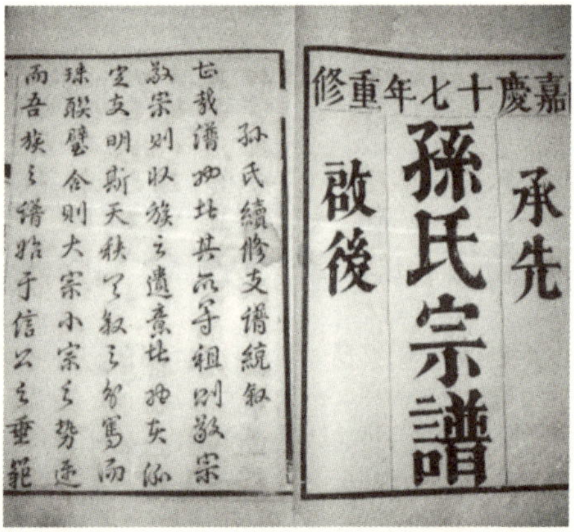

名字的由来

采集整理：周兴，江苏省宜兴市人，作《孙武本传》。

收集整理：谈世茂，今苏州市吴中区人，2011年供稿。

公元前545年（丙辰年）初冬的一天（也有研究资料称，是公元前541年），齐国孙书将军家添了一个男孙，取名为"武"，字"长卿"，他就是后来中国历史上有名的兵法鼻祖——孙武。

在古代，为孩子起名是件十分慎重的大事。古人云："名子，父之责。命之名，所以示之教也。"就是说，给孩子起名，是父亲的责任。古人还有一条规矩，父亲必须在儿子出生三个月以内取好名，并且不能由他人代替。

传说，孙武出生时，其祖父孙书、父亲孙凭因军务在身，一直不能回家。按照规矩，只能等孙凭回来为其取名。可是等了一天又一天，一月又一月，直到三个月期限的最后一天，孙书、孙凭才赶回了家。

他们跨进家门，两人顾不上脱下戎装，就抱起孩子亲了又亲，看了又看，无比喜悦。家里人忙提醒说："今日是给孩子起名期限内的最后一天了，快给孩儿起个名吧！”

孙凭回过神来，独自思忖了一会，叹道：“如今战乱不休，生灵涂炭，不知何日能休止，让天下人和孩儿们过上平静的日子。”

孙书听了儿子的话，也颇有感触地说：“兵者，凶事也，不得已而为之，自古兵家非好战。”接着，他讲述了楚庄王论武的故事。

那是公元前597年的楚晋邲地（今河南阳东北）之战，楚军获得大胜，晋军尸骨如山。楚国有个子臣向楚王建议，就用晋军的尸体筑成一个高台，称“京观”，来庆祝胜利。同时，以此教育子孙，使其认识到武力的重要。楚庄王当即制止道：“非也。你们不懂武的真正含义。”楚庄王接着说：“照字形讲，‘武’字由‘止’与‘戈’两字组成，所谓‘止戈’为‘武’。真正的武力是用来制止强暴、消除战争、巩固功业、安定百姓的。真正的‘武’，讲‘七德’。那种滥施暴行、炫耀武力的做法，绝不是真正的‘武’。如今，为了争王位而战的有之，为了争地盘而战的有之，甚至为争一个美女、一匹好马、一件宝物发生战争的也有之。这种滥施强暴的战争，不知何日能止。”

孙凭听了父亲孙书的一番话，很受启发，就说：“为小儿取名‘武’吧！希望他长大后，做一个真正懂武、正确施武的人，以武安邦、定国、扶正，以武保卫国家强盛、百姓安定平和。”

按古时习俗，取“名”后还要取“字”。于是，孙凭沉思一番，确定儿子表字“长卿”，希望他成为善德之卿、长期为国献力之卿。

儿时孩子王

采集整理：李东东、吴学文、李殿仁，山东人，作《说孙子》等。
收集整理：谈世茂，今苏州市吴中区人，2011年供稿。

孙武从小天资聪颖，伶俐过人，而且是个孩子王，胆子蛮大的，时常会做出惊人的举动。

孙书对这个小孙子非常喜欢。孙武六岁时，孙书就亲自教授他习文练武。七岁时，专门聘请当地文才出众的尚忠先生为家庭教师，一心想将孙武培养成文武兼备的良才。尚忠先生对孙武管教甚严，每日授课与他，且布置若干作业，还限制他的课外活动。

据传，孙武八岁那年冬天，天降大雪，祖父孙书请尚忠出门饮酒赏雪，孙武乘机偷偷溜出家门，约几个小伙伴外出玩雪。

小孙武望见广袤的田野上一片银白，雪花飘飘洒洒不停地飞舞落下，异常兴奋。他将小伙伴们分成两帮，在村东一条小河的岸边展开了激烈的雪战。一会儿，孩子们都似雪人一般，个个玩得头冒热气，却是浑身自在。

他们玩着玩着，来到了一座河神龙王庙前。原来，这个村东头的小河每到夏季，雨水一多，水位就上涨，经常泛滥成灾。于是，信神仙的村民就在村头建了个河神庙，塑了一尊龙王神像，以龙王为河神，镇守地方，祈保太平。

孩子们紧紧相随涌进庙里，抬头一看，大殿中间有一尊泥塑龙王金身神像，两厢是些虾神、蚌将的泥塑像，十分怪异，个个龇牙咧嘴。孩子们望着这些泥塑像，心里直发毛，好几个孩子差点吓得哭出声来。

小孙武一点不怕，为了给大家壮胆，他嬉笑着爬到河神龙王塑像前的供桌上，把自己手中的雪球，往龙王手里一放，并大声叱咤道："龙王！你得给俺看好这个雪球，不许它化了，若化了，俺饶不了你！"

"哈"的一声，孩子们全笑了，也都不怕了。他们在庙里又痛痛快快地做起了游戏。

时间很快，六个月过去了，炎热的夏季接踵而至。一天，尚忠先生正在给孙武授课，突然感到困乏难忍，他急匆匆给孙武布置了几道题后，竟趴在太师椅上睡着了。

他睡梦中听到哗哗的水声，又听到有人呼他的名字，"尚——忠——先——生！"尚忠抬头一看，眼前竟然是村头河神庙中的龙王，直直立于他面前。龙王愁眉苦脸地对着尚忠先生深深一躬，说道："今有一事，烦请先生做主。"

尚忠先生吓得半死，赶紧朝龙王还礼，结结巴巴地说："请……

请龙王爷吩咐。”龙王娓娓道来：“尊师的弟子孙武，腊月时分放在小神手中一个雪团，请小神守护，至今六月有余，天气炎热，雪团实在难以保存，求尊师劝您弟子，将雪团拿了去吧！”

尚忠先生听罢，不由得笑出声来，忙说：“孙武乃一个孩娃，孩娃的戏言，龙王爷怎么去理他？”

龙王叹口气，说：“尊师有所不知，这小孙武乃是上天玉皇大帝的宠臣——智虎星神下凡，小神我职小位卑，智虎星神的指令岂敢违背？故而今日求助于师长。”

尚忠满口答应：“这般说来，小孙武……请龙王爷放心！”龙王又深深一躬，于一阵烟雾中退去。

尚忠先生浑身一颤，猝然醒来，揉揉双眼，原来是南柯一梦，但他觉得蹊跷，急忙唤小孙武过来询问。

对于此事，小孙武早已忘得一干二净，他好一阵思量，才想起六个月前那日与小伙伴们打雪仗时自己的所作所为，再去庙里一瞧，在泥塑龙王手上的那雪团早已融化了，仅见泥手沾过雪水的痕迹……

但是，人们相传此事，加油添醋，说得神乎其神。后来，孙武名闻四周，孙家氏族又重修了一座气势非凡的河神龙王庙，原来的村庄也改名孙家庙村了。

又传，孙武小时候志向就很高，胆大心细。他住的村东头有一棵老槐树。这老槐树啊，长得怪模怪样，大人们经常讲老槐树与鬼的故事，孩子们既喜欢听又害怕，越听越对这老槐树感到恐惧，有的小孩大白天都不敢去玩。

这棵老槐树下，有一块横卧的大青石。大人们常聚在树下听老长辈站在大青石上训话。

一天，小孙武对伙伴们说："今天，俺们玩个树林里打仗的游戏，好吗？"孩子们一听就乐了。可有的说："树林里不能去，大人常说这树林里面有老虎，老虎要吃人的。"

孙武反问："大人们不是也常去吗？我也去过，什么事也没有。"小伙伴听孙武这么一说，都愿意去玩，并一致推孙武当头。

孙武也不推辞，因为他确实随大人们去过林子。这林子名字叫迷汤林，很是吓人，可其实里面都是些参差不齐的怪树和杂草，根本没有老虎。

孙武小手一挥，大声喊道："跟本'将军'来。"随即带领伙伴们先到大槐树下集合，自己站到大青石上，将伙伴们分成两帮，说今天玩丛林里战斗，这帮人攻击，那帮人防御，战斗结束，还是到大槐树下集合。又如此这般地部署了一番。

孩子们随即进入林中，展开"战斗"。小孙武当起了"将军"，静坐在大青石上等待伙伴们"战斗"回来。这时，他打了几个哈欠，竟躺在那块大青石上呼呼地睡着了。

小伙伴们第一次进迷汤林，看到很多怪模怪样的古槐树，都吓得不行，赶紧结束了"战斗"。大家跑出林子，朦朦胧胧地看见大青石头上睡着一个怪物，不知谁惊叫一声："老虎！"这一叫，吓得伙伴们哇哇地抱头四处乱跑。

小孙武听到有"老虎"的喊叫声，一骨碌爬起，看到原来是小伙伴们往林子里乱跑，非常生气，大喊："都给我回来！"

伙伴们听到孙武威严的叫声，立住脚，回头一看，大青石上哪是什么老虎，原来是小"将军"孙武啊，大家回到大青石旁，又开展了其他比赛……自此，全村的小伙伴们都喜欢与孙武在一起读书和玩耍，很听孙武的话。

山东惠民县——孙武故园

三箭同心圆

采集整理：李殿仁，山东省滨县人，作《兵家之祖——孙子》。
收集整理：谈世茂，今苏州市吴中区人，2011年供稿。

传说，孙武祖父孙书有一天陪同齐景公出去打猎，随行中有一位年轻漂亮的女子，这女子是齐君宫中的一位宫女，她既知书达礼，又懂一点草药知识，常到城郊寻觅药草。为防野兽侵害，她学会了开弓射箭。

齐景公对孙书说："你儿子孙凭箭法很高超，这女子就赐给孙凭为妾吧。"孙书喜出望外，赶忙谢恩。齐景公又说："办婚礼时，要不落俗套，有将门特色，寡人也来贺喜。"

齐景公参加婚礼，那可是风光大事。婚礼那天，仪式确实不落俗套。就说新郎迎亲吧：孙凭骑着高大的骏马，英气勃勃，随行队伍是家兵家将，队形严整，威武非凡。

迎亲队伍回到孙家门前，只见庭院一端有一彩绸裹着的东西，新郎孙凭一到，彩绸揭开，露出一个箭垛来。孙凭下马，舒背拉弓，嗖的一声，正中箭垛的红心。

这时，一个背弓的傧相扶着新娘也从轿子里出来了，新娘取下红盖头，拉弓一箭，也正中红心，而且两支箭镞聚在一起。“两箭同心！”众人齐声喝彩。

齐景公见此情景，兴奋地称赞道：“好！这样的婚礼，寡人还是第一次见到，不愧为将门之家啊！”

接着，他突发奇想地说：“听说孙家长孙，是个神童，能文善武，不知能否一见？”话音刚落，只见人群中走出一个童子，礼貌地向齐景公拜了拜说：“小童孙武，字长卿，拜见国君。”

齐景公笑问：“听说你也懂兵法武艺？”

“生在将门，耳濡目染，略懂。”小孙武回答。

“好，寡人今天就考考你，你先说说古今有哪些著名的兵法？”

小孙武沉着地屈指数来：古代兵法流传至今，最早的要数黄帝大将风后的《握奇经》，当朝开国时吕尚辅助文王、武王，著有兵法《六韬》，书分文韬、武韬、龙韬、虎韬、豹韬、犬韬六卷。近代兵家、政治家、学问家，凡有著作，虽不专论兵法，却也涉及若干。如道家老子的《道德经》，均有论述。还有本国贤相管仲，著有《管子》二十卷，其中就有一卷专论兵法……

齐景公大为惊奇，几乎不敢相信一个孩儿能知如此多的兵书，接着又问：“这些兵书，你能说出其中一些内容吗？”

小孙武点了点头。齐景公每提一问，小孙武皆对答如流，众人啧啧称赞。

齐景公又问："今天的婚礼上，已有了两箭同心，你能不能再来个三箭同心，锦上添花？"

小孙武沉着地接过弓，拉弓搭箭，一箭射出，正中红心，齐景公和众人一齐喝彩……

小孙武又发三箭，箭箭中靶，且又同心，从此，"孙武有神功"被广泛传颂开来。

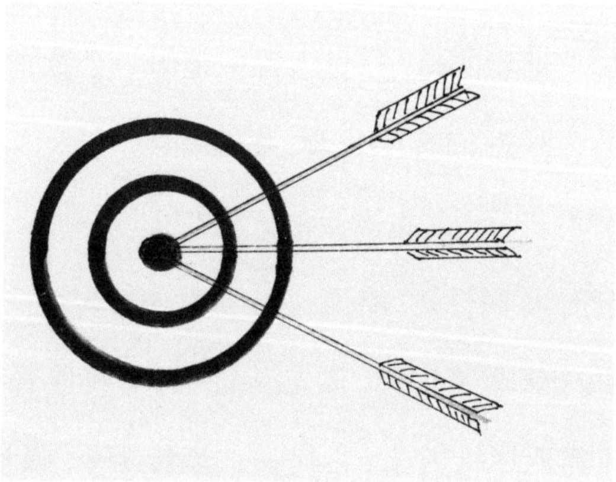

观海明大志

采集整理：曹尧德，山东省龙口市人，作《孙子传》。

收集整理：谈世茂，今苏州市吴中区人，2011年供稿。

孙武的家庭老师，教学方法有点与众不同。传说，他既要小孙武背诵经典，也常带小孙武走村串巷，了解民间疾苦。登高山、观大海，考察古战场，云游四方。在云游中，先生见山论山，见海论海，见人论人，见事论事，甚至一草一木、一水一石都要向小孙武讲述半天，培养小孙武观察、思考、分析、归纳的习惯。

小孙武是个爱动脑筋的孩子，什么都要打破砂锅问到底。老先生博学多才，又饱经沧桑，无论什么问题，都能由浅入深一一解答。小孙武学习如饥似渴，小脑袋什么东西都装得下，又能反复思考。

一天，老先生带领小孙武登高山、观大海，一老一少，健步如飞，很快到达山顶。哪知，风云突变，狂风呼啸，海涛汹涌，宛如龙腾虎跃，又似万马奔驰。天空中乌云翻滚，形同倒海翻江，天昏地暗，如坠混沌世界。转眼间，雷电交加，大雨倾盆，一下子把他们淋得像落汤鸡。

老先生有意问小孙武："怕不怕？回去吧。"

"不！一个人没有大海一样的胸襟，没有浪涛的汹涌气势，没有搏击风浪的意志，是成不了大事的。"小孙武坚定地说。

尽管天气不好，但仍可见大海中隐隐约约有几只小舟，小舟上的人似乎还在打鱼。先生又问孙武："今日所见，有何启示？"孙武答："为国者，应有大海之水那样雄厚的实力；用兵者，应有倒海翻江那样压倒一切敌人的气势；为将者，应有渔夫那样在大风大浪中驾驭小舟的好本领……"

接着，孙武话锋一转："先生，你看那大海中的船老大，不仅勇气过人，敢于在风浪中搏击，而且其智慧也过人，他识天候、知风云、习风浪，顺势而作，乘势而上，借势而助，在风浪中如行坦途……"

老先生听着这话，心里有说不出的高兴，深感小孙武实非等闲之辈。从此，先生对孙武更加精心培育、尽情辅教。

几年后，家庭老师慢慢地感到，自己教小孙武已力不从心，可谓青出于蓝已胜于蓝，于是，对主人说："小主人真是一位神童，十分聪明睿智。为师者，能教得一位贤人，乃一生之荣幸，如今其文韬武略已越卑师……"便辞职而去。

智救段木匠

口述：李春富，张家港市乐余镇人，1993年口述。

采集整理：李洲芳，今苏州市吴中区人，2013年供稿。

少年孙武有许多好朋友，有个叫段大保的对孙武更是佩服得五体投地，两人宛如亲兄弟。为什么会这样？原来孙武救过他父亲。

大保是段木裁的儿子。段木裁是个心灵手巧的木匠，人们都称他为段木匠。一天，龙王庙的庙祝要段木匠做一只银柜，段木匠因为生意太忙，没有及时应允，庙祝因此怀恨在心，决意报复。他去拜见千乘郡守，胡编一通道："昨夜老朽回东海做客，龙王老爷叫我带来书信一封，请大人亲启。"

郡守打开书信一看，只见上边写着："你是千乘之主，我是东海龙王，久闻治下段木匠技术高超，请他来龙宫造龙门一座，我保你健康长寿。若有半点违拗，休怪我拿你开刀。"郡守是个迷信鬼，照办不误。

段木匠晓得这是庙祝报复，但是没有脱身的计策，准备一死了之。大保为此哭红了双眼。孙武见大保伤心哭泣，问其缘由，大保如实相告。孙武开动脑筋，想出了搭救段木匠的办法……

三月十五申时一到，庙祝就指挥四个彪形大汉，举起段木匠将之抛入老龙湾，转眼之间，段木匠便消失得无影无踪。庙祝十分得意，终于消了心头之恨。

半年之后的一个下午，段木匠突然出现在郡守面前，郡守吓得魂飞魄散、呆若木鸡。段木匠说："承蒙老爷差遣，草民方至龙宫一展才艺，完工后龙王差我来给你送信。"郡守看信后，连说两句："照办，照办。"

第二天上午，郡守派人把庙祝带到老龙湾。郡守对他说："今天下午龙王请你去参加龙门落成典礼。"不容庙祝求饶，就被如法抛入了老龙湾，从此一命归天。

当时，段木匠为什么能活着回家呢？原来是孙武用一根已打通的竹管，一头拴住小石头墩子沉入河中，一头通到湾边芦苇丛中，做好准备，并叫大保利用送监饭的时机，传讯给他父亲知道孙武营救的办法。段木匠被抛落水后，乘势下潜，摸到石墩子后用竹管呼吸，后顺着竹管潜至芦苇丛中。待郡守和庙祝等人离开后，孙武将段木匠救上岸，藏于自己家后面的小屋一段时间，后面授计谋，借郡守之手除去了作恶多端、横行乡里的庙祝。

雪中救母子

口述： 李春贵，张家港市乐余镇人，1993年口述。

采集整理： 李洲芳，今苏州市吴中区人，2013年供稿。

有一年冬，天气特别寒冷，连续下了几天雪，仿佛天女散花，洁白无瑕的小雪花如同柳絮一般从天穹中徐徐飘落下来，整个乐安大地都笼罩在茫茫大雪之中，一片银装素裹。

一天早上，风停雪止，孙武刚用过早点，看到天气转晴，便出门踏雪赏景。他边走边看，不知不觉来到了村东头梅林边的小道上，见那树枝上似开满了梨花，树梢上挂满了银球和冰条，美丽极了，充满了诗情画意，真是心旷神怡。他无意之中发现了前面道旁一棵大树下好像有人横躺着。

孙武快步向前，只见一位老妇和一位青年身上衣衫单薄，两人互抱一起，横卧在雪地上，脚边有一根竹竿和一只破篮，篮中还有碗筷之物。

孙武明白了，这定是一对逃荒要饭的母子，饥寒交迫昏过去后冻僵在此。他用手摸一下两人的鼻子，似乎都还有微弱的鼻息。孙武恻隐之心油然而生，背起老妇飞奔回村子。

这时，孙府有四个家丁正在门口扫雪，有一个发现小主人像是背了一个人从村口奔过来，忙叫大家都上前相迎。孙武见有家丁来了，喘着气吩咐说："树林小道边还有冻僵的一个人，快去背回来！"众人把那两人背回孙府。

孙武命人赶快给她们更衣，将其置于厢房暖炕，叫郎中先生来诊治……背来的两人先后苏醒了，孙武又按郎中指点，先给姜汤喝，再给食物吃。不久，两人都能坐起身说话了，感谢孙家救了他们的性命。众人都说："这是我家小主人良心好行的善，是他先发现的，也是他吩咐这样做的。"

这时，站在炕前的孙武说："两位不必客气，救人是应该的。不知两位是哪里人氏，怎么会昏倒在树林边雪地？"两人伤心地泣诉了详情。

原来，两人确是一对母子，儿子叫郝继业，家住河头村，和孙武家相距三十里，本来家境尚好。那妇人说："难妇公公叫郝尚发，河头村里人都称我公婆为郝大爷、郝大娘。大爷、大娘生有两个儿子，大的叫郝孟祥，小的叫郝仲祥。老两口吃苦耐劳，家境慢慢地变好，有房住，有地种，并先后给两个儿子娶妻圆房，分家立业。我嫁给仲祥，不久生下一子，叫继业，就是他。"

妇人指了指儿子继业，又叹道："好景不久，他爹仲祥因病死了，留下我们母子俩。公婆因晚年丧子，相继得病身亡。不久，大房郝孟祥夫妇想独吞家产，便寻衅闹事，将我们母子俩打出家门。从此，我们母子俩有家难回，无衣无食，到处流浪。”此时，继业母泣不成声。

郝继业对大家哭诉道：“昨天，我们母子俩流浪到附近一个村，听说叫鲍家庄，那儿穷人家也很多，加上大风雪天，多数人家都关门上炕，我们不敢贸然敲门，故而乞讨不到食物，母子俩只得忍饥挨饿。至天色将暗时，见到一个大户人家，门已关了，但有宽阔的门檐。我们准备在这门檐角下蜷宿一宵时，突然，门内一阵狗吠，惊动了这家的人，开门出来了许多人。我们央求舍点吃的，让我们借宿一晚。有个身穿皮袍的，像是主人，非但不肯舍吃，还诬说我们不是好人，命众人驱赶我们离开村庄。到村边时，有一个下人轻声对我们说：‘我家主人是鲍家庄的族长，很势利的，你们还是走吧，出村往西沿官道走十多里地，就是孙家村，听说孙家村族长心地善良，你们到那儿乞讨为好。’我们按好心人指点，冒着严寒雪花，忍饥挨饿、一脚高一脚低地往西而行，母子俩几次跌进路边沟里，相互搀扶，用竹竿探路，走了整整一个夜晚。东方微明时，我们隐约看到前面像是一个村庄，我扶着母亲艰难地前行，但走近一看却是一片挂满雪花的树林。一个人希望一落空，浑身便全无力气。那时母亲说：‘儿啊，娘实在走不动了，在树边坐一下。’我们刚坐下，片刻脚麻人晕，慢慢地不省人事了。”

孙武听了十分同情，安慰继业母子：“现在脱离危险了，在我家有吃有住，放心便是。”这时，孙凭也得下人禀报，从内堂来到前厢房。孙武向父亲讲了雪中救了奄奄一息的母子俩的事。孙凭赞道：“长卿，做得对！做得好！”

过了数日，孙武又请父亲治了郝孟祥的罪，帮继业讨还了应得的家产。从此，郝继业与孙武成了刎颈之交。

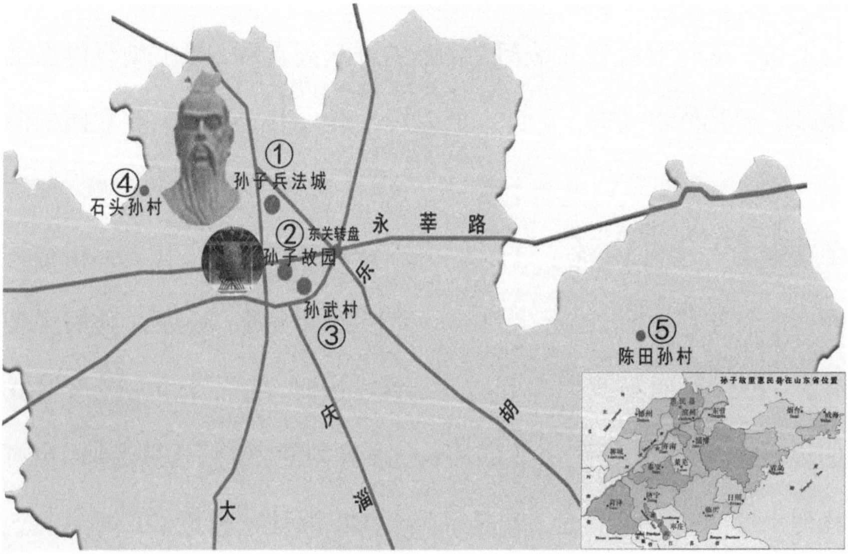

山东惠民孙子故里孙武遗迹图

第二编　避乱奔吴求发展

春秋时期，是一个社会动荡、战争频发的时代。不仅周天子统治下的诸侯国之间攻伐、兼并的战争连绵不断；而且在诸侯国内的卿大夫之间，也常发生你侵我夺之明争暗斗。

文武兼备的青年孙武，对齐国卿大夫之间无休止的倾轧产生反感，不愿纠缠其间做殉葬品，于是萌发了远奔他乡、另谋出路，去施展自己才能的念头。当时，南方的吴国自寿梦称王以来，联晋伐楚，国势渐盛，很有新政气象。孙武认定吴国是他施展才能和实现理想的地方。

约在齐景公三十一年（前517年），风华正茂的孙武毅然从齐国老家乐安出发，长途跋涉投奔吴国而来。先落脚螺浮岛（今吴中区光福浮庙墩），后移隐穹窿山……

避乱奔他乡

采集：劳允超，山东省滨州市阳信人，1992年编《兵圣孙武》。
整理：谈世茂，今苏州市吴中区人，1999年整理，2011年供稿。

传说，孙武离齐奔吴，原因是为避乱。那时，晋、燕、鲁、齐等国之间不断争战，前线常传来齐师败绩的消息，令齐景公寝食不安。

一天，齐景公问相国晏婴，有何退敌安边之策。晏婴思虑了片刻，向齐景公推荐了田穰苴。田穰苴是田氏的后代，与孙武同宗共祖，孙武的祖先原来也是田姓。田穰苴虽出生低微，但对兵法颇有研究，自著《兵法》，后来任过大司马之职，因此后人称其书为《司马兵法》。

当时，晏婴对齐景公说："田穰苴虽然出自田氏家族中比较卑微的一支，但此人文能服众、武能威敌，委以重任，可退敌兵。"齐景公马上召见了田穰苴，与他谈了一番用兵之道，便任他为将，令他领兵去抵御晋、燕入侵之军。田穰苴受命，对齐景王说："承君王信任，委以重任，把我从普通老百姓，一下子提为大将军。但恐士卒不服、百姓不信，希望能派一个大臣做监军。”齐景公满口答应，说：“就让庄贾做监军。”穰苴拜谢告别，并同庄贾约定：“明日午时在军门点兵。”

第二天，田穰苴早早来到军中。庄贾自以为是齐景公的亲信，素来骄横，对午时军门点兵没当回事，反而约亲朋好友置酒畅饮。

中午时分，田穰苴虽不见庄贾人影，却依然按时升帐点兵，申明军纪。直到红日西沉，庄贾才醉意未消而来。

田穰苴问：“为何这么晚才来？”庄贾醉眼惺忪地嘟噜道：“亲朋好友在一起道别，拔不出脚来。”

田穰苴严肃地说道：“大将受命之日，则忘其家；临军约束，则忘其亲；援枹鼓之急，则忘其身。现在外敌入侵犯边，国内有骚乱，士兵暴露于境，君寝不安席、食不甘味，百姓之命，皆悬于君，为将者怎敢不作为？”

庄贾对田穰苴所言仍不当回事。田穰苴召来军正，严肃问道：“对迟到者，军法该如何处置？”军正回答：“当斩！”

庄贾一听，吓出一身冷汗，酒也醒了。庄贾有个随从，见主人要被斩了，急忙溜出，快马报告齐景公，欲救其主人之命。但是，没等使臣赶到，田穰苴已将庄贾斩首示众。

齐景公闻报相救，使臣快马加鞭，驰入军中，跳下车，向田穰苴传达赦令。田穰苴回话：“自古以来，战时军之将，可斩违令之人，庄贾已被斩。”然后又问军正：“在三军之中驰车，依照军法，该如何处置？”军正道：“当斩！”

田穰苴说："君之使臣不可杀，但随从不饶。"说完，就将使臣旁边的随从杀了。接着，田穰苴率军浩浩荡荡开往前线。

田将军在前线作战过程中，精心策划，巧妙布阵，还亲自巡视兵营，看士兵饮食、医药，问寒问暖，把自己吃的粮食与士兵平分，结果士气大振，奋勇杀敌，晋、燕的军队闻风丧胆，撤军自退，齐军乘胜追击，一举收复了失地。

田穰苴功勋卓著，被齐景公尊为"大司马"，掌管全国军事，成了齐国军中的最高长官。但是，此举却受到了其他贵族的妒忌，而齐景公听信谗言。田穰苴后来遭受迫害，不久发病而死。

田穰苴之死，使孙武陷入深深的思索之中。他想：像大司马田穰苴这样酷爱军事、精通兵法，在国家危难时刻立有赫赫战功的人，竟落得如此下场。可见，一个人要有所作为，一定要寻到开明君主。

不久，发生了齐卿高昭子反对丞相晏婴的事，晏婴则组织报复。孙武听说父亲孙凭与高昭子友善，可能会受到牵连，想到齐景公又是听信谗言的君主，宫廷必有一场残杀，加上祖父孙书已故，想来孙家在齐国定是十分危险了。于是，孙武决定在齐国未乱前就离开，投奔他乡。但是，奔向何处呢？

孙武环视分析，春秋末期各国形势是，晋国虽大，但内部的政治争斗激烈，卿大夫专权，实质是外强中干；鲁国是二流国家，内部也矛盾重重，去那里也不会有好的结局；秦国虽然是强国，但过于远离中原，近期不会有多大发展；至于其他小国，更没有发展前途。听说吴国地处东南沿海、长江下游一带，有三江五湖之利，鱼蟹水产资源丰富，更重要的是，听说吴国政治清明，国势蒸蒸日上，正在招纳志士贤人，到那里建功立业，可以大干一番。

孙武最后决定到吴国去，但是，吴国路途遥远，因此孙武赞同父亲的意见，先找个近一点的地方——郑国，去看看再说。

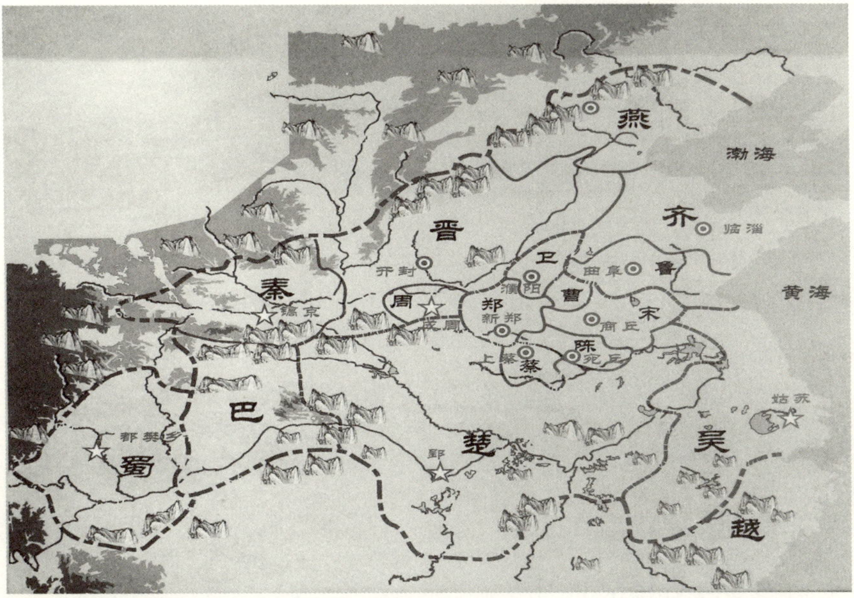

春秋列国形势图

别亲往吴国

口述：李春贵，张家港市乐余镇人，1993年口述。

采集整理：李洲芳，今苏州市吴中区人，2013年供稿。

传说，孙武的父亲孙凭参与了齐卿高昭子谋划的反对丞相晏婴的活动，事发失败，晏婴一心伺机报复。孙家在齐国已经没有了立足之地，唯一的出路只有逃亡别国。往哪里逃呢？孙凭与儿子孙武商议，决定先去郑国试试。

约在齐景公三十一年（前517年）的一天早晨，孙凭领着全家老小，带着细软，急急忙忙朝郑国方向走去。孙武的好朋友段大保和郝继业一定要送大家安全出齐国。众人马不停蹄地走了两天两夜。孙武的母亲对丈夫孙凭说："应该让武儿与我们分道而行，这样可以分散目标，免得全家覆灭。"

孙凭说："夫人想得周到，那就让他去鲁国？"

孙武想到父母这几年操劳过度，身体又不好，故而依依不舍地说："我跟你们去郑国，要死，死在一起！"

孙凭不同意。孙武母亲劝说儿子："梁上燕、檐下雀，当它们羽毛丰满之后，也都要远离父母而去，独自求生。何况我们现在身处险境，随时都有生命危险。多一次分散，多一次生机，儿呀，听话，去吧！"

这些道理孙武虽然都懂，但是养育之恩岂能瞬间丢却，一大家人如何放心得下，故仍坚持说："让我一路上保护你们吧！等安顿好你们后，我再走。"

孙武母亲误认为儿子不听话，故道："你不听娘的话，我就死给你看。"说完纵身往河里跳。"娘，我听话，我听话。"孙武一边说一边跳到河里，把母亲救上岸来。

孙母见儿子答应去鲁国，情绪马上就平静下来了。然而毕竟是亲生骨肉，母子情深。她以为孙武自幼生于名门、长于官府，恐吃不了大苦、受不了大罪，更怕儿子在路上有任何的闪失，于是她征求段大保和郝继业意见，能否使其与孙武做伴同行。大保和继业真是求之不得。

孙武无奈地拜别了父母等众家人，一步三回头，依依不舍之情难以言表，自言自语："男子汉在世，上不能报效国家，下不能尽孝于父母尊长，岂不枉为人矣！"情不自禁地潸然泪下。

孙武和段大保、郝继业三个人混在齐人的商队里，顺利地越过齐国的国境，到了鲁国。一路上，大保和继业把孙武照顾得无微不至。

如今，孙武离开父母，流亡到鲁国，举目无亲，无依无靠，非常需

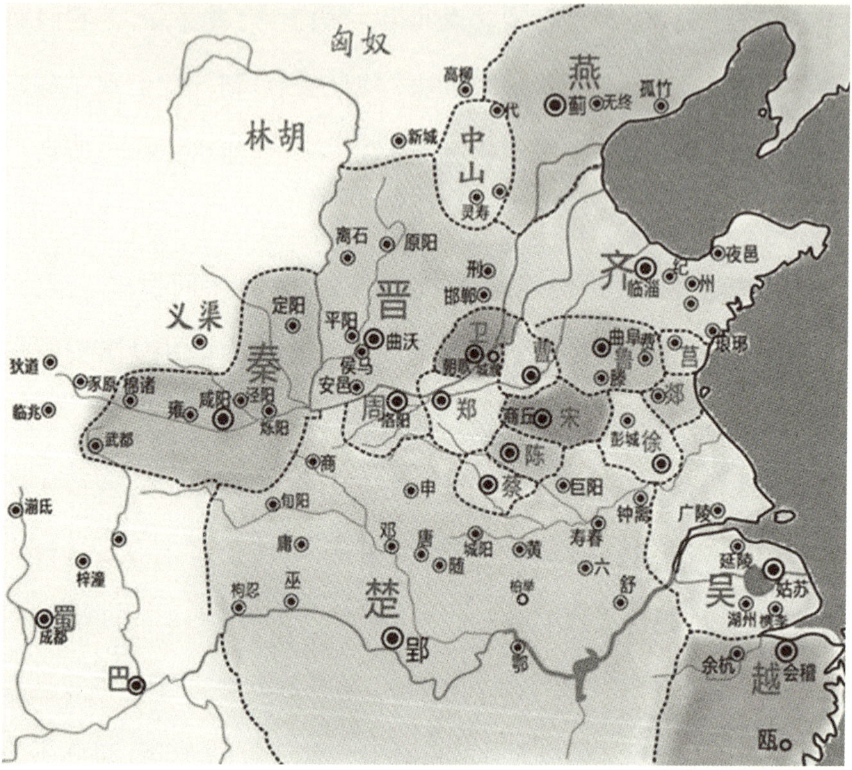

要大保和继业陪伴照料。但是，孙武考虑到大保和继业有老父老母，不能让他俩跟自己受罪，必须让他们回家团圆。如果说明了，他们俩肯定不会答应。于是，他想了一个办法，让他们回齐国。

有一天，孙武在饭店里点了一桌好菜好酒，三个人嘻嘻哈哈地碰杯换盏，吃了一个下午，就地休息，没有走路。第二天一早，孙武对大保和继业说："今天我肚子有点痛，走路吃力，你俩能否用车子推我。"他俩一致答应："可以，可以。"

于是，他们花钱弄来一辆独轮车，一边坐着孙武，一边载着行李。大保和继业，一个在后面推，一个在车前用绳拉。由东往西，饿了啃点干粮，只走不歇，一天走了一百多里，当夜找了个客栈住了下来。

这一天弄得大保和继业极其困乏，晚饭不吃就睡觉了。孙武当夜离开客栈，独自一人身背行李，连夜朝着南方而走。

第二天早晨，大保和继业醒来，见房门关得紧腾腾，孙武不见了，只在台上发现六十两银子和一张布条。一看，上面写着："别了，好兄弟，你俩回家团圆吧！今后孙武如有机会，一定会来看望你们的，祝你俩一路平安。"

大保和继业看完布条，各自打着自己的耳光说："我们俩的脑子太笨了，孙武用计离开，我俩竟然毫无察觉，该打，该打。"

也许有人要问，此时大保和继业会不会去找孙武呢？不会的，因为大保和继业太了解孙武助人为乐、善于换位思考、决不连累他人的性格了，即使找到了，他也不会让他俩跟他走的。只有听他的安排，回齐国老家去吧！

然而，孙武想到鲁国也不是久留之地。为啥呢？因为齐国和鲁国向来不和。特别是在一次齐鲁战争中，孙武的祖父孙书在沂蒙山用兵消灭了鲁国的十万大军，结下了深仇大恨。作为孙书的孙子，如果暴露了真实身份，绝没有好果子吃。因此，孙武决定赶快离开鲁国，避敌为上，投奔吴国为好。

初隐螺浮岛

口述： 金荣虎，苏州市吴中区光福镇人。
采集整理： 金欣祥，苏州市吴中区光福镇铜坑人，2012年收集，2014年整理供稿。

约公元前517年的一天，有一群身穿不同服饰、操着北方口音的人来到太湖之滨，那是一个商队。孙武也跟随商队来到了吴国，一路上结识了几个逃难随行的朋友，并同差不多年纪的朱显、孙力两人结拜为兄弟，还向老商人学会了一些吴语会话。如今，他们历尽艰难困苦，千里迢迢来到了古吴国老都城（今无锡梅村）。

有位老商人告诉大家："这里是吴国梅村老吴城，新吴城早在四十多年前，就由吴王诸樊南迁至太湖东岸的穹窿山麓了。你们若要到新都城，只要沿着太湖东岸线向南，大约步行百里就到了。"

孙武不时点头说道："谢谢老伯指点。"接着老商人对大家说道："我们长途奔走，劳累辛苦，我们就在旧城找处好一点的客栈，先安顿歇息。"

孙武道："明天我与义弟朱显、孙力三人要向南方寻找吴国新都城，感谢商队叔叔伯伯们的照顾，在此与大家告别了！”

孙武与义弟朱显、孙力找了一个客栈，同住一个房间，商量了一番。孙武说：“我们是外乡人，要尽快学会吴语，方便今后与人沟通，适应当地人的风俗，明日一早就动身去找新吴城。”

翌日清晨，孙武等三人离开梅村客栈，向西南而行，寻找吴国新都城。半天工夫，不觉来到了一处丘陵之地，就是如今光福镇的西部。

光福，乃是伸入太湖、三面湖水环抱的半岛，境内山丘连亘，绵延起伏，大小各异的山峰多达三十余座。内陆上东崦湖、西崦湖、游湖“三湖”相连，港道、河浜纵横交错。古时候的光福，古树参天，植被茂盛，人烟稀少，禽兽自由出没在山地树林间，交通极不便利。

孙武一行沿太湖岸边走，见到了一个较大的村落（今光福铜坑村），村东面有个内陆湖（今名崦湖），湖中有一个小岛，远望宛如白银盘里一只田螺，细看其周边还有几个小土墩，形状宛如一只巨鳖，伏于平静的湖面上，似是静中有动、动中有静的奇妙胜境。

孙武问湖边挖野菜的老农：“大伯，此岛叫何名？”老农见三人像是外乡客人，便答道：“此小岛原名叫‘浮岛’，因形如随水沉浮的一只大‘螺’，从未被淹没过，十分奇特，故称‘螺浮岛’；因又像浮水巨鳖，亦有人叫它‘浮鳖墩’（注：明代万历年间进士董份购得此小岛，堆筑了一座玲珑多姿的屋舍，远望似座庙宇，故后人叫那儿为浮庙墩，因春秋时孙武在那儿隐居过，亦有人称之为武庙墩）。”

孙武又问：“有人居住吗？”老农答道：“非舟不达，出入不便，无人居住。”

孙武等人欣赏一番，继续赶路。不多时来到了一座山的山脚下，他们又见一个大村落，茅屋连片，居住的人相对较多。周边还有许多百姓正在田地里劳作，眼前一派太平的景象。

孙武见对面有一位老农走来，问道："大伯，这地方叫什么？"老农答道："叫梓里（今光福镇区，古时周边山坡上有许多桑树、梓木）。"孙武又问："大伯，这里到吴城还有多远？"老农答道："不远了，翻过前面穹窿山就到了。"

孙武欣喜地对义弟们说道："许多年前，周太王古公亶父长子太伯、次子仲雍让贤，由岐山奔江南荆蛮之地，建立了'勾吴'小国。经过数代君主努力开拓，小国逐渐强大起来了。太伯十九世孙寿梦即位后，始称吴王，学习推广中原礼乐制度，吴国得到了快速发展，在周边诸侯中崛起。如今百姓安逸，确是实情。我们千里寻明主，来对了。"

能不能实现自己的梦想？经过一番思索，孙武决定：不要急着进吴国新都城，先在螺浮岛安身，观察一下情况再说。

为何孙武选择了螺浮岛（浮庙墩）为初隐吴地之所？因该岛接近吴国新都城，是个偏僻荒凉的无人居住之地，既能冷静地观察新国家，不易惊动当地人，还能使自己适应吴地生活。

孙武带领两位义弟，在梓里备好生活用品，往回走了一段路，砍了一些枯树枝扎成了一个木排，蹚行到了这座无人居住的孤岛。

从此，螺浮岛上炊烟袅袅，人影晃动……孙武在这个吴国初隐之地，开始了他辉煌的人生。

崦湖遇渔翁

口述：金荣虎，苏州市吴中区光福镇人。
收集整理：金欣祥，苏州市吴中区光福镇铜坑人，2012年收集，2014年整理供稿。

相传，孙武等三人在崦湖中的土墩荒岛——螺浮岛上，用树枝茅草搭了几间人字形的茅屋，住了下来。

一天傍晚，见有几只渔船停泊在螺浮岛东面，在离形似鳖头小土墩约三四丈远的地方下锚过夜。

那时，孙武刚吃过晚饭，看天色还早，出门在小岛四周湖岸边走走，来到鳖头土墩边，与停泊那里的渔船上的人打招呼。孙武面带微笑说道："渔家，你们吃夜饭了没有？"

此时，一个中年渔夫端着饭碗，从船艄走到前舱，站在船头船舱盖上（俗称"平几"）看了一眼孙武，沉思片刻答道："客官，我伲正在用夜饭，你有何事？"

孙武又道："渔家，船上是否有现存鲜鱼，如果有的话我想买几条，并想请教渔家，用何种方法煮鱼最好？方便的话我想登船请教。”

那位中年渔夫迟疑了一下，细看离船三丈之远的小土墩上的孙武，见是一名青年男子，二十多岁，英俊潇洒，气宇轩昂。尽管身穿吴地服饰，但说话口音略带北方语气，不像纯正软糯的本地吴语。年轻男子以买鱼和学烧鱼为由要登船，用意何在？旧时，陌生人登渔船是不被允许的，尤其是傍晚。于是乎，很客气地答道：“请你稍等，让我禀告家父一声。”

片刻，从后舱走出一位面容清瘦、身板硬朗、慈祥中略带威严的老者。他来到船头，举目看了看孙武，眼前的男子，一表人才，正人君子也。于是，老渔翁抱拳向孙武致礼并说道：“年轻人，刚才我们全家人正在吃夜饭，没有及时迎接，让你久等了。大儿子水生告诉我，你要买鱼和学做煮鱼。按照当地传统，渔家傍晚不邀生人登船谈事，客官新搬来的吧，有什么难题需要帮忙？我就破例请你上船谈。”说完，转过头来对着后船艄上的大孙子船生说道：“生儿，撑只小船将客人接到大船上来。”

不一会儿，一个十七八岁的大男孩已将小船靠上鳖墩岸滩，他伸手欲搀扶孙武登船，孙武谢绝道：“小兄弟你站稳，我自己上船。”话音刚落，孙武右脚一蹬，轻轻飘落舱里，那小渔船并未摇晃，船生好生奇怪。随后，他只三竹篙就将小渔船撑到老渔翁那只坐家船（船主或老人生活居住的渔船，俗称“坐家船”）旁，小船与大渔船高低近二尺，待两船并拢，只见孙武脚尖轻轻一点，小渔船稍为下沉，孙武已跨上大渔船，面对老渔翁迅速抱拳一个深叩首，说道：“老伯，傍晚打扰你了，请海涵。”

孙武起落动作轻松自如，老渔翁看了十分惊讶，心想：此人外表看上去和蔼斯文，但必定身怀绝技，武功深不可测。口音不太像本地人，说话及举止稳重。老渔翁对孙武很有好感，乐意与其交谈。

于是，渔翁对这位陌生年轻人的称呼发生了变化，面带笑意说道：“壮士，请不要客气，你刚才所说买鱼和学煮鱼，我会满足你的要求，除此以外还需要老朽做什么，不妨告诉我，只要我能办到的，我会全力以赴帮助你。”

孙武登上大渔船后，与老渔翁面对面简单的几句问答话，也对老人增添了几分尊敬，特别是有一种好似自己祖父孙书那样的亲热感。细看老人年过六旬，身背直挺，两眼炯炯有神，年轻时必定也练过武艺，说话语气不失长者风范。

回话时，孙武以谦逊的口气说道：“老爷爷，晚辈只需买几条鱼和学学简单的煮鱼方法就可以了，不会久留，否则会影响你们休息。”

老渔翁近看孙武，宛如自己的大孙子，很是投缘，于是将壮士称呼改为贤士，说道：“贤士，不妨事的，这条船上只住我与老伴和几个大一点的孙子，儿女都已成家，他们都有自己的渔船。”说完用手指了指紧挨老人渔船旁的三四条差不多大小的渔船，接着又热情地说道：“天色还早，只要你的伙伴那里没有急事，进船舱坐坐，吃杯山里清茶再走也不晚。”

孙武跟随老渔翁进入中舱，双方落座后，寒暄一番。老渔翁说：“贤士，听口音像是外乡人，怎么住在荒岛？”孙武顿了一下，不敢直言相告，随即叹了一口气说道：“我是北方人，第一次跟了朋友到古吴城做生意，亏了本，落难在此，只能暂居荒岛度日。”

老渔翁听了很是同情，请孙武坐下用茶，孙武一看杯中茶叶，片片嫩叶在杯底徐徐伸展，茶色碧绿清澈，喝了一口茶，顿感神清气爽，连说：“好茶，好茶！”接着老渔翁介绍了捕鱼、炙鱼方法。

老渔翁说：“太湖渔民捕鱼方法很多，有饵料诱捕法，如用竹弓套上麦粒诱钓鳊鱼、用小钩黏饵诱钓黑鱼；也有不用饵料捕鱼法，如用丝网捉鱼；鱼儿不入围网，可敲船身，咚、咚、咚声响，惊吓、追赶鱼群入围网；因此无声、有声、无饵、有饵的捕鱼方法有多种。”老渔翁谈煮鱼时，讲到吴王爱吃炙鱼，就是火上烤的那种熏鱼……

孙武见天色已晚，向老渔翁道谢、告辞，并说：“老爷爷方便的话，请到土墩上我的茅屋坐坐。”

孙武很细心，善于思考，他觉得这次造访很值得，真是不虚此行。在吴地交上了第一个邻居朋友，特别是这位老渔翁谈吐不凡，料想他绝非吴地寻常渔民，此人定有一番来历。

老少结深交

口述： 金荣虎，苏州市吴中区光福镇人。
收集整理： 金欣祥，苏州市吴中区光福镇铜坑人，2012年收集，2014年整理供稿。

老渔翁与孙武上次接触，相处时间不长，只是半个多时辰，但是两人一见如故，大有相见恨晚的感觉，他很想再会会孙武。

有一天上午，老渔翁登上浮鳖墩，拜访孙武，老人还带上自己在崦湖捕获的几条鲤鱼、鲫鱼，来到孙武的住处。

片刻，老渔翁走近草庐门口，只见孙武两腿盘坐在草席子上，正在埋头认真阅读一卷竹简。老渔翁心中赞叹，多么用功的年轻人啊！正想开口说话，这时，孙武感到门口有个身影，抬头一望，正是前天在船上见到的老渔翁。

孙武急忙起身跨出草庐，向老人行晚辈礼，说道："请老爷爷到陋室坐坐！"

老渔翁初次见到孙武是在傍晚，光线灰暗，看得没有那么真切。这次再见到孙武是在白天，阳光明媚，只见孙武身材高大、五官端正，眉清目秀、举止稳重，富有智慧之相。

孙武一面接过老渔翁赠送的物品，一面引老人进入草庐，请他坐在自己看书简的地方，自己在右侧一旁坐定。

孙武说道："老爷爷能光临茅庐是晚辈的荣幸，还带这么多东西，真是收受不起。"起身又向老人叩首致礼。

老渔翁道："你们初来乍到，又是远离故乡，在这个孤岛上起居生活，必然会遇到缺少东西的时候，这些都是自己捕获的，不用客气，以后你们需要什么尽管告诉老朽，在崦湖一带我都能办到。"

老渔翁的一番话，孙武心里热乎乎的，急忙唤义弟为老渔翁沏茶。孙武说道："老爷爷，请喝茶。"两人交谈起来。

听了老渔翁说起当时太伯让贤，携大弟仲雍南奔吴地。太伯贤德，依从当地风俗，"断发文身"，融入土著族，受到当地人的尊敬与拥护，愿意奉他为部落大首领。于是有大小十几个部落、千百户人家主动归附他们，后在鸿山（今无锡梅村）建了一个"勾吴"小国。经多代吴君开拓奋斗，吴国疆域逐步向四面扩大，国力逐渐强大起来，许多部落归顺，其中就有太湖流域的小诸侯国——干国。干国人中有不愿归顺者，有的过太湖向南进入越国，有的过长江跑到了干国发祥地（今扬州邗江），还有许多人留在太湖周围。

老渔翁主动介绍了自己的身世。他是古代"干国"一名将帅之后，与吴国铸剑高手干将同为"干国"人氏。

孙武得知，老渔翁祖上是干国一位有名的将军，文武兼备，精明能干，是干国"文能治国，武能安邦"的大司马，协助小干国君主管

理国民。干国君主听取和采纳大司马建议，废除断手削足的酷刑，不再随意杀戮……因此，老渔翁祖先得到干国君主倚重，受黎民百姓尊敬爱戴。但这位大司马被小人嫉妒，有人挑拨他与国君的关系，引起国君猜疑而被疏远。大司马看到君主有疑心，就托病辞官回家养老。他的学问及武艺均传授给族中弟子，到老渔翁已是数代过去了。

孙武听了，对老渔翁十分敬重，便把自己真实的身世也告诉他："我是齐国乐安人，姓孙名武，字长卿，避乱奔吴，来寻明主……"并对初次见面时未讲实情表示了歉意。老渔翁笑答："我早已看出端倪，安全为上，不必道歉。"

老少俩不愧都是将门世家的后人。尽管两人之间年龄相差许多，但互相谈得十分投机，从古代战将、军事到诸侯各国情况，越谈兴趣越浓，越谈越来劲，真是情投意合。

后来，两人多次相见，老渔翁把吴国历史和近时情况都告诉了孙武。尤其是吴国第十八代君主去齐传位儿子寿梦，寿梦始称吴王，并移都于附近的山前。几十年来，几代吴国君主广纳言路，广招人才，实行了一系列利国利民的政策，重农扶商，民富兵强，国泰民安，逐步发展形成了吴国新都……

两人切磋叙谈，老人讲得头头是道，孙武也听得津津有味，对世事时局所见略同，坚信不久的将来，新兴的吴国必然会在诸侯国中一争高低，早晚会坐上盟主之位。

谈到战争，两人共同语言更多。老渔翁说："野心勃勃、私欲膨胀的统治者，会发动战争，大肆杀戮，百姓遭殃。以我六十多年的人生经历来说，百姓最不愿意参与和看到这种事情。所以，一个国家必须要有自己强大的军队，否则疆域不巩固，国内不稳定，百姓被人欺。但是，军队掌握在谁的手里其所发挥作用各不相同，遇上好君主，国家富强昌盛，人民安居乐业。"

干姓老渔翁对战争的理解和看法，深入浅出。孙武会意点头，心想老阿爹人生经历丰富，知识渊博，其见解也高人一筹。

老渔翁还说到了吴国是水网地区，军队如何在水上争战，如何奔袭运兵、克敌制胜等见解。两人各抒己见，互有启发。对有关战船的制作、兵器的改进等，老渔翁亦有一番高见。

后来，孙武与老渔翁两人成了莫逆之交，使孙武得益匪浅，对他撰写《兵法》有极大的帮助。

相传，自孙武被拜为吴国大将军后，老渔翁的大孙子船生跟随孙武，成为吴国水军中的重要将领和孙武的得力助手。

教授制弓箭

口述： 金荣虎，苏州市吴中区光福镇人。

收集整理： 金欣祥，苏州市吴中区光福镇铜坑人，2012年收集，2014年整理供稿。

孙武初隐在崦湖螺浮岛期间，不仅细心观察吴国的政治动向，还探索吴民的生活习惯和劳作方式。

有一天中午，孙武来到老渔翁的渔船上，只见老人正在整理渔具。孙武好奇地问道："老爷爷，你手里摆弄的像微型小弓一样的渔具叫什么名称？"老渔翁道："长卿，这叫麦钓。"

老渔翁介绍："何为麦钓？即一根长长的钓线上，每间隔一尺，就拴上一根约两寸长两头削尖的青竹签，将竹签弯拢两头，同戳一粒浸泡过的小麦，也可套一粒螺蛳肉，用它们作诱饵钓鱼。每隔两三只麦钓，再拴上一个浮子。渔夫事先将准备好的麦钓顺手盘放在小竹匾里面；放麦钓时，乘小船在河浜里从一头放下，麦钓顺着船的走向布入河中，放完后过一会儿，小船调头，开始收钓。贪嘴的鱼儿吞食麦钓诱饵时，竹签弹开卡住鱼喉，鱼儿便钓住了。麦钓主要钓浅水

小鱼，用螺蛳肉为饵的，能钓到大一点的食荤鱼类。”

听了老渔翁的话，孙武道：“形似一张小弓的麦钓，两三寸长能钩住几斤重的鲤鱼，关键是竹弓之弹性。现在军队和猎户用的弓箭，弓弹性不足，箭射程不远，杀伤力弱。”

老渔翁道：“长卿说得对，制作弓箭要用弹性好的材料，我们这儿山上竹子的弹性、韧性都是不差的，比其他材质好。”说完从船艄取出一副弓箭给孙武看。

孙武接到手里仔细观看，那是一张竹弓，弓长约六尺（周代一尺约合二十三厘米），两块竹爿相合固定在一起，中间宽两寸左右，两端逐渐变窄，成扁担形。顶端各钻一个洞，牛筋弓弦从两头洞孔穿过扎紧。虽不太重，但弓身制作细腻，牛筋弓弦也富有弹性，是一张好弓，射箭人没有两三百斤臂力拉不开此弓。

老渔翁道：“长卿，你试试。”孙武站稳船头，一手拿弓，一手拉弦，用了约七成力气，才刚刚将弓拉开。如果弦上有箭，射程可达百步之外。孙武连声说道：“好弓，好弓！这样的弓箭，战斗中杀伤力很高。”

孙武又问：“老爷爷，此张好弓是您自己做的？”老渔翁答道：“长卿，这张弓是我年轻时模仿祖上传下来的旧弓，运用麦钓的原理，采用梓里（今光福）西面山上的老毛竹制作的，比一般的毛竹节长肉头厚、韧性弹力好，因此弓的威力强，箭的射程远，可达百步之外，而且精准度好。”停了一会儿，老渔翁得意地说：“这张弓先后射杀过从山上来到崦湖滩喝水吃草的獐、野猪等。”

孙武道：“谢谢老爷爷，以后方便时向您学做弓箭。”

孙武从老渔翁那里回到茅舍，脑海中不时浮现出有关弓箭的一番谈话。两军对垒谁能取胜？众多原因中，兵器的好坏也是很重要的因素，无论防守还是进攻，都离不开好弓箭。

相传，孙武当上将军后，特请干姓老渔翁到军中教授制作弓箭的技术，在老渔翁悉心指导下，培养了一大批制弓制箭的青年能手。那时，吴军兵器冠绝一时，不仅有干将指导制造的长短不一的青铜复合剑（又称吴王剑、鱼肠剑）、吴戈（又称吴钩曲刀），每个兵士还配备了老渔翁教授制作的好弓箭。

在征战中，弓箭发挥了很大的作用。那时箭杆消耗巨大，因有去无还，年年需要生产上百万支利箭供给军队，所以吴国制作弓箭的工场有好多个，梓里（今光福镇）西边山上的竹子还不够用，要到太湖彼岸山区采竹。

后来，孙武与老渔翁研讨，把北方战车和吴国竹弓结合，创新改良成“吴弩”，把大竹弓箭横卧固定在木架上，弓弦强攀在机关上，一松机关，矢箭射出可达数百米，中矢必亡，形成一种大威力的远距离杀伤武器，对骑兵富有杀伤力。从此，吴军有了“劲弓强弩”，战斗力得到了极大的提升。

鱼簖迷魂阵

口述：金荣虎，苏州市吴中区光福镇人。
收集整理：金欣祥，苏州市吴中区光福镇铜坑人，2012年收集，2014年整理供稿。

相传，孙武有个特点——喜欢提问题。遇有不懂的事，他总会请教别人。

他在崦湖螺浮岛时，见到湖中插着隔断水流的竹竿、竹片和网袋，他弄不清楚派啥用场，在家乡从未见过。有一天，孙武带着疑问，拜访干姓渔翁。

那天，老渔翁正巧从鱼簖取鱼（俗称倒网簖）回来，渔船还未停稳，孙武就说道："老爷爷，你从哪里来？"老渔翁道："我从外荡湖里的'鱼簖'倒网袋回来。今天很巧，'鱼簖'网袋里的鱼较多，你先拿几条鱼送回去，然后再来船上，我来做一顿鱼宴，我俩喝盅酒。"

老渔翁说完从舱里取出几条鱼放在竹篮里，提给孙武。孙武将鱼送至茅屋，给了义弟，返身上船。

孙武看老渔翁烧、烤、煮了几种鱼，片刻，一桌鱼宴便全好了。

两人坐下，推杯换盏，喝起酒来。孙武一一品尝了不同烧法的鱼，赞不绝口地说："老爷爷，你做的鱼真好吃，几种鱼的烧法不同，味道都很鲜，我还是第一次尝到。"席间，孙武就专门请教老渔翁："老爷爷，什么叫'鱼簖'？"

老渔翁道："我告诉你，它实际是吴地先民创造的捉鱼方法之一，放'鱼簖'，就是摆下迷魂阵，引鱼入网笼。因为一般鱼类喜欢逆水上游，故渔民把竹爿、芦片、网袋用竹竿或木桩固定，插在水流要道，形成栅栏，阻断鱼类随意乱游，这个栅栏就叫'鱼簖'。栅栏中留有几个大孔洞，洞外套有网袋或竹篾编制成的竹笼。鱼儿从孔洞逆水向外游，游入了只能进不能出的网袋或竹笼里。这方法是设下陷阱，让鱼儿自入网笼，故称之'摆迷魂阵'。"

孙武道："原来如此，那么'鱼簖迷魂阵'的原理，可给军队将帅以启示，打仗可借鉴。"

鱼簖

老渔翁又道："长卿说得对，捕鱼方法在战争诱敌中可借鉴。设置'鱼簖'时，选择水面位置非常重要，一定要注意水流方向、水域环境及水底地形等情况，哪里拦断，哪里开门，才能诱导鱼儿自己游入'鱼簖'的网笼。网笼大小、封口等也都很有讲究，鱼儿进得去而出不来。打仗排兵布阵如设'鱼簖'，要知敌情、察地形、利出击、可防守，这样布好阵，才能克敌制胜。当然，指挥战争比捕鱼更复杂……"

孙武赞道："老爷爷，您说得很有道理，聪明的将帅，不能只会带领将士猛冲猛打，更重要的是要善于利用地形地貌和各种手段，千方百计设置陷阱，围困敌人。像湖里鱼儿游入'鱼簖'（迷魂阵），进得来出不去，让敌人进入我方事先埋伏的包围圈里，搞得敌人晕头转向，巧妙调动他们，使其无目的地亡命奔走，适时封锁出入口，扎紧口袋，发起攻击，瓮中捉鳖，力争全胜。同时，也要善于识破对方阴谋，不上当受骗，避开敌方陷阱，破坏其关键处，脱离危险地段，逃出包围圈，寻找新战机，以利重创敌兵或消灭之。"

后来，孙武将从"鱼簖"上受到的启迪，用于他著述兵法、指挥战役之中，虚虚实实、虚实结合，摆迷魂阵，避实击虚，出奇制胜。

使计治怪病

口述： 陆鸣涛，苏州市吴中区光福镇人。
收集整理： 张瑞照，苏州市吴中区人，1987年5月20日采集，2014年5月21日整理供稿。

孙武隐居崦湖小岛，三里之遥有个民居较多的地方，名叫梓里（今光福镇），那时该地参天的林木、梓桑漫山遍野，当地人除了农耕外，还打猎捕鱼，所以都去那里交换物品，久而久之形成集市，客商如云。

一天，孙武与义弟朱显去赶集买粮，见粮铺里的粮价高得令人咋舌。他带去的钱币原想买回二斗，可花了同样的钱，买了一斗都不到。一问，是买卖粮食的商户见农村正值青黄不接之时，哄抬粮价，从中牟取暴利。孙武无奈，掏钱买了粮。他步至集市郊外一幢较大的庄院，人来人往，川流不息，但去这户人家的宾客，个个脸色阴沉。孙武举目一看，发现这户人家门口左侧的墙上挂了块布帘，上书这么几行字：谁能治愈吾家小主人怪病，赏粮千石。孙武感到好奇，嘱咐朱显在门口等候，自己跨步进了屋。

孙武走过第一进屋，正要往第二进屋跨去，突然一旁窜出两个身材高大的家丁，一见穿着粗布衣衫的孙武，便出手阻拦："呔，你来这里干什么？去去去！"

孙武笑道："鄙人略懂医术，途经这里，看到墙上挂着治病告示，所以前来看个究竟。"一个家丁听到这话，端详了一下孙武，遂道："你在这里等着，让我去禀告主人。"言罢，拔腿走进了屋。

过了一会，那个家丁又走了出来，问孙武："你是拜何人为师的郎中？"孙武心想，真是狗眼看人低，所以伸指向上，说："鄙人拜天为师，天者，不可言也，只可悟也。"家丁听了半晌没有听懂，转身去向主人回话说："一个拜天师为医的郎中前来治病。"主人名字叫顾鼎，听了家丁的话，十分欣喜，忙不迭地言道："快请快请。"

孙武在家丁的带领下，走了五进屋，方始到了病人的卧室。身卧病榻的是主人的独子，名字叫顾守材，年届三十，得的是不能进食的怪病。时下他脸色蜡黄，肚子凸起，气息奄奄。主人顾鼎年届花甲，衣冠楚楚，一问，原来是梓里赫赫有名的粮铺店主。听顾鼎介绍，儿子守材已得病一旬，请遍了百里之内的名医，吃了不少草药都不见病情转愈，出于无奈，只能倾家中之力，重金聘请名医，为儿治病。

听了主人顾鼎的话，孙武上前看了一下躺卧在床的顾守材，问道："你儿子可会读书识字。"顾鼎一提起儿子文才，眉飞色舞："他自蹒跚学步，为父便请来高师施教。如今，说他才高八斗，一点也不夸张。"

孙武道："鄙人是来看看能否治你儿顽症的，现在一看，自有办法，只是你儿病愈之后，你能否兑现挂之墙上的承诺。”顾鼎信誓旦旦：“守材是我顾家独苗，老夫指望他生男育女，延续顾家香火，继承家业，顶门立户，荣宗耀祖。只要你能治愈小儿这病，老夫一言九鼎，绝不食言。”

孙武又问：“平素梓里粮价甚低，怎么一下子这么飙升，这可是赚钱谋财的买卖。”顾鼎一听，喜笑颜开：“这正是吾儿守材的主意。去年丰年屯粮，今年青黄不接时抛出，雕虫小技。”

孙武听罢，有了主意，遂向主人顾鼎要来笔墨和一块白布，然后叫人暂作回避。顾鼎见前来的郎中能治儿子之病，立马厉声喝退左右，自己恭立一旁。孙武见顾鼎待着不走，双手一拱，施了个礼：“大伯，鄙人书写偏方，有人在旁断断不能动笔。天机不可泄漏，千万见谅。”顾鼎想想也对，跨步出门，复而把房门轻轻掩上，倒是十分虔诚。

孙武见众人离去，摊开白布，操笔一挥而就，书毕，即咐顾鼎等人入室，把白布折叠一下，当着众人之面，塞进了病人守材的枕头之下。顾鼎和众人大惑不解。孙武解释道：“我离开之后，第一个看方子的人必须是患者，否则，你儿不见痊愈，可怨不得鄙人。”顾鼎连连点头称是：“老夫一定听从先生吩咐，要是我儿没看方子之前，谁敢擅自偷窥，左眼先看，挖掉左眼；右眼先看，先挖右眼。”

孙武呵呵一笑：“那倒不必，只要让你儿守材先看便是了。”言毕，转身就走。顾鼎欣喜不已，把孙武送至门口，一个劲儿地拱手言谢。孙武走了几步，复而转过身来，再三叮嘱：“三天过后，你儿病愈，我会携众乡亲前来索取你许诺的酬粮。”顾鼎一个劲地点头：“一言既出，驷马难追。只管前来，只管前来。”孙武于是招呼一下朱显，径自而去。

当孙武消失在人来人往的人群之中，顾鼎便转身急步匆匆返回儿子守材卧室，催促他快快取出枕头底下的方子看看。

卧躺在床的守材一听父亲要他看“方子”，有气无力地翻了个身，伸出手来，从枕头底下抽出那块白布，不看则罢，一看，气得从床上“轰”地坐了起来，破口大骂：“刚才那厮是个狂妄之徒，他竟敢辱骂小爷，快快去把他抓来，我要剥他的皮，抽他的筋，方能解我心头之恨。”顾鼎不知儿子看到了方子上的什么字，一时不知所措，无所适从。

守材大声呼喊：“快啊，也许他跑得不远……”

顾鼎从儿子守材手中要过“方子”一看，上书这么十六个字：“病人守材，为了敛财，却把价抬，死了活该。”

顾守材见父亲顾鼎看着方子不说话，翻身下床，“砰”地把台桌一拍，对着手足无措恭立一旁的家丁破口大骂：“快，快去把刚才那厮给我抓来……”

十几个家丁立即操起家伙，拔腿出门，分头去街头四下寻找孙武，半天之后，家丁们拖着疲惫不堪的步子，回到顾府，耷拉着脑袋，向顾鼎和他儿子守材禀报：“没有抓住那个戏弄少爷的狂徒。”

守材怒火中烧，又急又气，浑身开始哆嗦，紧接着“阿吭阿吭”地连连咳嗽不已，一会儿，口中喷出一摊污血。顾鼎见了，急得直搓双手。

守材自从口吐污血之后，顿时觉得轻松了许多，只觉得肚子咕咕直响，拔腿直奔后院茅房。一会儿，他走了出来，拖着步子一步一步地回进房间。大家见他肚子瘪了许多，脸呈惊讶之色。

守材大声说道："快给我拿饭菜来，饿死我了。"

三天过后，孙武带着小岛边的乡亲们来到顾家。顾守材见孙武自己找上门来，正要兴师问罪，孙武道："鄙人是根据你病源治病，言词得罪了，但病不是在逐渐好转吗？只要你不再暴饮暴食，调养数日，即可痊愈。"顾守材听罢孙武一席话，如释重负，一下子神清气爽。孙武返身对迎上来的顾鼎道："现在是你兑现当初承诺的时候了。"顾鼎只好开仓放粮。

孙武与乡亲们回到岛上，有个乡亲问他："名医都治不好的病，到你手中，怎么三下五除二，就把顾守材的病给治愈了？"孙武道："其实这很简单，我看顾守材气短，喉中有痰，口有臭味，且又腹大，疑是大吃大喝，积食所致。只要吐出喉中之痰，排出腹中之便，即可痊愈。"

大伙儿恍然大悟，忍不住笑得前仰后合。

孙武治愈了顾守材不久，一天，顾守材的父亲顾鼎雇了船，上岛向孙武求医。

孙武问他哪里不适，顾鼎道："双腿无力，两眼昏花。"孙武看了看顾鼎脸上气色，尔后又看了看他步子，开怀一笑："你的病我当然也能治愈，只是价格……"顾鼎道："只管开口……"孙武道："你再按原来价格售粮一月便可。”顾鼎一口答应。

孙武转身至厨房，一会儿拿出了两粒像麦团一样的东西，递给顾鼎：“你每天吃上两粒……一个月后，自然转愈。”顾鼎接过两粒“药丸”，道：“那你给老夫配上一个月的药丸如何？”孙武双手乱摇：“患者吞吃此药，务须虔诚，我给你制药，也须现做，不能隔夜……”顾鼎点了点头，正要返身而走，孙武喝住了他：“同时，你必须每天步行至湖畔，自己摇船至岛上来取丸、吃丸，这样你的病就会复原得彻底。否则，即使一个月痊愈，以后也会复发。”

顾鼎遵照孙武之言，每日坚持不懈，一个月后，他还要去孙武那里配取“药丸”。孙武一看顾鼎神色，遂道：“你的病已经治愈。”并告诉他那“药丸”原是麦子所做，顾鼎先是一愣，继而恍然大悟，哈哈大笑。原来，孙武是叫他“运动”来治愈双腿无力、两眼昏花的病。

移居穹窿山

口述： 郁忠康，苏州市吴中区胥口镇新河村人，1993年口述。
采集整理： 李洲芳，今苏州市吴中区人，2013年整理供稿。

孙武进入吴国之后，在梓里螺浮岛（今光福浮庙墩）滞留了一段时间，对吴地环境有了一些适应。为进一步摸清有关吴王的情况，他带着义弟们进入了吴国都城。

当时，吴国的都城就在穹窿山东南，于五峰山、焦山、小阳山（今为清明山）、尧峰山之间。孙武进城后，与义弟们白天走街串巷，晚上住客栈，用一段时间专门了解民风民情，摸摸社会情况。

当时吴国王僚当政，政局远比齐国平静。孙武料想齐国之乱近几年不会好转，自己也难回故国，所以身处吴国不是权宜之计，必须做常住打算。借住城内客栈也不是办法，虽然目前有钱应付，但是总有一天会坐吃山空。

于是，孙武与义弟们走出都城，来到穹窿山下，借住在山神庙里，与一位庙祝结伴，开荒种地，自食其力。

当时吴国既无佛教，也无道教，自然没有和尚、道士，更谈不上信徒供养。穹窿山山神庙的庙祝名叫火根，五十多岁，弯腰曲背，身体有病。孙武肯住在他的庙里，他真是求之不得。从此，火根有三人陪伴照顾，又有年轻的朱显、孙力帮助种地，就不忧吃穿了。庙祝的生活所需、衣食所用，一应器用，都由孙武解囊购置。

孙武在穹窿山的山神庙住了一段时间，帮助庙祝火根还清了债务，另外再给他一笔钱，让他下山回家，安度晚年。大家没有了生活上的后顾之忧，孙武抽出时间，在吴城周边展开了考察，进一步了解吴国情况。

春秋吴国都城示意图

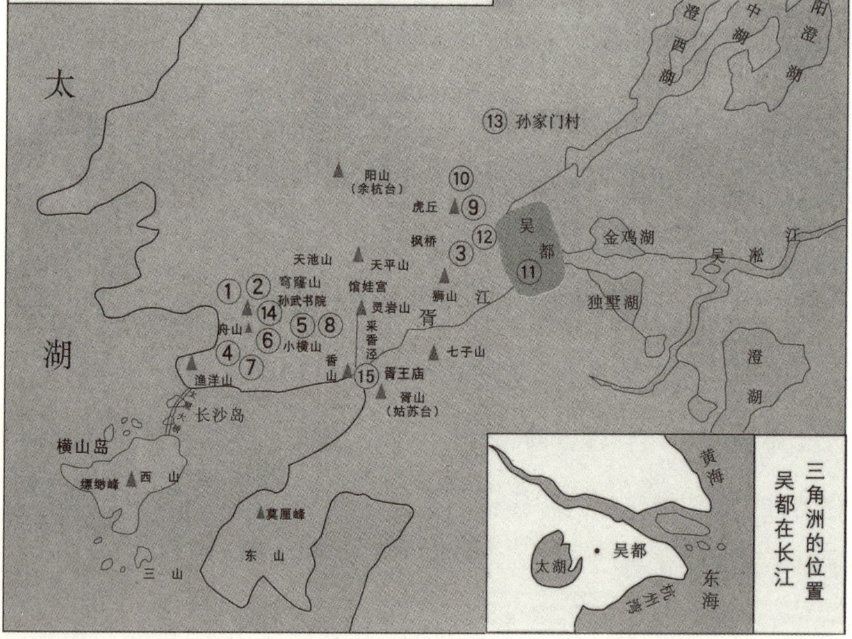

破案得茅蓬

口述：杨惠仁，苏州市姑苏区人，2010年2月20日口述。
采集整理：王水根，苏州市姑苏区人，2010年3月成初稿；张瑞照，苏州市吴中区人，2013年整理供稿。

有一天，烈日当头，晴空万里，在通往吴城东部（今木渎）的大路上，走着一个清逸飘然的年轻壮汉。此人气宇轩昂、神情淡定，他一路走，一路不停地擦着汗。待走到集市口，汉子便手搭眉上，四顾张望，似要寻找歇息处。不远处，一块布招映入眼帘，上书“客栈”两字，汉子喜出望外，紧跨几步，踏进客栈。

客栈主笑脸相迎，招呼入屋，并取出记事簿，要来人将“何方人氏、姓名、何往”等内容登记在册。汉子欣然，挥笔写就：齐国人，孙武，云游。

这气度不凡的汉子，就是后世瞩目、万众敬仰的大军事理论家、兵学圣典《孙子兵法》的著者孙武。

此刻，孙武被安排住进一间上好卧房，他赶紧洗脸沐足，宽衣松带后，倒头便睡到床铺上。也许是太劳累了，这一睡竟然睡了好几个时辰。孙武在睡梦中被哭声吵醒，已是翌日清晨，他赶紧起身踱步到隔壁看个究竟。

原来，这客栈近邻是一家有名的“典押铺”，也不知何因，这铺主竟在号啕大哭。孙武好事，遂问因果，铺主详述一番。

昨日傍晚，来典押的两个年轻人，自称是弟兄，要典押一件宝贝，说是为救病重的母亲，急需用钱。铺主应允，兄弟俩递上一只精致木盒。铺主打开一看，竟然光芒四射，耀眼异常。铺主连忙盖上盒盖，问：“此为何物？”兄答：“夜明珠。”铺主又问：“欲押多少？”兄略思又答：“十枚刀币。”铺主脑子飞快地转动：一枚刀币可购成熟耕田十亩，十枚刀币即可买得百亩良田，而这颗夜明珠的价值至少应该值二十枚刀币啊！

铺主不动声色，伸出大拇指和食指，似咬咬牙说：“八枚。”话刚毕，那为弟的抢过木盒便出铺。铺主反倒着急，连说：“十枚就十枚！”那为兄的一边大叫一边奔出铺外，将木盒抢了回来。铺主转忧为喜，赶忙办清一应手续，付了十枚刀币，将木盒掖进怀里。兄弟俩急匆匆离铺。

当天夜里，铺主关好大门，唤来妻儿老小，说是今日也让他们开开眼，见识一下什么叫宝贝。他取过木盒打开，众人亦低头争观，可是怪了，木盒里空空如也，什么也没有。这一惊，直把铺主惊得晕了过去。待到醒来，铺主伤心至极，便大哭起来……

孙武听毕，极力劝慰铺主：“不必为此忧伤，吾来帮你捉拿骗贼，要回刀币。”铺主止泣，千恩万谢，又问究竟是怎么回事。孙武告诉他，这弟兄俩趁讨价还价时，故意出铺，实是用了调包之计。

铺主恍悟，连连点头，再问如何捉拿骗子。孙武沉思一会，低头细语：“今日，你要放出话去，说昨夜押铺失盗，丢失大半财物，面临倒闭；第二天，你要雇佣一些杂人，佯装退押，人越多、越热闹越好；第三天，骗子上门，你即可扭送官府。”

铺主疑惑：这样就能抓到骗子？他虽将信将疑，却还是按孙武所说照办。当日，铺主雇人四处放风，说押铺昨晚遇到太湖强盗，半夜里劫走了押铺大多数的财物。第二天，押铺门前“哗”地围了好多人，吵着闹着要退押票、认押物。第三天，铺主报了官府，又雇了几个身强力壮的年轻人，躲在暗处，静等骗子上门。

孙武陪伴铺主，一直候在门背后。直到中午时分，尚不见那弟兄俩出现，铺主甚是焦急，坐立不安，孙武笑劝说：“莫急，定然会来……”

话音刚落，突然，铺主直跳起来，指着铺外两个贼头狗脑的人，大叫：“就是他们！”

雇佣的年轻人一拥而上，将弟兄俩紧紧按住。弟兄俩极力争辩：“我们是来退押的……”孙武站起身，笑对弟兄俩说：“就知道你等要来退押！”两个骗子被捆绑送往官府。

骗案告破，骗子被擒获，铺主高兴异常，当即邀请孙武和雇佣的几个年轻人入铺，以好酒好菜相待。席间，有个年轻人饶有兴趣地问：“先生如何知道这两个骗子会来自投罗网？”

孙武微微一笑，细说缘由：既然两个骗子以骗钱为目的，就投其所好。他让铺主放出风，说押铺失盗了，因当地太湖强盗横行，故百姓深信不疑；第二天再弄许多人去冒充退押的，这两个骗子一想，这又是来财的大好机会，必定前来要求退押。铺主拿不出夜明珠，他们就可一口咬定失盗了，岂不是万无一失！哪知，魔高一尺，道高一丈，两个骗子再次露面，就这样落入了他的“圈套”。

孙武叙毕，大家乐得仰头大笑，连说：“真是奇人奇招，妙哉，妙哉！”

铺主连敬孙武三杯酒，口中不停地喃喃：“妙，妙……”

铺主再敬第四杯酒，孙武用手一挡，含笑答：“莫说奇、妙，那骗子是因‘贪得无厌’而败北，吾则用了‘兵不厌诈’‘引蛇出洞’之法而取胜，实属侥幸，不足挂齿。”

铺主大为惊奇，愈加称赞：“先生如此奇才、奇思，何不将此著书立说，亦好传世万代。”孙武点点头，轻语：“正合吾心。”

两人谈得深处，铺主才得知孙武是外乡人，暂居穹窿山北坡山神庙。铺主热心地说：“我有一个旧居，在木渎西边的穹窿山前山，南山坡上有几间茅屋，人称茅蓬坞，先生如不嫌弃，就先将就暂住，如何？”

翌日，铺主亲自将孙武送至旧居茅蓬坞。孙武一看，此处甚好，安静至极，那里山青、林密、水好，且一应家什齐全，是个写书立说的好去处。孙武喜出望外，拱手相谢。

此后，孙武回穹窿山北坡山神庙，告诉两义弟前因后果。但商量时，因两义弟既舍不得已经垦种的许多地和庄稼——快要有收获了，又不想影响大哥著书立说。两义弟都说："我们不识字，帮不了大哥写书的忙，我们会种地，可定期给大哥送粮食。"

孙武想："也好，前山后山，路途不远，两义弟要留下农耕，就尊重他们的意见。"他一人搬至了穹窿山前山茅蓬坞，开始了他的兵法撰写。

观察蛇蟾斗

口述：李春贵，张家港市乐余镇人；郁忠康，苏州市吴中区胥口镇人，1993年口述。

采集整理：李洲芳，今苏州市吴中区人，2013年供稿。

孙武因为齐国内乱，流亡到吴国，隐居在人烟稀少的穹窿山茅蓬坞，研究、著述兵法。

有一天，孙武下山买刻字的竹刀，一路累得一身大汗，嘴干得要命，到一个名叫根生的家里讨水吃，根生给了他一瓢茶水。孙武虽然见多识广，但从来没有喝过这馨香甘甜中略带些淡淡苦涩的茶水，便向根生讨教起来。

根生告诉他，这是穹窿山的野茶，还非常热情地送了他一大包茶叶，让他带回去慢慢享用。从此以后，孙武养成了喝茶的习惯，但是不好意思老向根生去讨茶叶，于是他一有空闲便去山上采野茶，然后去请根生炒制。

穹窿山茅蓬坞虽然有野生茶叶树，但不是很多，东一棵西一棵散布山野各处，不要说采，就是找找也很费力。于是孙武听从根生的指点，采了点茶籽，在穹窿山南山坡开荒种起茶树来。孙武有了自己的茶园，从此就不愁没有茶喝了。

有一次，他到茶园里拔草，看见一条三尺多长的赤练蛇追捕一只蟾蜍。蟾蜍一会儿跳到石头上，蛇也追到石头上；一会儿跳到石头下，蛇也追到石头下。这样上上下下周旋了几十个回合，好像蟾蜍有意在消耗赤练蛇的体力。

后来，蟾蜍爬在石头上不动了，只见它那原来瘪笃笃的腹皮鼓足了气，埋头装死等着蛇来袭击。大概赤练蛇以为蟾蜍无力逃跑了，便窜上石头，将蟾蜍紧紧盘牢，接着咬住蟾蜍的颈皮。

无法动弹的蟾蜍，身上会分泌出许许多多白色的黏液，大约过了半个时辰，赤练蛇的尾巴开始不停地抖动，嘴巴也松开了，蟾蜍肚皮一瘪，逃出了赤练蛇的缠绕。赤练蛇却像患上了疟疾，浑身颤抖。显然，它中了蟾蜍毒，一场生死搏斗，以蟾蜍的胜利告终。

孙武在茶园里看了一场蛇蟾相斗之后，就坐在草棚里，一边品茶，一边思考，感慨而自语："真是处处留心皆学问啊！"

蛇蟾相斗弱者胜，使孙武终于悟出了一个道理：蟾蜍跳上跳下，是利用地形，消耗了强敌长蛇的精力，以弱胜强；蟾蜍伏于石头，是以逸待劳、以静制动；蟾蜍被围盘后放出毒液，是虚实结合，以引蛇上钩、毒液回击，致对方于死地。宛如兵者，诡道也。

后来，孙武在穹窿山茅蓬坞草庐，著就《兵法》十三篇，不仅体现了他的文韬武略，也含有他细心观察社会、观察自然界所取得的心得启示和经验总结。

治理游湖灾

口述：马易森，苏州市高新区人，1986年5月20日口述。
采集整理：卢群，苏州市姑苏区人；张瑞照，苏州市吴中区人，2014年5月24日整理供稿。

相传，远古洪荒，天下汤汤，到处山洪暴发，到处大水泛滥，太湖地处水乡泽国，更是十年九涝，可把我们的祖先害苦了。

那时候的吴地先民“断发文身”。断发，是因为一年三百六十五天，与水打交道的日子多，头发长了，在水中很不方便，经常缠在水草、漂浮物上，弄不好人会沉到水底淹死，所以只能将头发剪得短短的；文身，是用来吓唬水中凶猛的大鱼，使自己不受侵犯的。断发文身也算是吴地先民一个很聪明的生存方式了，但终究不是长久之计。长久之计应是治理水患，变水患为水惠。但是，怎么让太湖听话，谁也拿不出章程。听说北方有个大禹，是治水专家，吴地百姓盼望着大禹能来太湖治水。

日也盼，夜也盼，终于将大禹盼了来。大禹来到太湖勘察，看出了问题的症结：太湖的泄洪能力不足，天上一降大雨，湖水满溢，淹没田地，泡死庄稼。要使太湖增强泄洪能力，就必须疏通四周水道。传说，大禹治好了太湖，它变成了一个美丽而平静的湖，有诗赞太湖的这份静美，曰："有浪不甚高，无风如练静。秋宵谁与期，月华三万顷。"

可是，到了孙武隐居穹窿山茅蓬坞的时候，太湖又不安静了，经常泛滥。湖水漫上岸来，淹了田地，冲塌了农舍，乡亲们深受水患之苦。特别是太湖里有块水域名叫游湖，此湖周长五六十里，不算大，但奇怪的是，游湖风浪比太湖其他地方要高、要大，太湖翻船多数发生在那片水域。人们传说是游湖有蛟龙，它一不开心就会兴风作浪。

为什么游湖成了一个灾湖？孙武为了搞清游湖为何风急浪高，到底有没有蛟龙，决定去看看，他雇一艘船下湖观察。游湖真的"无风三尺浪"，船到湖心，更是颠簸不停、剧烈摇晃，船还会打转。眼看就要倾覆，艄公大惊失色："船底下有蛟龙！赶紧摇船离开！"他使出吃奶的劲，拼力把船向岸边摇去。孙武攥着橹绳，帮着把船快行。在孙武与艄公合力下，船飞快摆脱风浪，靠到了岸边，安全了。艄公跳上岸，船也不要了，一转眼就跑掉了。孙武上岸后，替艄公把船拴好，回到岸上，在湖边转来转去，留意湖中风浪，发现游湖中心的水不时有漩涡打转……

孙武走上岸边山坡，从高处继续观察游湖四周环境，发现游湖实是一个太湖湾。东、北、南面分别被几座小山的山麓延伸围抱，两边延伸至湖中半岛，仅西部有个口子连接太湖。

孙武猜测，不可能有蛟龙造成游湖水患。为了证实自己的想法，孙武在离湖不远的村庄借了一间农舍，天天带着房东替他做的干粮来到湖边观察。一连半个月，功夫不负有心人，果然被他看出端倪，哪有什么蛟龙？不过是每遇西面来大风的天气，太湖水面便风急浪高，后浪推动前浪，太湖水不断涌入游湖，游湖水位暴涨，三面无河道，仅靠西面湖底回流泄水，形成了游湖水的巨大漩涡。只要西风不停，就能搅动游湖水翻腾不止。

孙武心想，游湖泄洪，只有开河，我要替沿湖乡亲除害！主意打定，孙武回到村里，把自己观察的情况告诉村民：这不是蛟龙作恶翻腾。许多村民听后，仍是半信半疑。这时，有族长请教孙武：“先生，不管有没有蛟龙，你有没有办法使游湖水不会突然上涨，水不旋转翻腾呢？”孙武答道：“有！只要在游湖北面半岛中部挖条河，联通北边太湖，游湖就不见‘蛟龙翻腾’！”

族长把乡亲都召集起来，说：“孙先生能为大家‘破除蛟龙’，大家都听孙先生的嘱咐去做，在半岛上开条河。”

村民受族长动员，纷纷回家，有拿杠棒箩筐的，有拿钉耙的，也有拿铲的。回到游湖旁，已是数百人的队伍了。他们在孙武指引的地段动工了。半个多月后，半岛上掘成了一条河。从此，无论西北风再大，太湖浪再高，游湖水位都不会突涨，湖水迅速分流，再也形不成漩涡，所以见不到“蛟龙翻腾”了，游湖从此成了太湖中风光最绮丽的水域。

乡亲们传颂：“孙先生破除恶蛟了！孙先生为民除害了！”后来

被民间演绎成“孙武游湖勇斩蛟”的传说，神话般地流传了下来。

《太湖备考》中说，游湖的范围为：南自西迹嘴起，越铜坑，沿安山、幽里山，北抵新桥，折向西，沿游城山、长山一带滩岸，至三洋、峧嘴为一大兜。湖口在峧嘴、西迹之间。游湖即是今镇湖长山与光福安山间的一块水域。

游湖湖口确不宽，假如把这个湖口一堵，游湖就是个内湖了。如今，来游湖游览的人日益增多，游湖变成了一个风景区。

计擒黑獭王

口述：陆鸣涛，苏州市吴中区光福镇人，1987年4月27日口述。
采集整理：张瑞照，苏州市吴中区人，2014年6月10日整理供稿。

传说，西太湖有个强人，打鱼出身，一次他赤手空拳在湖中擒住一条十余斤重的水獭，从此自称“黑獭王”。湖匪作歹，被孙武使计惩治。

那时，黑獭王手下有百余喽啰，摇着木船，驶东游西，打家劫舍，滥杀无辜。有一天，他听手下探子来报，穹窿山南麓的塘村，男的上山砍柴卖柴，下湖捕鱼捉虾；女的去田里耕作，在家缝补浆洗，日子十分富足。那天夜里，月黑风高，他率手下喽啰，执着家伙偷偷潜入村中打劫。

黑獭王抢了几十担粮食，运至船上便撤。族长陈华得知之后，率领村民奋起直追。但黑獭王的船已至湖心，陈华与众村民只能望湖兴叹。

自此以后，黑獭王不时带领手下喽啰前去骚扰、抢劫。族长陈华和村民奋起反击，一连数天，筋疲力尽，苦不堪言。

一天，隐居在穹窿山茅蓬坞的孙武下山，途经塘村。陈华早闻孙武与周围村民交往频繁、相处和谐，常为百姓排忧解难，所以见了孙武，便把最近发生的事向他和盘托出，请求他为塘村出谋划策，抗御黑獭王。

孙武道："在下也曾听说这帮强人作恶多端、罪孽深重。黑獭王手下有个谋士叫尹俊，阴险刁滑。为了训练这批强人，他带着喽啰跋山涉水，勤练刀棍，所以，这百余强人个个力壮如牛、武艺超众。"陈华愁眉苦脸："难不成我们好不容易种出的粮食、饲养的家禽家畜任凭他们来抢劫一空？"

孙武道："你们可以去报官，让官府派出兵丁剿匪。"陈华长叹一声："不瞒孙先生说，有几次塘村遭到黑獭王抢劫，鄙人派人策马前去报官，可当官府的兵丁浩浩荡荡来到塘村，这帮强人早已抢了粮食和一些家禽家畜，摇船逃之夭夭。所以，我们只能靠自己的力量与这伙歹徒相抗。"孙武道："如果不依靠官府兵将，单凭村里村民，那只能是以卵击石。"

陈华问："依先生之言，我们无有别法？"孙武道："天无绝人之路。正能克邪，对付这帮亡命之徒，绝不能坐以待毙。"

陈华来了精神，向孙武请教"克敌制胜"之法。孙武道："与这帮强人对抗，不能硬拼，只能智斗。第一步，先打探他们如今隐藏在何处，然后……"说到这里，孙武蹙眉沉吟了一下，问："最近一次，你们抗御黑獭王时，他们可有损伤？"

陈华道："强人所抢之粮、所夺家禽家畜，都是我们村民赖以生活之物，为此，遭到我们村民的奋力反抗。那次，黑獭王手下十几个喽啰受伤，有几个喽啰在撤离时还跌入我们预先挖好的陷阱之中，甚至连黑獭王也掉入了水沟……要不是尹俊派人奋力抢救，黑獭王早已命丧黄泉。"

孙武眼前一亮："真有此事？"陈华道："句句属实。尹俊和四个喽啰好不容易把黑獭王从水沟捞起，平素不可一世的黑獭王还吃了几口污水，上岸时像只落汤鸡，狼狈不堪。"

孙武眉头一皱，计上心来："我们来个离间之计，先把诡计多端的尹俊除了，接下来我们就好办了。"陈华连连摇头："听说黑獭王与尹俊撮土为香，义结弟兄，对天起誓，有福同享，有难同当，不能同年同月同日生，但愿同年同月同日亡。要想离间他们，可比登天还难。"

孙武感到不可思议："难不成他们两人的生死之交铁板一块，无懈可击？"陈华道："想当年官府曾派人分别去黑獭王、尹俊那里招安，愿许以官职俸禄，只因许诺尹俊的只是个百户侯，黑獭王却坚持要让尹俊和他同为千人侯，官府才作罢。可黑獭王从此便拴牢了这个谋士。"

孙武道："在下听说黑獭王有勇无谋，猜忌之心颇重。只要除掉黑獭王身边的谋士尹俊，还是有机可乘的。届时，黑獭王断了这只胳膊，他的末日就指日可待了。"

陈华点了点头，但还是心存疑虑："话虽这么说，但先生真有办法离间这对黑帮兄弟？"孙武开怀一笑："世上没有跨不过的坎、攻不破的堡垒，事在人为。你先叫村民凑些钱币、玉器……”

陈华照计行事，很快收了点钱币、玉器，用一只小甏装下，交于孙武：“先生，你重金去实施吧！”

孙武道：“你在夜深人静、旁人不知的情况下，把这只甏埋在太湖西面的蟠螭山……”

陈华一脸不解：“把这钱币和玉器藏到那么隐蔽的地方干吗？”孙武与他轻声耳语了几句，陈华连连点头。末了，孙武要过一块白布，在上面写了几行字，折叠起放进一个竹筒，对陈华道：“第一步，你就派出几个年轻村民，四下打听黑獭王下落。”

陈华于是依照孙武的吩咐，乘着夜深人静，把藏有钱币和贵重玉器的土甏埋在蟠螭山东麓的第七棵大槐树下。同时，他又派出了几个年轻后生，四下打听黑獭王的藏身之处。

三天之后，一个叫乌金的后生向陈华禀报：“黑獭王在东太湖东北的尧峰山叆叇岭。”陈华听罢，把一个竹筒交给乌金，如此这般吩咐了一番。乌金拿了竹筒，急步匆匆地去了尧峰山。他正要往叆叇岭爬去，却被守在道口的一矮一瘦两个喽啰拦住。

乌金上前拿出两枚钱币，分别交给两个喽啰，拱手言道：“两位好汉，请收下买杯酒喝。”

瘦个子喽啰也不推辞，收起之后往口袋里一塞：“你想行贿我俩？嘿，没门。”

矮个子喽啰手执朴刀：“呔，给我钱币，意在何为？”

乌金左右一看，无有他人，遂从怀中取出竹筒，递了上去，言词神秘兮兮："我们族长陈华吩咐鄙人带来这东西，烦请你俩转交给军师尹俊。"

矮个子喽啰拿了过来，拔开竹子一头的木塞，正想取出里面的东西看看，被乌金喝声制止："两位千万不要去看，这是我们族长给你们军师的密件。如若看了，要是给你们军师知道了，说不定你俩是个死罪。我们族长不愿为了这东西，断送了两条好汉性命。"

矮个子向瘦个子望了一眼，没有说话，把木塞子往竹筒上一塞。

乌金向两个喽啰拱手唱了个喏："拜托两位了。"言毕，转身就走。可走了几步，他似乎想到了什么，复而返身轻声言道："两位好汉，你们千万不能把这封私信交给黑獭王去看，这会惹出事来。"

瘦个子喽啰道："看来你们族长与我们军师十分投机。"

乌金道："岂止是投机，他们如今已是铁哥儿俩！不谈了，后会有期。"

乌金一走，矮个子和瘦个子两人看着这个竹筒，不由犹豫起来。矮个子道："看来里面之信非同一般。"瘦个子道："如若一般，这个村民也不会左叮嘱、右吩咐。"矮个子道："我从那村民脸上看出，其中有诈。"瘦个子道："心中没鬼，他干吗鬼鬼祟祟的？这封信里定有蹊跷。"矮个子道："我们偏不按这村民说的把此信交到尹俊军师手中，如果把它交给黑獭王，要是其中有诈，说不定能拿到几个赏钱。"瘦个子双手赞成。于是一矮一瘦两个喽啰拿着竹筒至叆叇岭，交给了黑獭王。

上次夜袭穹窿山塘村，黑獭王丢失了几个弟兄，自己也跌入水沟，险些丧命，心里一直十分生气，现在见矮、瘦两个喽啰拿来一只竹筒，莫名其妙。

矮个子喽啰把刚才穹窿山塘村村民送来这信，再三叮嘱此信是给军师尹俊，千万不能给黑獭王看的情形，一一说了出来。

黑獭王顿时生疑，心想尹俊与我是结拜弟兄，有什么事还瞒着我呢？所以他拔去竹筒上的木塞，抽出里面的信，打开一看，只见上面这么写着：尹俊兄，上次你密告要来偷袭塘村，才使我村幸免厄运。为了表示感谢，遵照事先约定，酬金藏在蟠螭山东麓第七棵槐树旁的石头底下。叩谢。陈华。

黑獭王不看则罢，一看气得吹胡子瞪眼，半晌才渐渐平静下来，吩咐两名亲信策马前去蟠螭山。

两名亲信遵照黑獭王吩咐，至蟠螭山后，至第七棵槐树下，果然见到树旁有块方石，翻开一看，有个小坑，坑内有只土甏。亲信拿了之后，翻身上鞍，快马加鞭，返回尧峰山叆叇岭，把它交给了黑獭王。

黑獭王一听蟠螭山果真藏有土甏，惊诧不已，打开一看，里面是满满的一甏钱币和玉器，顿时呆若木鸡。末了，他叹了口气："想不到兄长尹俊瞒着为弟干这等吃里爬外的勾当。"随即吩咐四名彪形喽啰，把尹俊绳捆索绑，押至叆叇岭。

当着众喽啰的面，黑獭王拿出竹筒，拔去木塞，取出一块白布，道："弟兄之交，理应肝胆相照、风雨同舟，可你尹俊竟然私通穹窿山塘村陈华，前来陷害于我。先人有云，君子不失足于人，不失色于人，不失口于人。为弟遵守先人之道，称你为兄，可你却是个不仁不义的小人！”

尹俊竭力申辩：“贤弟，这是有人离间你我弟兄，你怎么瞪着眼睛在说胡话？”不想黑獭王斥道：“铁证如山，你还要老鼠咬铁块，嘴巴硬。”言罢，即令喽啰端出一甏钱币、玉器，放至尹俊面前：“你张着双眼看了，还有何话可说？”尹俊如入云端，莫名其妙。黑獭王即令喽啰端出两小坛米酒，一坛给了尹俊，一坛自己打开，咕咚咕咚喝了两口，道：“此酒我们各人一坛，喝了之后，我们弟兄情谊到此为止。”

黑獭王杀了尹俊之后，还不解气。到晚上，他与手下喽啰直扑穹窿山塘村。当他摸进塘村一看，空无一人，知道中计，即令手下撤退。

此时，族长陈华率领村民，举起火把、刀枪，大声呼喊着：“杀……”直扑过去。黑獭王一面抵抗，一面往东而撤，此时，官府的兵丁杀至。黑獭王腹背受敌，成了瓮中之鳖。

黑獭王与众喽啰和官府、村民厮打了一阵，渐渐招架不住，不少喽啰见抵抗徒劳，纷纷丢械举手投降。黑獭王乘着混乱，抽身往南而逃。黑獭王逃了三四里路，到了太湖边。芦苇丛中，歇着条小舟。黑獭王纵身一跳，到了船上，操舟便逃。逃了一二里，前面是座冲山小岛。他返身一看，后面无有船只追来，松了口气。

正在这时，孙武与义弟正雷驾船拦住了他的去路。黑獭王与孙武、正雷打了三四个回合，不分胜负。孙武故意卖了个破绽，黑獭王“呼”地挥刀砍去，扑了个空。孙武返身一棍，正击中黑獭王之背，黑獭王背上中棒，收脚不住，踉跄几步，“轰隆”一声，跌入湖中。孙武与正雷一齐跳入湖中，黑獭王一浮出头，两人便齐心协力把黑獭王生擒活捉。

于是，后人把这个地方叫作獭头浮，一直流传到了现在。

全歼湖匪黑獭王之后，西太湖又恢复了往日的平静，塘村村民在族长陈华的带领下，前去茅蓬坞向孙武致谢。孙武答道：“先人有云，利人乎即为，不利人乎即止，在下只是遵循先人之言而为之。”

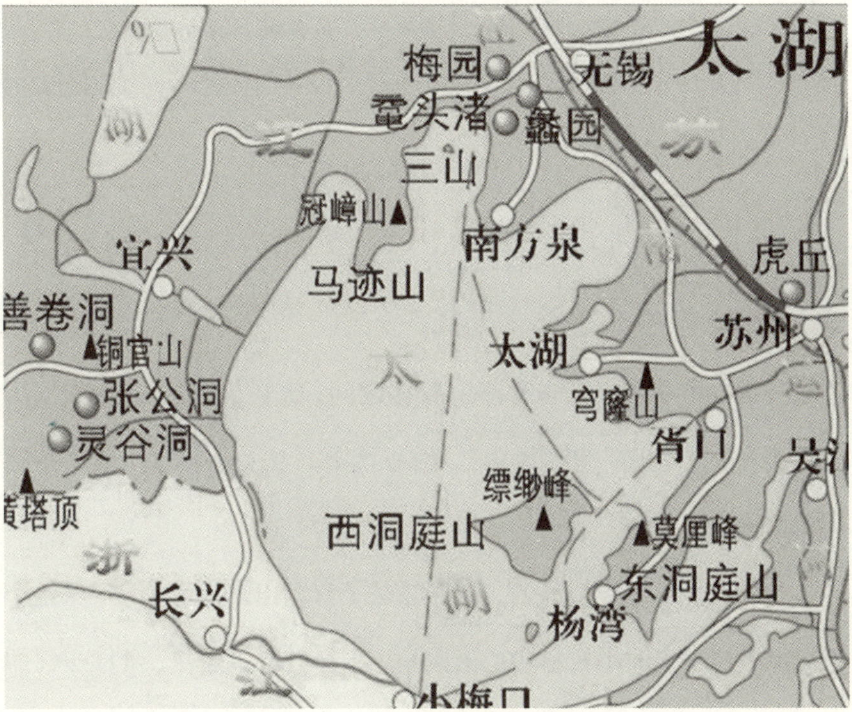

孙武与金涧

口述：陆水男，苏州市吴中区光福镇人。

采集整理：张瑞照，苏州市吴中区人，采集日期：1986年6月20日。2014年7月20日整理供稿。

苏州穹窿山北麓有个村庄，叫金家涧。相传，这与兵圣孙武和他麾下的金瑜有关。

孙武初到吴国，隐居穹窿山深林之间，砍柴、狩猎之余，依据历史上战争的“胜败”和“得失”，悉心撰著兵法，空余时间则周游附近山峦、村庄。

一天，孙武与新结拜的义弟正雷去了穹窿山东麓塘岗头，见这个只有十来户人家的小村落中心土墩上，站着个衣衫褴褛、身材瘦长的年轻后生，在向看热闹的村民吆喝：“在下金瑜，楚国州来（今安徽凤台）人，只因家乡遭遇虫灾，庄稼颗粒无收，前去越国诸暨投奔在那里经商的堂叔，囊无分文，沿途乞讨至此，借这里一块风水宝地，向诸位献艺，看得高兴，鼓一下掌，喝一声彩……看后，任凭各位施舍钱币一二。”言罢，他两手一张，一个雄鹰展翅之势，纵身往上一窜，尔后“噗”的一声双足落地，挥起双拳，左右上下挥舞，虎虎生风。一会儿，他又豁起了虎跳，一个一个，一连翻了十八个，站稳脚跟，大气不喘，神情泰然。

看热闹的村民有男有女，有老有少，见到如此精彩的表演，大声叫好，“啪啪”掌声，此起彼伏。

金瑜从一旁的包裹里取出小钵，从土墩上“噗”跳下，向村民乞求施舍。当地村民生活贫寒，他走了一个圈子，钵内只有四五枚钱币。

金瑜正要收摊离去，看热闹的村民意犹未尽，连呼：“再来一个……”金瑜为了让众人尽兴，放下刚拿起的包裹，抱拳言道：“各位抬爱，在下再来献丑一下……”话未说完，只听传来“且慢”一声大喝，从人群中纵身跳出个高个年轻人，对金瑜道：“小爷是塘岗头驻军‘两首’，你在我军营前耍艺，分明是在挑衅，为此要与你比试一下拳脚，如若你胜，小爷领你去营中饱餐一顿，要是输了，给我立马滚蛋！”（注：春秋战国时期军队五人为伍，五伍为两，四两为卒）

金瑜抬目一看，此人肩宽膀阔，腰壮臂粗，黝黑肤色，说话唾沫飞溅，嚎声连连。他知道来者不善，鞠躬施礼：“在下在这里献丑，只奈囊中空空，饥饿难忍，万望见谅。如今为了让大家尽兴，表演一下，即刻离去。”不想那人蹿前一步，一把抓住金瑜衣襟，声色俱厉：“你如若不肯与小爷切磋拳脚，得把破钵留下。”

金瑜听了这话，脸呈不悦。须臾，他强颜一笑，抱拳言道：“那请问好汉高姓大名，在下奉陪便是。”那人束了下腰，道：“小爷伯本。”言罢，率先拔拳直扑金瑜。

金瑜见伯本出拳凌厉，便左躲右避，连连后退，突然立足不稳，一个趔趄，跌坐在地，仰脸对伯本道："好汉果然拳脚不凡，在下惭愧。"伯本收起双拳，乐得呵呵大笑。

人群中孙武、正雷看出，金瑜是故意让着伯本。伯本自以为是，盛气凌人："那你给我立马滚蛋！"金瑜正欲取钵而走，伯本大喝一声："你既然认输了，得把钵内钱币留下！"

金瑜苦苦央求："好汉，在下已两天粒米未进，这几个小钱……"伯本不依不饶："小爷一言既出，驷马难追。"金瑜无奈，因腹中饥饿，眼前金星乱冒，步子踉跄，差点儿没有跌倒在地。

孙武路见不平，站了出来，对伯本好言相劝："饱汉不知饿汉饥，这位兄弟，你就别难为他了。你若有兴趣，是否与在下切磋一下？"伯本一看孙武个子不高，文质彬彬，全不把他放在眼里："赛场如同战场，可不是写字绘画！"孙武倒也谦逊："那就算在众人面前献下丑吧。"

看热闹的村民来了兴趣，嚷嚷着要看孙武、伯本赛拳，有的甚至"啪啪啪"鼓起掌来。

孙武与伯本摆开阵势，一招来一招去，足足打了十多个回合不分胜负。伯本原以为不费吹灰之力就可取胜孙武，不想，难以占得上风，为此猴急起来。他一个旱地拔葱跃起，落下时双拳直砸孙武脑袋。孙武往下一蹲，一个连地十八滚闪过。伯本"呼"地收起双拳，以泰山压顶之势直扑孙武门户，孙武侧身躲避。伯本立马一个鹞子翻身，挥拳直逼孙武。孙武往下一蹲，用四两拨千斤之招，往他身背

“噗”地一击。伯本收脚不住，直往前跌去，“啪”的一下，重重摔倒在地。

孙武唱了个喏：“好汉，承让了。”

观热闹的村民响起雷鸣般的掌声，为孙武不凡的身手叫好。伯本恼羞成怒，一骨碌从地上爬起，跨步上前欲抓孙武衣襟。正雷出手一挡：“先人有云，愿赌服输。好汉，你就别再纠缠不休了。”这轻轻一挡，伯本只觉得全身发麻，身子直打哆嗦，知道遇上了强手，忍不住大喝一声：“你们三人都是平头百姓，哪来如此功夫，兴许是楚军探子。来人，给我把他们抓住！”人群中的五个士兵，“嗖嗖嗖”从腰间拔出匕首，三步并作两步冲上，“哗”的一声，把孙武、正雷和金瑜团团围住。

孙武生怕发生意外，吩咐正雷退至一边照顾好金瑜，自己面对五个手持匕首的士兵，说了一声：“多有得罪……”将身子往下一蹲，紧接着飞身窜起，落下时两脚左右开弓，两拳出手，四个士兵猝不及防，“噗噗噗”应声仰天倒地。尚剩下的一个士兵惊得目瞪口呆，孙武对准他当胸一拳，那士兵踉踉跄跄后退了十几步，正巧那里横着一条小河，那士兵收脚不稳，“扑通”一声，栽入河中。

这时，一队巡逻的士兵途经，看不远处村中一片混乱，走了过来。伯本大声喝道：“弟兄们，快把这三个探子给我逮住！”十多名士兵见两首发话，立马“锵锵锵”拔出肋下朴刀，一齐扑向孙武、金瑜和正雷。

孙武对正雷道：“你给我挡上一阵子，我带着金瑜兄弟先撤一步。”正雷点了下头。此时一个士兵持刀赶至，向正雷当头劈来。正雷让过，飞起一脚，正中那人手臂。朴刀飞向天空，落下时被正雷伸手接住。正雷手执朴刀，“霍霍”舞起，看得十多名士兵傻了眼，怯怯不敢近身。

孙武把金瑜带上了穹窿山茅蓬草庐，便吩咐家人烧火做饭。当正雷返回，孙武又吩咐他去村中买来酒菜。孙武、金瑜、正雷三人边吃边谈，仿佛是久别重逢的知己。其间，金瑜知道孙武乃齐国人，为避战祸，来此深山丛林隐居。金瑜道：“刚才幸亏两位大哥出手相助，要不然不知如何收场。”孙武道：“路见不平，岂有袖手旁观之理？”

孙武见金瑜为人正直、武艺高强，遂挽留他与自己一起在穹窿山林居住。金瑜婉言谢绝：“小弟去越国诸暨主意已定，望孙大哥见谅。”孙武见他去意已决，也不勉强，赠送银两，权作路途盘缠。金瑜感激不尽，对孙武、正雷道：“此次离别，不知何年何月再能聚首。”孙武笑道：“只要有缘，纵然路隔千山万水，日后也会再次重逢。”

两年后，孙武经伍子胥举荐，被吴王阖闾任命为将。一日，他在府中观看吴国相邻的越国地图，想起了金瑜。正在这时，门客来报：“有个年轻后生远道前来拜访将军。”孙武正要问此人是谁，义弟正雷手携一人闯了进来。孙武举目一看是金瑜，喜出望外。见金瑜衣冠楚楚，孙武戏谑道：“士别三日，当刮目相看。想当年你是衣衫破旧的乞丐，如今锦衣披身，风流倜傥。”金瑜说出了实话：“小弟去了越国诸暨堂叔那里，与堂叔走南闯北买卖丝绸。以后，堂叔见越国张榜纳才，欲把在下举荐给越王。得知孙大哥在吴国拜将，小弟想起与两位大哥的昔日情谊，于是弃商前来投奔。”

孙武知道金瑜是个可塑之才，便带他去穹窿山东麓塘岗头，任命他为军中“卒首”。

金瑜踌躇满志，孙武言道：“你的卒下有个两首伯本，你也认识。我任将之后，他已专门前来检讨当年塘岗头之过。我见他态度诚恳，没作追究。先人有云，人非圣贤，孰能无过，知错改错，仍可为人杰，望能妥为处之。”金瑜道：“卑职记在心中了，决不辜负将军重托。”

金瑜走马上任，伯本见新来的顶头上司好生面熟，仔细一想，乃两年前在塘岗头村卖艺之人，生怕日后遭遇报复，提心吊胆，整天惴惴不安。金瑜得知之后，召见伯本，与他推心置腹：“过去的事如吹过的风，别再提了。当年你还率众追杀孙武，现在他已官拜上将军，你不是安然无恙，还依然在营中任职么？”伯本想想也对，连连点头。金瑜继而言道：“年轻人逞强好胜，自古有之。就拿在下来说，十五岁那年，听说伍子胥武艺不凡，多次只身去伍府找他比武。伍子胥见我是个娃娃，断然把我拒之门外。经不住我再三纠缠，他与我切磋起来。我与他一经交手，只三四个回合，就被他一拳击倒，爬不起身。”伯本噤若寒蝉，半晌才道：“如今伍子胥可是吴王阖闾手下大夫，官拜行人。”金瑜道：“回想当年，在下初生牛犊不怕虎，要是现在借我十个胆子，也不敢去伍府与他比试。”听到这里，伯本与金瑜冰释前嫌，相对哈哈大笑。

后来，楚国举兵伐吴，孙武率军相抗，驻扎马鞍山中，休整部队，准备择日挥师而进。一天晚上，楚军一万余人马从后山包抄过来，企图一举歼灭孙武手下劲旅。站在山头守岗的金瑜看到一群黑压压的人马正向山头扑去，知是楚军偷袭，他单枪匹马，硬是从楚军中杀出一条血路，奔至孙武帐中报告。孙武闻报，令军撤退。金瑜主动请缨："将军，你只管沿西面一条山道后撤，卑职率百余士兵守住道口。"

孙武虽然知道金瑜可以担当此任，但也有顾虑，问道："你的职务，谁来替代？"金瑜指着孙武一旁的伯本道："他可代吾。"伯本欲自己留下，阻截楚军。金瑜大喝一声："废话少说，快保护孙将军后撤。"言罢，用枪柄往伯本胯下坐骑"呼"地击去。伯本战马"吸溜溜"长嘶一声，直奔山麓道口。

孙武在撤退过程中，发现楚军大营防守薄弱，便立即率大部队沿着山道下了山麓，直扑楚军大营，乘虚而入。驻守楚军大营的五百士兵猝不及防，全军覆没。第二天，孙武打扫战场，听探子来报，金瑜率百余士兵与偷袭的楚军大战到红日破晓，全部以身殉职。孙武和伯本涕泪交流，悲恸不已。

大败楚军之后，孙武偕正雷、伯本去山中寻找到金瑜，马革裹尸运回吴国，葬于穹窿山北麓的山坞。后人把这个山坞称之为金家坞，因这个山坞有条终年潺潺而流的小溪，又称之为金家涧，简称金涧，一直流传到了现在。

朱村惩不孝

口述：陆鸣涛，苏州市吴中区光福镇人。
采集整理：张瑞照，苏州市吴中区人，采集：1987年7月5日。2014年6月20日整理供稿。

孙武在穹窿山南的茅蓬坞草庐著书立说，空闲时垦荒种地，打柴狩猎，如遇到不平之事，定会出手。

一天，他想购买一些食盐，穿过茂密森林，沿着小道往山麓走去。步至山下朱村，只见有个四五十岁的中年妇女坐在一丘土坟边哽咽，十分凄惨，于是上前施了个礼，问道："有何伤心之事缠身？"

中年妇女穿着朴素，长得壮实，头上包扎块白布。她见有个年轻男子上前问她，愣了一下。她见孙武举止彬彬有礼、和蔼可亲，起身还了个礼，一五一十地说出了家中发生之事。

此女是个寡妇，夫家姓俞，大家都称她为俞婶，今天一早去太湖边捉到了一条大鱼，拿回家中，煮了放在桌上，便下地浇菜去了。等她回家，发现桌上的一条鱼只剩下了骨刺，感到不解，遂问儿子俞小林，是否把它吃了。不想此话一出，儿子将桌子一拍，大声斥道："你这刁妇，血口喷人，把我说成是偷鸡摸狗的蟊贼。你啊，嘴这么毒，我即使吃自己家中之鱼，也是理所当然，用得着你这么说三道四、横加指责吗？”俞婶连忙解释：“我只是顺便问下而已，你怎么如此蛮横无理？”俞小林听俞婶这么一说，更是火冒三丈，出手揍了她一拳。俞婶猝不及防，站立不稳，趔趔趄趄，“扑通”一声，跌倒在地，脑袋正撞上一根木柱，顿时头破血流，昏厥在地。

正在这时，村民土泉途经看到，对俞小林斥道：“你怎么可以出手殴打你母？”不想俞小林拒不认错，气壮如牛：“你这条光棍，我家的事关你屁事？！”言罢，瞟了一眼躺倒在地的俞婶，扬长而去。村民土泉气不打一处来，正要上前教训一下俞小林，听得躺在地上的俞婶传来“哎哨哎哨”的呻吟之声，返身驮起了她，跑去村上郎中那里，帮她把头上伤口用水清洗后敷上了止血草药。

末了，俞婶对孙武“唉”地长叹一声道：“要不是乡邻土泉出手，及时把我送去郎中那里医治，说不定我已命丧黄泉。我想自己活在世上也是累赘，只想随夫君而去。”言罢，啜泣不已。

孙武移目一看，这土坟上面的石碑镌刻着“夫君俞二章之墓”七个篆字，心里明白，原来面前这中年女子想自寻短见，于是劝慰道：“不孝之子如此对你，你只管向村里族长申诉，定能给你做主。”俞婶听了，哭得更是伤心：“先生，我与丈夫二章膝下无子。其兄俞大章倒有三个儿子。为了继承房屋、田地、财产，他出面与我商量：‘只为肥水不流外浜，故将小儿小林过继于你，认你为母。’当时我想都没想，一口应诺。不想俞小林到了我家，好吃懒做，饭来张口，衣来伸手，也从不把我当作是他母亲，仗着年轻，且长得身材高大，动辄就出手打人。如此下去，我活在世上，还有什么指望，只求早日去与黄泉之下的丈夫二章相聚。”

孙武为俞婶受到如此不公的对待而愤愤不平，言道：“大嫂，鄙人是穹窿山茅蓬的樵夫，以砍柴、卖柴为生，年幼时读过先人文章，懂得为人之道。你如果西去，不正中了那恶少下怀？你现在只管回去，让我帮你教训一下他。让你堂堂正正做人，谁也奈何不了你。”言罢，与俞婶如此这般交代了一番。

俞婶揩干脸上泪痕，离开土坟，返身下山回家。

一到家中，她见俞小林独自在喝茶，于是嘀嘀咕咕：“不知谁吃了我烧的鱼，要是吃了那就糟了。”俞小林颇不耐烦，恶狠狠地瞪着大眼：“你这妇人，难道吃了拳头还不长记性，我没有吃鱼，可你偏要往我头上扣屎盆子？”

俞婶按照孙武的吩咐，一五一十道：“你没吃这鱼，我就放心了。”俞小林漫不经心道：“难道我吃了，你就不放心了？莫名其妙。”

俞婶道：“我说你不吃这鱼我才放心，自有道理。你既然没吃，说给你听也无妨。这几天家中老鼠猖獗，一到晚上窜来窜去，害得我老睡不着觉，还咬破了我几件衣衫，为此，我去湖中抓了条鱼，尔后到药铺那里抓了毒草磨成粉末，放入鱼中，意在到了晚上，让老鼠吃了毙命。想不到哪个馋嘴看到给偷吃了。刚才我去郎中那里问了，要是小孩吃了，会当场一命呜呼，大人吃了，虽不会马上毙命，但三日之后，必会七窍流血，倒地身亡……”

俞小林不听则罢，一听惊得脸如土色，结结巴巴问俞婶："你此话当真？"俞婶道："骗你干吗？"俞小林丢下茶杯，急得"轰"地站起，直搓双手："你怎么可以在鱼里放毒草呢？这不是要人命吗？"俞婶道："那人活该，谁叫他嘴馋。"

俞小林终于说出了实话："这鱼是我饮酒时把它吃了。"俞婶佯作着急起来："那当时我问你，你怎么说你一口没吃？还说是我污蔑了你，甚至拔拳打人。"

俞小林脸色煞白，浑身颤抖："娘，郎中可说吃了此鱼之后有没有救？"俞婶想起面前的侄子平素好吃懒做，还动不动打人，叹了口气，摇了摇头："这叫我一个妇道人家怎么说呢？"

俞小林一听此话，捋起衣袖："你这歹毒妇人，我岂能饶你？！"言罢，直向俞婶扑去。

"住手！"正在这时，孙武与族长踏进了门，见俞小林欲动粗，大喝一声。

原来，孙武与族长早已认识。族长前几年造俞家祠堂，欲在祠堂上写字，一时找不到人，为此急得团团转。此时，孙武途经看到，自告奋勇，操笔一挥而就。族长见孙武写的字苍劲有力，且又文雅，喜不自禁。自此以后，每逢撰写公文，都跑到茅蓬去请教孙武。孙武替人写字从不收钱，而且行文一丝不苟、字字入理。一来一往，孙武与族长成了挚友。刚才孙武与俞婶在山墩上分手之后，他略作思考，去了村中族长家中，把俞婶的遭遇告诉了他。族长于是问孙武："你与俞婶是亲戚？"孙武摇了摇头："不是。"族长又问孙武："你与俞婶熟悉？”孙武道：“从不熟悉。”族长道：“那你为什么要出手相助？”孙武道：“先人有云：善不可失，恶不可长；从善如转圜，遣恶如去仇。”

族长二话没说，带着孙武就去了村西俞婶之家。

族长进了门，见俞小林脸色煞白，身子颤抖，大惑不解。孙武把刚才与俞婶说的话轻声告诉了族长，末了说：“我吩咐俞婶这样做，无非是要找出到底是谁偷吃了桌上之鱼。”族长一听，恍然大悟，忍不住哈哈大笑。

俞小林此时才知道自己上了当，不由得一脸尴尬。

族长坐定之后，便咐人唤来了俞大章，问他把自己小儿过继给弟媳俞婶之事。俞大章说：“我弟死后，理应是我为他做主立嗣。我小儿是他的亲侄，由他过继，天经地义。”

俞婶委屈得泪珠儿直流：“可是这个侄子到了我家之后，不懂礼义，更不能容忍的是不时出手打人，叫我一个寡妇人家怎么过日子？”

族长正要开口说话，孙武把他拉之一旁，耳语了几句。族长一听，孙武之话句句在理，频频点头。他转过身子把俞婶一顿训斥：“你这妇人好生无理，本族长只按规矩办事，不顾及什么情啊义啊的。”当场由孙武执笔，吩咐俞婶和俞小林签字画押，把俞大章的小儿俞小林过继给寡妇俞婶，并让俞小林给寡妇俞婶叩头，让他认娘。

俞大章喜气洋洋，心想：这下子自己儿子可以名正言顺独占兄弟留下的财产了。

俞婶忍不住泪流满面，啜泣言道："以前俞大章口头把小儿过继与我，也敢对我拳打足踢，要是签字画了押，我正式认这个侄子为儿，岂非性命不保？"接着把上午发生的事一五一十告诉了族长。

族长便问俞小林可有此事。俞小林点了点头，厚颜无耻道："如今正式过继，我自然会去邪归正。"

族长于是问孙武："你是读书人，懂得礼义，百善以何为先？"

孙武道："以孝为先。"

族长又问："不孝之子，殴打母亲，该当何罪？"

孙武道："轻则，执杖痛打；重则，不孝之子应以死谢罪。"

族长此时转身对俞小林大脸一沉，斥道："如今母亲控告儿子不孝，先棍打三百，然后算上你偷吃鱼之后辱骂母亲之过，再棍打三百。以后，你若再胆敢拳打母亲，那可要罪加一等，三三得九百棍。来人，先打三百棍！"此时两个年轻力壮的村民一拥而上，把俞小林按倒在地，剥去裤子，噼噼啪啪打了起来，才打了三十棍，俞小林屁股便已皮开肉绽，发出杀猪般的嚎叫。

俞大章见了，"噗"地跪地求饶："族长，能否给我小儿一条生路？"

族长遂问一旁孙武："你是识文断字之人，先听你孙先生之见。"孙武一脸严肃："犯了不孝之罪，理当棍打，如儿子打娘，这是大不孝，即使九百棍后不死，也要逐出家门。"

族长道："那俞小林是死罪难免？"

此时，全场人把目光一齐移向孙武。

孙武沉吟了一下，言道：“只有一个办法，可以赦他一死。”

俞大章急忙言道：“先生请讲，我一定照办便是。”孙武道：“我不是你们族里之人，不可乱讲，还是让我对族长说了，由族长裁断。”言罢，向族长轻声说了两句。

族长听了孙武的话后，返身对俞大章说：“孙先生说，如若你的儿子不去过继，这样，你儿子俞小林与俞婶就无母子关系，罪名就轻多了。”

俞小林听了，急忙大声呼喊：“我才不过继给婶母……”俞大章磕头如捣蒜：“快快撤销过继……”

孙武用巧妙的方法，惩治了贪婪的俞大章和无赖的俞小林，为寡妇俞婶出了一口心头之气。

相传，后来族长嘱咐匠人在村口竖了块“孝”字碑，以儆效尤。

东山治顽症

口述：陆鸣涛，苏州市吴中区光福镇人。
采集整理：张瑞照，苏州市吴中区人，采集：1987年9月30日。2014年5月30日整理供稿。

一日，孙武与义弟正雷驾舟去东洞庭山狩猎，上岸到了山上，见那里林木葱郁、翠竹茂密。一会儿，两人到了一个山坡，不远处传来一阵嘈杂之声，于是循声走了过去。

山坞中有个村庄，村中一棵婆娑成荫的香樟树下围着不少村民。一个十来岁的男童卧躺在一张小木床上，穿着奇装异服的三个巫婆手执铜剑，手舞足蹈，念念有词。男孩父亲叫尚文，母亲叫阿娥，两眼望着躺在木床上又哭又闹的孩子，心急如焚。看热闹的村民人头攒动，议论纷纷。有的说："这孩子已经郎中医治，吃了草药依然无效，还不知巫婆能否驱掉附在孩童身上的妖魔。"有的说："听说女巫治好了不少疑难杂症，这次驱魔治疗，定能马到成功。"有的说："巫婆已作了几次法，孩子依然又哭又闹，看来凶多吉少……"

孙武遂问其中一个村民："孩子原来身体如何？怎会患有此病？"

村民道:“孩子本来上山采果,下湖捉鱼,生龙活虎。三日前天热,在屋前池塘畔睡了一会午觉,醒来身上便又痛又痒,痛苦不已。”

孙武移步至孩子身边,俯身一看,只见孩子身上红肿,用手轻轻一摸,哭声渐渐低了下来的孩子,像被什么东西螫了一下,突然又“哇啦哇啦”大哭起来。三个巫婆闻声,一齐把眼光移向孙武,齐声斥道:“妖魔休得无理……”

孩子的父母尚文、阿娥连忙上前拱手对孙武、正雷言道:“请两位暂且离孩子远些……见谅了。”

孙武见尚文、阿娥彬彬有礼,点了点头,遂对正雷道:“你去屋前池塘那边看看,到底有何妖魔?”正雷会意,转身撇开人群,走了出去。

过了一会,正雷返回,对孙武如此这般地轻声说了几句,孙武沉吟一下,点了点头。

三个巫婆作法之后,累得气喘吁吁,其中一个画着花脸的瘦个巫婆,突然拿起供桌上的木碗,从土甏里倒出了些许米酒,一手托着“咕咚咕咚”喝了几口,然后含了一口,张嘴喷向孩子小尚。小尚“哇哇”哭得更是厉害,身子翻来覆去,在木床上连连打滚,嘴上直喊:“哇哇……痛死我了……哇,爹、娘,快救救我……”尚文和妻子阿娥正要上前去抱孩子,一个胖巫婆持剑拦住,厉声斥道:“千万不能靠近,千万不能靠近。”尚文道:“孩子呼我和他娘,我等焉能坐视不理、袖手旁观?”胖巫婆道:“如今神道与妖魔正在决斗,难分难解,你俩如若上前,神道一旦走了神,让恶魔占了上风,那么,你儿子就会病入膏肓，断无办法可救。”尚文和阿娥只得退了下去，眼睁睁地望着儿子小尚在木板床上哭喊打滚。

过了大约半个时辰之后，孩子渐渐筋疲力尽，两眼一翻，昏厥了过去。此时，三个巫婆停了手脚，收起了手中之剑，坐到一旁，歇息起来。瘦巫婆连呼饥渴，尚文递上一瓢冷水。瘦巫婆拿过之后，喝了个精光。此时阿娥从屋内端出丰盛的菜肴和一甏米酒，供巫婆享用。

巫婆也不客气，一边喝酒吃肉，一边自吹自擂。瘦巫婆满嘴是油，说道：“凡经我等三人驱魔治病，没有一个不痊愈的。齐国有个四十岁男子，中了邪之后，茶饭不进，卧床不起，声若游丝，奄奄一息。我们作法之后，他‘轰’地从病榻上跃起，一口气吃了一只蹄膀、六碗米饭。”胖巫婆越说越玄：“去年在越国山中，有个八十老妇，得了一种莫名其妙的怪病，卧床已有七八年之久，骨瘦如柴，命悬一线，家人已为她准备了寿棺，只待她两眼一闭，为她举行后事。子女们见到了我们，为了尽孝，要求我等为老妇作法驱病。我们三人作了法之后，这个老妇顿时双目一睁，四肢灵活，翻身下床，又蹦又跳、又唱又叫，浑身是劲。现在这老妇平素在家穿针引线、缝补浆洗，农忙之时还帮子女下田翻土种地、挑水浇菜。”高个巫婆酒足饭饱之后，道：“经我们三姐妹作法，没病能健壮体魄、延年益寿，有病能驱魔治病。你这孩子中了邪，我们已经作法三次，等会儿醒来，邪气云散，定会康复如初，生龙活虎。”

尚文满心欢喜，连连道谢。阿娥也道：“孩子痊愈，我们定当厚谢。”言罢，从家中掏出钱币，递了上去。三个巫婆把钱币往口袋里一塞，正要拔脚走路，突然传来一声："孩子嘴唇发青，两眼呆滞……"

三个巫婆闻声抬目一看，是个年轻男子。瘦巫婆皱起眉头，斥道："你是何人，瞎三话四？！"胖巫婆将手往腰上一叉，兴师问罪："你这凡夫俗子也来搅局？！"高个巫婆唾沫飞溅，冲着年轻男子破口大骂："你这野厮，敢说神道不灵，你要再不闭起臭嘴，看我等怎么教训于你！"

年轻男子正是孙武。原来，孙武在三个巫婆海阔天空自吹自擂之际，凑近孩子仔细一看，发现孩子命悬一线。三个巫婆拿了钱币欲走，被他大声喝住。

三个巫婆仗着牙尖嘴利，返身把孙武没头没脑地训斥了一顿，尔后三人相互交换了一下眼色，准备开溜。

正雷将手一拦。孙武此时言道："你们且慢动身，正如你们所说，还是等孩子醒来生龙活虎之时，再走不迟。"

尚文、阿娥夫妻觉得孙武之言正中下怀，遂道："三位大师，时间尚早，不如先坐着歇息如何？"

三个巫婆没法，只得复而坐了下来。一会儿，胖巫婆托词想溜，说道："西村正等着我们三人前去赶场子驱邪。"另外两个巫婆连声附和。正当这时，瘦巫婆突然大叫肚子疼痛，脸色一会儿发白，一会儿发青，最后忍不住倒在地上翻滚，连喊："痛死我也，痛死我也，快来救我……"胖巫婆和高个巫婆一时手足无措，不知如何是好。

孙武此时遂对胖、高两个巫婆道："你们不是有驱魔之法吗？还不快给那位大师施法治病？"胖、高两个巫婆你望望我、我望望你，支支吾吾，面面相觑。孙武面对在地上打滚的瘦巫婆道：“以鄙人来看，兴许你是吃了生水，又大吃大喝而患了肚痛，在左面一箭之地，有个方便茅房……”瘦巫婆如梦初醒，从地上骨碌爬起，拔腿“蹭蹭蹭”直往茅房奔去。

在场村民见瘦巫婆一副狼狈之相，大笑不已。胖、高两个巫婆此时脸一会儿红、一会儿白，无地自容。

孙武返身对尚文、阿娥道：“你孩子得了此病有多久？”尚文道：“三日有余。”孙武道：“怎么不去请郎中治疗，却叫三个巫师前来作法？”阿娥说：“因为当地郎中无能为力，三个巫婆自告奋勇说能治愈孩子怪病……”

胖、高两个巫婆见瘦巫婆从茅房走来，乘孙武与尚文、阿娥说话之际，从口袋里掏出钱币，放在供桌上，沿着小道拔腿开溜。村上的一个孩子看到，大声呼喊：“大师跑啦！”

尚文、阿娥欲去追赶，孙武见三个巫婆已把钱币留下，于是言道：“得饶人时且饶人，今天当众已戳穿了她们伎俩，她们自知愧疚，所以丢下钱币走了。”

尚文急得直搓双手：“如今郎中也求了，巫婆又是诈财之徒，孩子这个样子，怎生是好？”阿娥泪水涟涟：“看来孩子小命休矣。”

孙武道：“那倒未必，鄙人倒有一法，不妨一试，兴许有效。”接着便一五一十地说了出来。

尚文一听，立即吩咐妻子阿娥：“快快把家中的米饭端来。”阿娥连连说是，撒腿进屋，端出了一锅米饭。孙武把孩子身上的衣服脱去，待米饭凉了之后，揉成糊状，与正雷两人把它敷在孩子身上。过了一会，孙武又把孩子身上的米糊一一揭去。此时，孩子如同在酣睡中醒来，见了父母，绽开了笑容。

尚文、阿娥喜不自禁，连呼："奇了奇了！"阿娥抱起孩子，亲个不停。末了，这对年轻夫妻对孙武和正雷双膝下跪，连连道谢。孙武、正雷上前扶起尚文、阿娥。

尚文端详了孙武一会，问道："想来先生学过医术？"孙武摇了摇头："我看到有人患了你孩子这样的怪病，用此法医治，只是效学而已。"阿娥刨根问底："我儿患了何病，你用米糊敷身之法治疗？"

孙武道："我见你儿身上皮肤红肿，用手一触，你儿顿呈钻心疼痛之状。听说孩子三日之前尚好，那天在水塘旁午睡，才得了此病，于是吩咐正雷前去水塘边观察，发现水塘之畔有几棵婆娑大树，树枝上有不少刺毛虫，故而断定你儿身上沾上了刺毛虫身上的刺毛花。"

尚文依然一头雾水："可在我儿身上没有看到什么刺毛花啊。"孙武道："炎夏时节树上的刺毛虫，在太阳的光照下，落下的刺毛花是肉眼看不到的，沾在人的皮肤上，疼痒不已，只有用米糊黏上才会康复。"

尚文恍然大悟："想不到治愈小儿之症，竟然这么简单。"孙武道："对症下药就能药到病除，仅此而已。"尚文遂把供桌上的钱币包在一块布里，递给孙武："这些酬劳，容当收下。"孙武断不收受："此乃小善，不足挂齿。"言罢，与义弟正雷告辞而去。

孙武与正雷走了没多久，尚文从后急步匆匆赶上，拱手向孙武施了个礼："小人受了先生之恩，尚不知先生尊姓大名，家住何方？"孙武道："我叫孙武，与义弟正雷家居穹窿山茅蓬。"尚文道："有空一定前来拜访。"

没过三天，尚文果真前去穹窿山茅蓬找孙武。

这次找孙武是因为妻子阿娥在肩挑担子跨过一条水沟时，足下踏空，跌入水沟，右脚骨脱了臼。他把妻子从水沟里扶起驮回了家，去请郎中前来医治。郎中经验十分丰富，采用牵引复位法治疗。他让村上人把阿娥按住，吩咐尚文抓住妻子的右脚牵拉。但几个村上妇人按揿不住因疼痛而挣扎的阿娥，使牵引复位之法无法进行。

孙武想了想，跟随尚文下得山来。

进了尚文家中，看过阿娥所居卧室之后，他要了一条绳子，把阿娥的右脚绑在柱子上固定好，放下布帘，便往外走。尚文跟了上去。

孙武到了门外，对尚文如此这般吩咐了一会。尚文听了，觉得不可思议。孙武道："时下只有采用此法，才能奏效。"接着拿出一些颜料递给尚文。

尚文接过颜料，半信半疑。

尚文回到家中，对妻子说："天气炎热，家中又无杂人，你这右腿吊着，要吊三天才能转愈，不如将衣裙脱了，在家歇息，我上街去买些中药回来。"言罢，转身出门而去。

尚文出门不久，阿娥果然觉得浑身发热、出汗，便脱下了裙子，闭目养神。

一会儿，有个满脸胡茬的男子冲进屋来，粗声大气道："老子是邻村大胡子，途经这里，讨口水喝。咦，怎么不见人呢？”径自直冲阿娥卧室。阿娥裸露着右腿，只穿一条内裤，听到一个陌生汉子之声，不由一惊，见那陌生男子径自闯入卧室，羞得脸孔发臊，猛然急缩右腿，两手去拉一旁的裙子，突然一阵剧痛，“骨碌”一声，腿骨复位已入臼内。

满脸胡茬的蛮汉上前去解梁上的绳子，阿娥大声呼叫：“你快出去，不然我可要喊人了。”男子不由笑得前仰后合：“我是你夫尚文啊……”阿娥断然不信：“我夫上街去了，快来人啊！”尚文用衣袖揩去脸上“胡茬”，道：“阿娥，你再仔细看来，我就是尚文。其实我根本没有出村，这是孙武先生教我的医治你脱臼之法。”阿娥举目定睛一看，站在自己面前的果真是丈夫尚文，这才恍然大悟。

因为这个传说，孙武当上吴国将军后，此村被唤为“将湾村”，一直流传至今。

孙武文化园

第三编　辅助吴王为将军

孙武认真研究收集战例、探讨战争谋略，著就兵法，其思想深邃，见解独到。从楚国流亡入吴的伍员（子胥），成了吴国公子姬光（简称公子光）的门客，在吴都郊外几次遇到孙武，后两人结为挚友。

伍员为帮公子光夺王位，推荐专诸刺杀吴王僚。宫廷政变后，公子光成为吴王——阖闾，伍员先后被封为行人、相国。

吴王阖闾当政后，立志改革，推行富国强兵之策。故此，广揽军事、政治人才。伍员深深佩服孙武的远见卓识和军事才能，七次向吴王举荐。吴宫教战试兵法，孙武严肃军纪，怒斩二姬。吴王愤而命孙武休息，孙武回舍准备离去。伍员说服吴王，挽留孙武。

吴王觉悟后，深感孙武是位足智多谋、文武双全的人才，便任命他为吴国上将军，把军队的大权交给了他。不久，孙武把他的军事理论付诸实践，不仅辅助吴王整饬朝纲，更为吴国训练出一支纪律严明、作战勇猛的军队……

两次孙胥会

口述：马易新、朱荣金，苏州市姑苏区人，1986年5月2日、1988年4月20日口述。

采集整理：卢群、王水根，苏州市姑苏区人，1986年6月整理；张瑞照，苏州市吴中区人，2014年6月7日供稿。

孙武（字长卿）与伍员（字子胥），一个齐国人，一个楚国人，都是避乱奔吴的。两人本不相识，怎么会碰头认识的呢？传说看斗蚁、看武打戏两次偶然的相遇，使他们熟悉了。

伍子胥本是楚国人，他家在楚国也是贵族，父亲伍奢曾在楚平王时任太傅之职。公元前522年，被奸人陷害，伍奢和长子伍尚一同被杀。三十七岁的伍奢次子伍子胥在朋友的帮助下逃出了楚国，避于吴都，伺机报父兄之仇。时吴国王僚主政，比较守古，不用外人，伍子胥投靠了吴国公子姬光，为门客（谋士），比孙武早来吴五年。

一天，伍子胥从城里到太湖边去办事，经过穹窿山。他带着一队家丁，骑马奔驰在穹窿山下一条小路上，发现前面有几个小孩蹲在路中央，面朝里、背朝外，不知在围观什么。

伍子胥赶紧勒住坐骑下了马。有个家丁上前大声喊道：“娃娃让开，让开，莫挡伍大人道。”

七八个娃娃起了身，一字儿并排在路上。一个十岁左右的男孩，显然是娃娃的头儿，说：“我们是在看斗蚁。”他指指半山坡上在茶园中割草的人，又说：“就是那位叔叔，他常给我们讲打仗的故事，今天叫我们看黄蚂蚁为什么与黑蚂蚁打架，怎么打的。”

伍子胥听男孩说：“斗蚁，就是蚂蚁打架。”伍子胥想：“斗鸡、斗鸟、斗蟋蟀、斗狗、斗羊、斗牛都听说过，这斗蚁从未见识，倒是新鲜，待我来看。”

他下了马，走近去看，只见路面上无数的黄蚂蚁从四面八方涌来，向一群黑蚂蚁发起攻击，黑蚂蚁聚成一个圆圈，从里到外约有六七层，排列得十分规整，一只只全是头部朝外，触须挺立。黄蚂蚁涌上一批，最外围的黑蚂蚁迎前厮杀，一轮斗咬结束，黄蚂蚁四散溃走，黑蚂蚁退入圈内，第二圈黑蚂蚁补充到最外围，迎战再度涌来的黄蚂蚁……六七轮撕咬下来，黑蚂蚁伤亡寥寥，黄蚂蚁却死了一大片，最后只得落荒而逃。黑蚂蚁相互以触须交碰，像是在庆祝胜利。

这有点像两军对垒的“战场”。伍子胥啧啧称奇，问娃娃：“你们方才好像说过，山坡上那位叔叔叫大家看斗蚁的，这人是谁，能告诉我吗？”

娃娃们争着嚷嚷：“不告诉你，不告诉你！”伍子胥唤过一名家丁，吩咐他给娃娃几个钱币，然后说道：“你们收了买东西吃的钱，可以告诉我了吧？”

一个男孩说：“叔叔叮嘱过我们，不熟悉的人不能多讲。”伍子胥想了一番，心中认为：此人一定是懂军事的，吴国公子姬光为夺王僚之权，不是要招募武士吗？想到这里，伍子胥定要会会此人。

伍子胥催着娃娃，要他们立即带他去见那个人。走上半山坡，一个娃娃高喊："叔叔，有位长官要见你！"山坡上传来"噢！来啦"一声应答。

此时，忽见一位二十多岁的年轻人迎面走来，朝伍子胥作了一揖，说道："长官，草民这厢有礼了，找我何事？"

伍子胥一把抓住年轻人双手，欣喜地说道："年轻人，你叫小孩看斗蚁，宛如看两军打仗，你大概懂点军事的吧！你叫什么名字？"孙武愣了一下，心想我初来乍到，不知来人底细，岂能直言相告，便应付对方说道："长官，草民家住此山上，读过一点书，仅知点皮毛。"

伍子胥又道："我是吴国公子姬光府的人，姓伍名员，字子胥，今日路过。现在我家主人要招募懂军事、会武功的人才！故特想见见。"

孙武心想：此人是个门客，公子府招武士，未必是好事。故而复道："长官，小人是一介山民，可能当不好武士。"

伍子胥听罢，倒也有道理，但总感觉这个乡下年轻人可派点用场。便答道："那好，后会有期。"双方告辞了。

孙、伍初会后，孙武在穹窿山茅蓬坞，常常挑灯夜战，苦研兵书，撰写《兵法》。不久，孙武与伍子胥第二次相遇了，那是在胥口集市看戏。

深秋的一天，孙武听说在胥口的集市上有草台班子演出"武打戏”。孙武耳闻“武打戏”三个字，顿时精神一振，连忙草草吃了几口饭，便坐了山民的牛车赶往胥口集市。时已近中午，他举目四望，早已是人山人海。孙武拨开人群，挤到乡人用木板临时建搭的台前，坐到前五排中间的矮凳上，静待演出。

台上已敲起锣鼓，台下是一片啰唣。大约半个时辰后，只听得锣鼓越敲越响，就是不见演戏者上台。

孙武疑惑，不解其意，左顾右盼之后，耐不住问邻座的一位老山民，说：“何时开戏？”老山民笑答：“听说有位做官的要来看戏，要等他来之后才演。”孙武听得一头雾水，这做官的也要到乡下来看戏？又问：“何方来官？”老山民答：“听说城里来的。”孙武更惑，再问：“城里来的什么官？”老山民摇摇头，说：“小民不知。”孙武无奈，只能静等。

又过了半个时辰，只见从东面走来一位官者，宽袍阔袖，精神抖擞，身旁还跟了几个家丁，坐到第一排中间。孙武看清，这人就是上次在穹窿山山坡上见过的伍子胥。

果然，这“官”一来，台上就热闹起来，锣鼓敲得震天响，那些演戏者轮番上场，翻跟斗、豁虎跳，你来我往，观者眼花缭乱，喊好声不绝。

孙武注意到，那伍子胥几次转过头向后望，大约发现了自己，似有话要说，却欲言又止。大家又看了一会，只见台上十个汉子，排着队在翻跟斗。忽然排在最后的那个小伙子，翻到台中央，只听得“嗒”的一声，那戴在头上的帽带断了，帽盔被摔出很远，台下顿时哄堂大笑。小伙子满脸羞红，捡起帽盔匆匆下台。

台上锣鼓声再起，那十个演者依次上场亮相，只见所戴帽盔的带子全部被解了，然后再下场，再排着队上台翻跟斗，一个连一个。台下观者屏住呼吸，静观其变。

真是笑话百出，台下观者笑得前仰后合、涕泪横流。你道为什么？原来台上的演者每翻一个跟头，帽盔便摔出老远，一时间台上台下全是帽盔。唯独那领头者，连翻几十个跟斗，脸不改色心不跳，那头顶的帽盔更是纹丝不动，不偏不倚，似黏在头皮上。

伍子胥看得惊奇，立起身拍手礼赞，忽听得背后那个在穹窿山坡见过的年轻人高喊一声："好，绝招！"武打戏结束了，伍子胥对孙武招了一下手，孙武也走上前去。

两人相见后，伍子胥问孙武："刚才你高喊'好，绝招'，谅必小先生定知绝处？"

孙武答道："此乃机密，不可泄漏。"伍子胥追问："请告，如何？"孙武再说："如泄，失信，何以见人？"

伍子胥信誓旦旦："吾乃公子府中人，如何会失信？"孙武一惊，连忙施大礼，口中喃喃："伍大夫，失敬失敬！"孙武只得直言相告。

原来并无"绝招"，这演出领头人是孙武新结交的朋友，只是孙武教了朋友一个"秘招"，说穿了可是一文不值：戴帽子在台上翻跟斗时，一定要把牙咬紧，这样太阳穴部位的肌肉突起来了，被撑紧了，帽子就不会掉下来。

伍子胥听后哈哈大笑，连说：“原来如此，原来如此，呵呵呵……”

伍子胥问道：“年轻人，上次碰头，我要你到公子府来，你说要想想再定，今日巧遇，可有答复？”

孙武一不留神，脱口回话：“回大人，草民孙武尚未决定。”

伍子胥冷不防听到年轻人姓孙名武，微微颔首，似有所悟，大名称“武”之人，定有点来历，认定这个年轻人是习武之人。因此，第二次偶遇增加了伍子胥对孙武的好感。天色已晚，来不及多谈，两人拱手而别，同说：“后会有期。”

其实，孙武清楚一般公子府门客（谋士、武士）众多，常为主人争权夺利、出谋划策，有时未必光明磊落。他是为寻找明君而来，岂能再陷于宫廷内乱？不过，两次接触伍子胥，感到此人还是不差的，似有忠义侠胆之感，可先交个朋友。

忠犬救伍员

口述： 任兴根，苏州市姑苏区人，1988年5月21日。

采集整理： 王水根，苏州市姑苏区人，1988年5月采集；张瑞照，苏州市吴中区人，2014年6月整理供稿。

孙武在胥口集市看戏后，已有数日，想到义弟们在后山山神庙居住和垦种，不知近况如何。

这天，孙武去后山山神庙探望义弟，弟兄相聚十分亲热。晚饭后，他雇了一辆牛车，一路晃晃悠悠，回穹窿山茅蓬坞。牛车到达穹窿山南山脚下已是傍晚，天空飘起了雪花。

孙武叫停牛车，对赶车人说："送到这里就是了，没多少路，吾慢慢步行即可。"赶车人执意不肯，说山里夜间常有野兽出没，多有危险，还是送一程吧！孙武定然不要，"呵呵"一笑说："不必担心，友即来接吾矣！"

话音刚落，一阵"汪汪"吠声自远而近，只见昏暗中一条大黄犬飞速奔来，"迎接"主人。大黄犬扑到孙武跟前，伏地而吠，"呜呜"声听之令人动容。赶车人辞别而去，孙武与大黄犬相依而行。

孙武如何有条大黄犬相伴，且如此忠义？

那是在两个月前的一天傍晚，孙武绕着山路慢走细看，走着走着就到了三茅峰，那里景色宜人，让他如痴如醉。就在此时，他忽听得路旁草丛中传来“呜呜”低叫，那声音甚是凄惨。孙武走近路边，小心翼翼拨开草丛，注目一望，煞是一惊，原来在草丛里躺着一条大黄犬，正在“嗷嗷”叫，两只犬目露出求助神色。

再细看，大黄犬的左前腿处淌着一摊鲜血。孙武知道，这犬是负伤了，如不相救，在这有野兽出没的山间，恐难活到天亮。孙武毫不犹豫，用尽力气，将伤犬抱到怀里，一步一步走回茅屋。那大黄犬似通人性，口中“呜呜”叫，犬眼中淌下两行泪水。

自此，大黄犬与孙武日夜相伴，白天跟随孙武在山间溜达散心，夜间静伏在地，伴主奋笔著书，居然毫无声息，绝不打扰。如此月余，大黄犬伤势痊愈，竟成了一条威猛无比、一心不二的忠犬，终日与主人形影不离。

却说，自从孙武与伍子胥在胥口偶然相遇后，也思念伍子胥，希望与他互论灼见、修著《兵法》。有时，他常常立在山头，遥望吴都大城，口中喃喃自语：“何时能遇明君啊？”

那天，孙武从山神庙义弟处归来，酒意未退，点亮灯，生好炉，刚坐下看书简，感觉有点口干了。他走出茅庐，到滴水洞边取桶泉水，准备烧点开水。

事有凑巧，伍子胥亦在牵记孙武，他估计孙武自幼定对军事理论有研究，也很想去茅蓬坞拜访孙武，只因公子府事情繁杂，没有时间离开。

同是那天，公子姬光命伍子胥把新招来的武士专诸安排到吴城外南宫塘学习炙鱼（姬光是为刺王僚做准备）。伍子胥在南宫用完晚饭后返城，他便趁势到穹窿山寻访孙武。在通往茅蓬坞的山路上，伍子胥独个儿一步一步向山上行走。天上飘起了雪花，雪地上留下了两行浅浅的脚印。

时近黄昏，伍子胥终于走到茅蓬坞茅草屋门口，他欣喜异常，急切地举手叩门。可就在这时，伍子胥看到雪地上另有脚印，脚尖朝外。伍子胥猜想孙武离屋了，果然，连叩三记门，无人应答。

伍子胥轻轻推门，那草屋门居然没锁，他踏进门顿时感到一阵温暖，原来那矮桌旁的火盆里烧着树枝，那微微的火苗不住地跳动。

伍子胥在屋里转了两圈，发现矮桌上堆着几副竹简，他坐到矮桌前，展开竹简仔细观看，看了数行，拍案而起，仰天长叹："这是兵法书简！奇人啊！奇人啊！"

这个动作闯下了大祸，伍子胥猛地站起时脚下未注意，竟然将火盆踢翻、竹简散落。屋内干燥，火竹相遇，顿时竹简被点燃了。伍子胥见事不好，赶紧撩袍扑火，哪知反而引火烧身。瞬间，火势增添，人、书危急。

说时迟，那时快，只见一条大黄犬夺门冲进。那犬似有灵性，它冲向伍子胥，不顾一切咬住他的衣袍，用力一拖，只听得"嘶啦"一声，伍子胥着火的袍子被撕脱，掉在地上，伍子胥趁机连滚带爬逃出。

那犬真是非凡出众，它救出伍子胥后，又非常镇定地将书简一束束衔出了草屋，放在雪地里。待得将书简全部拖出，那犬坐到伍子胥身边，似护卫，如等待，它对天“汪汪”大叫。

此时，只见孙武气喘吁吁地从山路上奔过来，用刚担来的泉水浇灭了火，连呼：“伍大人，伍大人，怎么是你啊？人可安好？”伍子胥长吁一口气，喃喃地说：“还好啊，还好！”

孙武搀扶起伍子胥，来到另一间茅屋，那大黄犬也一跛一颠地跟随而进。伍子胥心有余悸，一边拍着大黄犬的颈背，一边看着孙武说：“忠犬救人、救兵书啦！”

孙武挽留伍子胥，问：“可否留宿，促膝长谈？”伍子胥一口应承，答：“极好，正中吾意。”

孙武和伍子胥在茅屋内整整谈了一夜，讲了自己的遭遇经历，待到天色大亮，两人吃过早饭，伍子胥告辞，孙武相送。

临别时，伍子胥用期待的眼神看了一眼孙武，问：“愿辅佐公子姬光么？”孙武婉言谢绝，答道：“容我完成兵书后，再作定夺。”

伍员初荐帅

口述：龚旭若，苏州市姑苏区人，1999年4月1日。
采集整理：卢群，苏州市姑苏区人，1999年5月整理；张瑞照，苏州市吴中区人，2014年6月20日供稿。

公元前515年农历四月，吴王僚的两个亲弟弟公子掩余、烛庸伐楚，归途失利，滞留楚地。公子姬光见机发动宫廷政变——他在家宴请堂弟吴王僚，让刺客专诸捧炙鱼上桌，专诸突然拔出藏于鱼肚中的短剑（史称鱼肠剑），猛刺吴王僚的心胸。僚死后，公子姬光当上了吴王，号为阖闾。

阖闾当上吴王之后，继承其祖父吴王寿梦的志向，改变前朝陋习，择能举贤，革新图强，发展吴国。伍子胥当上了行人（官名，掌管朝觐、聘问、出使等事务），许多有识之士大力协助吴王阖闾立城郭（建造新吴都城）、设守备、实仓廪、治兵库。一时间，吴王阖闾可谓吴国之一代明君。

相传，吴王阖闾问策于伍子胥："寡人欲强国霸王，该怎么做呢？请爱卿为寡人排忧解难。"伍子胥回答说："大王，臣闻治国之道，安君理民，是其上者。”阖闾问：“安君理民，具体怎么着手呢？”伍子胥胸有成竹地说：“但凡安君理民、兴霸成王、从近制远者，必先立城郭、设守备、实仓廪、治兵库，这都是必须做的事。”阖闾要的就是这几句话，一拍案几，高兴地说：“爱卿所言极是！城郭，国之基；守备，国之盾；仓廪，国之本；兵库，国之威。而当务之急，首推城郭。有城始有守备，仓廪方能无虞，兵库亦可扩充。寡人要一座大城，这件事就交给你全权负责去做吧！”伍子胥诺诺连声，退出殿去。

伍子胥画了设计图，征集了夫役，开始建城。从春到夏，从夏到秋，从秋到冬，冬季过后，便是来春，一年过去，又是一年，经过两年努力，大城从图纸变成了现实。这座吴国新都城，人称阖闾大城。在往后的历朝历代直至今天，苏州城的范围基本上仍是阖闾大城的框架，苏州人都以拥有一座两千五百多年的古城而感到骄傲。

阖闾大城周长四十七里，城墙高四丈七尺，底宽二丈七尺，八座陆门以象天八风，八座水门以象地八聪，水陆城门一律装有可以升降的悬门。护城河绕廓环流，河上架有吊桥。城内河道纵横，临河建房，形成街巷。街巷布局形似棋盘，主要街巷的走向，都是正东、正西、正南、正北，十分规整。重要建筑有宫殿园苑、社稷祖庙、卿大夫府邸、供各国使臣下榻的栈房……这一幢幢立龙飞翼的高楼，令人叹为观止。其壮丽雄伟，令各国诸侯瞠目结舌。

在当时的众诸侯国国都中，阖闾大城数一数二。当时鲁国的国都曲阜，城四边每边仅为九千尺，与阖闾大城相比，真可谓小巫见大巫了。就连周天子的洛邑，城周也不过四十里，仍小于阖闾大城。吴国臣民都为这座大城而自豪。

阖闾大城的建成，犹如替吴王添了一座“水库”，太湖地区各部族似水流源源不断注入进来，吴国人口大量增加。阖闾从此不缺劳力，不缺兵源，有了强国、强军的本钱。短短几年，吴国在这位君主的经营下，田畴扩张，粮仓满盈，还陆续修建了鱼城、鸭城、酒城，副业搞得很兴旺，植桑养蚕遍及域内，织机之声日夜不辍，华丽的衣着不再鲜见。

有一年，晋平公遣大臣叔向出使吴国，阖闾派出两个船队到边境迎接，左船队五百人，右船队五百人，服饰皆是绣衣豹裘、锦衣狐裘，看得叔向眼花缭乱，羡慕不已。

吴国的造船工艺也达到了顶尖水平，所造“余皇”大舰，堪称列国之中数一数二的“超级航母”。阖闾还在匠门外开辟了兵器作坊，聘干将做总把作师傅，率大批工匠冶炼青铜，锻铸戈矛剑戟。干将制造的兵器，剑最著名，尤其是以干将与他的夫人莫邪命名的一对雌雄剑，更是超级锋利，天下无双。吴王阖闾得到了这对鸳鸯剑，一高兴，跑上了虎丘山，在一块大石头上试剑。一剑劈下去，大石裂作两爿，剑刃丝毫未损。吴王试剑石，时至今日还躺在虎丘山上，向游客展示着干将的技艺。

当时，阖闾的另一桩心事，就是想要尽快找到一位帅才，统领吴国军队。于是，阖闾又召见伍子胥，推心置腹地说道：“寡人知伍爱卿你，确是个杰出的将才，你曾撰兵书一部，所论全是水战，这是你擅长的。寡人担心陆战未必是你强项，故而心中有些不太踏实。爱卿能否为寡人想想，怎样方能觅得那么一个人才？”

伍子胥说：“巧了！前段时间，臣认识一个朋友，叫孙武，是从齐国来的，此人在研著兵法，或是一位可佐大王之将才。”

吴王阖闾半信半疑道：“齐人孙武，安身何处？待寡人亲去看看。”伍子胥没有和盘托出，摇头道：“大王求贤若渴，亲访自然好，只是孙武初至吴地，他有时出去云游，可能还在观察吴宫是否是栖凤之梧桐，大王要留些时间给他，若是过早见面，似有强求之嫌。依臣之见，大王不妨让臣再遇见他时慢慢地动员他，等他确有了效力大王之心，大王再与他晤面，比较妥当。”阖闾道：“爱卿此话有理，按你的方法去办，可此事不能拖得太久。”

正因为有了这一番君臣对话，吴国不久就有了一位名叫孙武的将军。

虎口救子胥

口述：陶汉章，江西人，1985年著《孙子兵法概论》，1998年口述。

采集整理：谈世茂，今苏州市吴中区人，1998年4月记录整理，2013年供稿。

阖闾元年（前514年），有一天下午，伍子胥受吴王阖闾招贤之命，又去穹窿山拜访孙武，走到茅蓬坞，忽然从茂密的树林中窜出来一只老虎，气势汹汹地直向伍子胥猛扑过来，伍子胥纵身一跳，闪到老虎身后，顺手从腰间抽出宝剑。

老虎转过身来，又向伍子胥扑将过来。伍子胥举起宝剑向虎头刺去，老虎将头一晃，避了过去。伍子胥转身闪到一棵大树背后，避过老虎的扑击。老虎不肯罢休，张着血盆大口，继续向伍子胥扑击。伍子胥继续用剑反击，他为了方便用剑，且刺且退，老虎且跳且进，伍子胥从树林退到了有草无树的山路之间，老虎也跳到了路上。

这时，伍子胥躲，躲不了；敌，敌不过。就在这千钧一发之际，被刚到这山路上的孙武看到了。孙武随手一指，那老虎突然发疯似的朝山石上胡乱猛撞，很快倒地而死。

伍子胥回过神来，先看老虎，确实已死。对老虎仔细检查，发现在虎的两只眼里，各找到一支像钢针一样的袖箭。这箭是何人所射？谁有如此本领？

伍子胥正在疑惑之中，孙武迎面下山来了，两人都主动上前施礼。孙武道："未知伍相到来，小弟未曾远迎，我正在茶园里拔草，只因听得虎啸声，故小弟飞奔下山，用袖箭先废了这大虫之双目。"

伍子胥道："我是登门二访贤弟，切磋武艺。不料遇到大虫，幸得贤弟相救，一场惊吓，但亲见了贤弟的绝佳袖箭武艺！"

孙武一听便说："哪里哪里！"两人边说边上山，孙武请伍子胥入茅蓬小坐，两人议天下大事，论兵书战策，越谈越投机。

伍子胥见缝插针地介绍了近期吴国的情况，大谈吴王阖闾招贤纳才。孙武仅细细听着，没有主动表示愿下山见吴王的意思，伍子胥也没有强求。不知不觉已近傍晚，伍子胥告辞，孙武送至半山。这一次会面，彼此得到了进一步的了解，加深了朋友之情。

翌日，伍子胥上朝见吴王阖闾，讲起了昨日拜访孙武时遇到猛虎之事，特别是孙武袖箭打瞎虎之双目，大虫瞬间毙命，救了他性命的惊险场面。伍子胥讲得绘声绘色，吴王阖闾和大臣们都听得津津有味，一会儿惊悚，一会儿欣喜。吴王心中增加了对孙武的好感——武艺不差，但能否为将，要眼见为实，故再次叫伍子胥去动员孙武下山见他。

伍子胥道："我王莫急，依臣看来，待孙武著就兵法后，一定会来面见大王的。"

献计除庆忌

口述：杨书案，湖北省武汉市人，1995年著《军圣孙子》一书。
采集整理：谈世茂，今苏州市吴中区人，2014年补充供稿。

阖闾当上吴王后，为了巩固自己的政权，抓紧清除王僚的余党。王僚有一个儿子叫庆忌，已逃到邻国。传说这庆忌力大无穷，武艺高超，奔走如飞，地面可追猛兽，空中可揽飞鸟，有万夫莫当之勇。用四匹马拉的车追他，追不上；用箭射他，他手一扬，能把射来的箭接住。这个庆忌智谋超人，无人可杀得了他。那时，庆忌正在同卫国、楚国等诸侯国商量如何借兵报仇，进攻吴国，谋夺王位。为此，阖闾寝食不安，多次找人商量，均无良策，连足智多谋的伍子胥也为此而一筹莫展。

一天下午，伍子胥到穹窿山茶园看孙武。孙武见伍子胥情绪不对，就拉他到村头一个小茶馆喝茶。两人靠门口坐定后，孙武开门见山地问伍子胥："从你面色看，莫非有什么难事？""吴王正在为庆忌不死而烦恼。"伍子胥坦诚地告诉孙武。

其实，孙武对此事早有所闻，安慰伍子胥说："不急，不急，先喝茶，喝茶！"伍子胥哪有心思喝茶，但又不便强求，只好等待孙武出主意。

待到红日快下山时，孙武用手一指，要伍子胥从门内看看两座山峰间的一轮夕阳，便站起身，向伍子胥告辞。

伍子胥感到莫名其妙，忙问："今天我问你的问题，你还没有回答我呢！"孙武微微笑道："我已经回答了，你看着办吧。"

伍子胥回过头一想：孙武要我看快下山的红日，又想到特别交代从门内朝外看。"门"里"日"，不是一个"间"字吗？对！庆忌是个软硬都不吃的主，只有用间，是条妙计。

可谁能担此任呢？伍子胥快步追上前去，请教孙武。孙武对伍子胥说："用间有五：有因间，有内间，有反间，有死间，有生间，对庆忌这样的人要用死间，要寻找一个甘为吴王殉职的武艺并不起眼之人，设法投靠庆忌，要取得庆忌信任，然后用计谋，才能成功。"伍子胥点头称是。

孙武又说："你最近收的门客中不是有叫要离的吗……"伍子胥会意笑道："好啊！"两人告辞，伍子胥回吴城去了。

孙武怎么知道伍子胥有个门客叫要离，能担当杀庆忌的重任呢？

那是孙武刚到吴国，看戏二遇伍子胥，两人熟悉了。孙武隐居穹窿，钻研兵法之余，常在茶园劳作。

一次伍子胥路过穹窿山孙武茶园，顺便看看孙武，带着新结识的要离同行。那个要离，身材矮小，断发文身，错臂左衽，一个典型南方土著人模样……

孙武见伍子胥来了，忙整衣冠，出园门相迎。伍子胥向孙武介绍说：“这是我最近收的门客，勇士要离。”

孙武心里大吃一惊：此人如此瘦小，风吹即倒，也称勇士？

伍子胥看出孙武心思，马上解释道：“要离人虽矮小，但有许多过人之处，比如剑术就很高超，孙壮士出身将门，从小学练武艺，不妨与要离切磋切磋。”

不等孙武开口，要离说：“我是鸿山人，从小在山边长大，没有拜过名师，正想向壮士请教。”他随手拿起茶园围栏两根小竹竿，说：“用竹竿代剑，竹梢上沾些白灰，点到为止，好吗？”

伍子胥在一旁怂恿，对孙武说：“来这边空地上，活动活动筋骨好吗？”

一个挑战、一个怂恿，孙武也静极思动，就笑了默认。两人各执一竿，各自沾上白灰，对面而立：孙武身材高大，英姿勃勃，雄壮有力；要离本来矮小瘦弱，在孙武面前，更显卑猥三分。只见他双目瞬动，紧紧盯着孙武的“剑”尖，完全没有主动进攻的意思，只等对方刺来。

孙武试探着虚刺几剑，要离似乎迟钝，没做出迅疾反应。孙武手腕灵巧一抖，闪电般突刺一剑，心想准刺上要离，哪知要离微微一闪便轻巧躲过，孙武变换战术，左右上下，连刺十数回合，终于刺中要离一剑。要离把竹竿一丢，笑着说：“我输了。”

孙武也笑笑说："要离剑术，果然不凡，刺他一剑真不容易。"

伍子胥在一旁掩嘴而笑，孙武觉得蹊跷，问他："笑什么？"伍子胥说："你看看自己身上的灰点子。"

孙武上下一看，自己身上竟有三四处灰点子，忙说："是我输了，是我输了。"

要离没有一点因胜而喜的样子，谦虚地说："孙先生是将才、帅才，能同我比剑，就是抬举我了。我一剑能敌数人，最多数十人，而将军的一计一策，能胜千军万马。"

孙武从与要离比剑中，察觉到要离用剑与齐国用剑有所不同，于是立即向要离讨教其中道理。

要离说："勇武，大致有南方勇武和北方勇武两类。北方人人高马大、性情刚烈，常以魁梧身体和膂力挺身而斗。南方人一般身体瘦小，性情柔和，常绵里藏针，工于心计，避实击虚。我知你为北方人士，又看我身材矮小无力，所以就先让你麻痹、松懈，再择其弱点，乘虚而攻……"接着他话锋一转说："剑术只是末技，我讲的也是小道。伍大夫，孙先生研究的是韬略、兵法，那是大学问，那才是大道，不可比拟，万万不可比拟。"

就是那样，孙武在初隐吴地时认识了剑客要离。

后来，伍子胥极力向阖闾举荐了要离，要离使出"苦肉计"，杀妻残身，假意投奔庆忌。虽然庆忌身材魁梧，力大如牛，被称为吴国第一勇士，然而，瘦小的要离运用计谋，最终刺杀了庆忌。

三顾茅蓬庐

口述：余第，苏州市吴中区人；王真民，苏州市姑苏区人。
采集整理：王水根、卢群，苏州市姑苏区人，采集日期：1986年5月20日。整理：张瑞照，苏州市吴中区人，2014年5月29日供稿。

自从孙武从虎口救了伍子胥以后，两人关系更亲密了。伍子胥第三次去穹窿山茅蓬坞动员孙武下山，当日两人畅怀交谈，谈得非常投机，可说是莫逆之交了。

那天，伍子胥又讲了一番吴王阖闾是位明君的依据，以及吴国立城郭、设守备、实仓廪、治兵库的一片大好景象。孙武频频点头赞好。

接着，伍子胥直言相告："贤弟，我几次已将你孙武推荐给吴王，不想使你的雄才大略被湮没，你应早日跟愚兄下山见吴王。"孙武听了，摆了摆手，说："不急不急，请兄台再宽以时日，待愚弟该去见吴王之时，再请兄台举荐。"

伍子胥说："机不可失，时不再来，若等到大王搜罗到了一大批人才，你再去见他，只怕就不会引起太大的重视了。贤弟，你不要错失良机啊！”

孙武笑笑，说：“放心吧，我晚些去见吴王，只会让他更器重。”

孙武捧出一大捆竹简放在他面前，说：“兄台，为免你在大王面前难以交差，可先麻烦你把我写的这些兵书转呈给大王看看，如果吴王喜欢，我再下山面见大王不迟。”

伍子胥想了想，兴奋地说：“好！先用这个做见面礼，大王定会如获至宝的。贤弟，你怎么就想出了这招妙棋呢？”

孙武说：“上次推迟三月，赶写兵书，倒不是为了对吴王‘欲擒故纵’，我是另有苦衷。”

伍子胥问：“什么苦衷？”

孙武说：“当今天下，诸侯纷争，良将辈出，可惜许多才能超凡的将军戎马倥偬，忙于征伐，抽不出空来潜心著述，致使宝贵的战争经验大量流失。倘我赶早被大王器重，大王必然授我军权，我也得日夜忙于军中事务，怎有余暇摆弄这些竹简啊？！”

孙武还给伍子胥说了一些情况，大意是：“我孙家祖辈都带兵打仗，也可算是军事世家，家中收藏的兵书非常多，《黄帝兵书》、《太公兵法》、《风后渥奇经》、《易经卜兵》、《军志》、《军政》、《军礼》、《令典》、《周书》、《老子兵录》、《尚书兵纪》、《管子兵法》及其他上自黄帝、夏、商、周，下到春秋早、中期有关战争的许多竹简，塞满了阁楼。我自幼好奇、好学，喜欢爬上阁楼，把一卷卷竹简拿下来翻看，做过一些研究，头脑中有些印象。如今，我只身来到吴国，著作兵法，是凭记忆先人之总结和自身的感知。故而，我必须反复思考，并要联系吴国的实际，才能使兵法简洁明要，完整实用。”

伍子胥听后恍然大悟，对孙武增添了几分钦佩，原来孙武这么几次推辞出山，是以兵书为上，精益求精；以功名利禄在后，意要受之无愧。

伍子胥道：“那好，愚兄转呈兵法，看大王的心思和想法，再来告诉贤弟，愚兄告辞了。”

赞荐孙武子

口述：诸绶熙，苏州市姑苏区人。

采集整理：诸家瑜，苏州市姑苏区人，采集日期：1999年7月20日。整理：张瑞照，苏州市吴中区人，2014年6月10日供稿。

吴王阖闾当政以后，面对当时的吴国形势也比较着急，虽然看似强大，但却处在内忧外患交迫之中：一是天灾，吴地是个水乡泽国，又濒临东海，年年都要遭受来自江河湖海的水害；二是国力，吴国尚未建起国有粮仓，国内的荒地也未得到充分开垦；三是军事，当下吴国的军事防御设施尚不完备，国家和人民的安全还没有真正的保障；四是外患，吴国的西边是已成为雄踞中南的泱泱大国楚国，南边是正在发展和谋求扩张、目前也有很强实力的越国，还有王僚之弟掩余、烛庸和王僚之子庆忌，分别逃在楚国和卫国；这些对吴国及吴王阖闾构成了极大的威胁。

在这种十分严峻的形势下，具有政治胆识的吴王阖闾大力搜罗人才，任贤使能，采纳良策，听取民声。

前段时期，伍子胥几次讲到的齐人孙武，隐居在吴城西北的穹窿山茅蓬坞研制兵法。“此人究竟有何本领？”阖闾在想。

再说，伍子胥确是忠心耿耿地为吴王阖闾效力，几次三番上穹窿山茅蓬坞拜访孙武。昨日，这位孙贤弟已将《兵法》十三篇竹简交于他，拜托转呈吴王阖闾。

伍子胥兴冲冲下山，回到府第已是傍晚，饭后在书房中一卷卷翻阅孙武的《兵法》，一共十三篇，看得伍子胥眉飞色舞，看了半夜，仍不厌倦，爱不释手，决定再留一日此《兵法》，晚一天转呈吴王，让自己再细细琢磨一番。故而，翌日早朝，伍子胥并未带上孙武的《兵法》。

不料，伍子胥刚要进宫，迎面而来一青年突然跪拜在自己的辇前。此何许人呢？他叫伯嚭。

伯嚭的先祖是晋国公孙伯纠（一称伯宗），因遭诬被害，伯纠子伯州犁亡命楚国，后当上了楚国名臣（太宰），其子郤宛，也是楚王左尹，他为人耿直，贤明有能，深受百姓爱戴，因不和贪官同流合污，故受到了少傅费无忌的排挤。左尹郤宛被贪腐的楚令尹（国相）子常所杀，并要株连全族，但楚左尹之子伯嚭侥幸逃离。伯嚭听说六年前有一位也遭楚王迫害的伍子胥现在吴国受到重用，便立即赶来投奔。

伯嚭向伍子胥一番哭诉，伍子胥听后十分同情：遭遇和自己一模一样，同病相怜。于是，伍子胥领了伯嚭进宫，将之引见给吴王阖闾。

伯嚭本来就能说会道，见了吴王阖闾，更是跪哭陈词，并拿出父亲的遗物和在路上揭来的一张楚国通缉伯嚭的画像，恳求大王收留。

吴王阖闾听了，看伯嚭也是一表人才，就这样，伯嚭被吴王阖闾收留了（不久伯嚭当上了吴国的大夫，夫差继位后当上了相国）。

那天，吴王阖闾将伯嚭投奔之事刚处理完毕，就想起了楚平王荒淫无道，乱杀无辜，这是吴国伐楚的机会来了。

吴王阖闾突然问众臣："吴军统帅谁能担当？"

众臣左右相望之际，伍子胥站出启奏："吾王万岁，掌吴军之帅，非孙武莫属也！昨日卑职已见过孙武著就的《兵法》十三篇，一曰《计篇》，二曰《作战篇》，三曰《谋攻篇》，四曰《形篇》，五曰《势篇》，六曰《虚实篇》，七曰《军争篇》，八曰《九变篇》，九曰《行军篇》，十曰《地形篇》，十一曰《九地篇》，十二曰《火攻篇》，十三曰《用间篇》。"

伍子胥还具体介绍了每篇的主要内容，并背诵了一些军事原则警句，诸如"兵者，国之大事，死生之地，存亡之道，不可不察也"，"百战百胜，非善之善者也；不战而屈人之兵，善之善者也"，"知彼知己，百战不殆"。

吴王阖闾听后问子胥："照爱卿看来，吴军统帅孙武定能担当？他是一位经天纬地的英才？"

伍子胥见吴王还有点迟疑，高声赞荐孙武道："真是，那个孙武，论文，文能安邦；论武，武能定国，堪称栋梁之材。大王如得此人，犹如周武王得姜尚，商汤得伊尹，齐桓公得管仲，莫说是伐楚称霸，就是开创九州，并吞列国，也并非难事。"

"啊呀呀！"阖闾喜出望外，"请问爱卿，何时才能见到这位英才？”

伍子胥答道：“快了，前几次我们相见时，孙武不肯立即下山，主要原因是他的兵法还没有全部写好，他精益求精，反复斟酌修改。如今，他的兵法已就，前日我们见面时，孙武已表示愿意下山，不消几日他定能带上兵法，来晋见我王，辅助吴国宏伟大业。”

吴王阖闾听得精神亢奋，命人取黄金十镒、白璧一双，另备八色大礼，写了一份礼单，交与伍子胥收好，并命伍子胥明日驾驷马车往穹窿山聘请孙武。

《孙子兵法》竹简

孙武见吴王

采集整理：沙镇寰，苏州市姑苏区人，2002年编入《孙武》。
收集整理：谈世茂，今苏州市吴中区人，2014年供稿。

伍子胥曾不少于六次向吴王阖闾推荐孙武。楚国左尹之子伯嚭亡命投吴，阖闾同情而收留后，在商量吴军伐楚谁任统帅时，伍子胥再一次推荐了孙武，故史称“伍子胥七荐孙武子”。

吴王阖闾命伍子胥翌日驾驷马车去穹窿山，接孙武下山，吴宫相见，其他的等看了其《兵法》再作定夺。

当天，伍子胥退朝归府后，又把前日已取来、准备代转交吴王的《孙子兵法》十三篇竹简又看了一遍，深感孙武写得好、写得妙，向吴王推荐其为吴军统帅，算得上是做了一回伯乐。

翌日清晨，伍子胥很早起床，奉王命去接孙武下山。他把《孙子兵法》十三篇竹简，又带着放至马车上，届时让孙武自己直接面呈吴王。一切准备停当，伍子胥上车直奔穹窿山，车停，人步行上茅蓬坞。

见面一番寒暄之后，孙武问道：“仁兄朝中公务繁忙，今日又光临寒舍了，不知有何急事？”伍子胥见问，说道：“吴王选才心切，仰慕贤弟大名，奈因国事难以分身，特差伍员代为相请，求贤弟出山，辅助吴王，共创吴国宏伟大业。”

孙武问道：“莫非仁兄将吾敝作已交于吴王过目，故来唤我？”伍子胥答道：“非也，兵法竹简在车上，你自己面呈吧！”

伍子胥又把这两天自己细看兵法及朝廷上发生的楚国人伯嚭被吴王收留、商讨伐楚等事情复述了一遍。

孙武明白吴王阖闾有宏图战略，继位已有两年多，成绩斐然，也可谓当今一代明君。因此，当日，孙武即随伍子胥下山进宫，带着其《兵法》十三篇竹简，晋见吴王阖闾。在伍子胥引荐下，孙武缓步上殿觐见了吴王。

吴王阖闾见孙武身材魁梧、仪表堂堂，举止稳重、礼节守规，内心已有好感。吴王问孙武姓甚名谁，哪里人氏，现居何方，孙武一一作答。

两人一番问答交谈，阖闾知道了孙武是齐国上将军孙书之孙、孙凭之子，避乱奔吴，寻找明君，为吴国展宏图大业而隐居穹窿潜心研著兵法，此人难得。故吴王脱口而出：“贤士，从今您是吴人了。”

接着，吴王阖闾展开孙武呈献的兵法，先睹了十三篇目：计、作战、谋攻、形、势、虚实、军争、九变、行军、地形、九地、火攻、用间，中心主题清晰明了，重点突出，富有新意，它概括了用兵作战的诸多方面，全面阐述，前所未有。

吴王阖闾打开第一篇细看，第一句话是："兵者，国之大事，死生之地，存亡之道，不可不察也。"不由得为之一振，仿佛听到一位巨人在呐喊。是啊！战争，这人类有史以来的怪物，给人们的教训太多、太深刻了！

吴王联想到春秋列国争霸中诸多国家的兴衰沉浮，想到了吴国地处僻远，在东南之地，险阻润湿，又有江海之害，君无守御，民无所依，仓库不设，田畴不垦……如今，吴国三面有敌，西部是强楚，不断与吴国交战；南部越国虽不甚强大，但他依附强楚，从侧后牵制，对吴国的威胁也很大；北方齐、鲁两国看到吴国坐大，也从各方面对吴国施加压力。吴王想着想着，有点毛骨悚然，深切体会到"兵者，国之大事"。为王治理国家，千头万绪，重视战争、认识战争、准备战争，大事万万不可轻视。

在战争中如何赢得胜利？吴王继续往下看："一曰道，二曰天，三曰地，四曰将，五曰法。道者，令民与上同意也，故可以与之死，可以与之生，而不畏危。天者，阴阳，寒暑，时制也。地者，远近、险易、广狭、死生也。将者，智、信、仁、勇、严也。法者，曲制、官道、主用也。凡此五者，知之者胜，不知者不胜。"太妙了，决定战争胜负的确实就是这"五事"，五大因素。

吴王读到"兵者，诡道也"，不由得笑了起来。因为他想起吴国战争屡屡取胜的经验，体会到战争是你死我活的较量，对敌人讲仁慈、忍让是地道的傻瓜，用兵就是要讲诡道。读到这里，他感到孙武兵法之道理深刻，句句皆金玉良言，高屋建瓴，又实实在在。

再接着往下看："四五者，一不知，非霸王之兵也，夫霸王之兵，伐大国，则其众不得聚；威加于敌，则其交不得合……"

吴王从中发现孙武是以吴国取威定霸为己任的，故而似甘泉入口，越读越有味。

兵法最后说："昔殷之兴也，伊挚在夏，周之兴也，吕牙在殷。"

伊挚是商朝的开国大臣伊尹，吕牙是周朝的开国大臣姜子牙。吴王从这番话里，看出孙武是希望有一人能在当时四分五裂的国土上建立起像殷、周那样的统一王朝，希望阖闾完成这样的大业，做商汤、周武王式的帝君，自己做一个辅助他统一天下的开国元勋。这正是阖闾梦寐以求的梦想。

读到这里，吴王掩卷兴奋自语："知寡人心者、能助寡人者，孙武是也！"在吴王看来，孙武之《兵法》十三篇，不仅是对战争规律的很好总结，也是吴国图强称霸的总纲，实在太重要了，孙武这个人才也太难得了。

孙武的《兵法》十三篇是完整的一部兵学大典，篇篇出谋略，字字有哲理，吴王特别喜欢。但是，吴王阖闾要试试孙子兵法的实际运用，观看孙武如何操练兵丁，这便引出了"吴宫教战练女兵，整肃军纪斩二妃"的历史典故。

练兵杀二妃

采集口述：沙镇寰，苏州市姑苏区人，2002年编入《孙武》；刘慎安，苏州市吴中区人，根据司马迁《史记》及吴地流传的资料，1995年在教场山讲述这故事，后整理发表于《苏州孙武子研究》；李洲芳，今苏州市吴中区人；方伟锋，苏州市吴中区胥口镇花墩村人，参与采集整理并供稿。

一天，吴王阖闾在南宫热情召见孙武，两人谈及各诸侯国的事，孙武的一番治国论，使吴王听得频频点头。

这时，吴王打开孙武兵法竹简，又从头到尾看了一遍，非常佩服孙武的高见，但对孙武能否真正带兵伐楚，心里不踏实，便对孙武说："你的《兵法》十三篇吾详细看过了，是不是可以用实兵演练一下？""当然可以。"孙武答道。

当时，南宫只有一些男守卫，却有近两百宫娥彩女，故而阖闾又问："可以用妇人演练吗？"

孙武说："女子经过训练，同样可以驰骋战场。"

吴王道："好！宫里女子很多，就选宫女训练。"并当即吩咐内侍，选美女180人，给孙武演练兵法。

孙武见吴王果真要以宫女演练兵法，便对吴王说："大王，宫女到了训练场就是士兵，也要依军法行事。”

“知——道！”阖闾有点不耐烦地回应。

大约过了一个时辰，一百八十名宫女被带至南宫边一个山坡空地上。那地方本是一个练兵场，有站台、兵器、战鼓。吴王阖闾及伍子胥等来到北边看台上。

孙武把南宫卫队变为执法队，把一百八十名宫女分成两队，任命吴王阖闾的两名爱妃担任队长，并叫每个宫女手中都拿一件吴戟。待一切都准备停当，便禀报在台上观看的吴王，演兵开始。

孙武知道，宫女们个个娇生惯养，没有一点军事训练基础，便决定从基础动作教起。他对宫女们说：“你们知道自己的前心、后背、左手、右手的位置吗？”宫女们你一言我一语地回答：“知——道！”

孙武说：“现在我给你们讲动作要领：命令你们向前，你们就朝心所对的方向前进；命令你们向左，就朝左手的方向；命令你们向右，就朝右手的方向；命令你们向后，你们就朝背后的方向转过去。大家明白了吗？”“明——白！”宫女们嬉笑地应答。

接着，孙武重申训练纪律：“一切行动必须听从号令。如果有不听从号令者，军法论处，就地正法！”宫女们答：“明白！”

孙武命令执法队扛来用于正法的斧钺，竖立在练兵场一侧。斧钺就是古时砍头的大斧。随后，宣布演练正式开始。

一通鼓起，孙武传令向右，宫女们不当一回事，叽叽喳喳嬉笑不停，七歪八扭一片乱糟糟。

孙武严肃地自责道：“号令说得不清楚，动作要领讲得不明白，是为将的责任。”接着，又把号令反复讲了一遍又一遍，并特意训示两队长要带头听从号令。

随后，孙武再次击鼓传令向左，队伍仍旧乱七八糟，有的笑得东倒西歪，宫女们将孙武的三令五申视为儿戏。一而再，再而三，练兵场上凌乱不堪……

这时，孙武大声说：“我已经三令五申，你们仍不按号令去做，要军法处置。”接着，他问身旁的执法手：“依照军法，两队长该当何罪？”

“斩——”执法手高声应答。

在台上观看的吴王，见孙武要动真格了，大吃一惊，连忙派人传令：“寡人已经知道将军能用兵了。这两个妃子斩不得，没有她们陪伴，寡人食不甘味、寝不安席啊！”

孙武说：“兵法云：‘将受命于君，将在军，君命有所不受。’”再次下令：“斩！”

吴王两爱妃头颅落地，宫女们顿时鸦雀无声。吴王看爱妃被斩，一气之下，走下观台，拂袖而去。

孙武立即命令另外两宫女为队长，继续击鼓操练。后来鼓声一响，不论是向左向右、向前向后，还是下跪起立，宫女们个个循规蹈矩，没有一点差错。军容严整，个个如同七尺男儿。

孙武派人向吴王报告：“女兵训练已毕，请大王到阵前观看列队演示。这支军队，不管大王下什么命令，她们都能服从，就是要她们赴汤蹈火，也不成问题。”

吴王在宫中怒气未消，没好气地说：“叫孙武回馆舍休息吧，我不愿再去看了！”

孙武听了回话，淡然一笑，说：“原来君王只是喜好兵法上的词句，并不想真正去实行。”他准备另谋高就，离开校场山，回至驿馆收拾行装……

伍子胥一看，觉得大事不好，赶忙进宫，劝说吴王道：“臣闻兵者，凶事也，军中无戏言；为兵者，服从命令是天职，诛伐不行，兵道不明。大王为了破强楚，霸天下，威诸侯，广揽人才。如今，严于治军的大将来到你面前，你为何还不快快拜他为将？”

吴王说：“连我的话都不听，将来还了得？”

伍子胥说：“军令如山，执法严明，是为将治军之本。”说到这里，伍子胥向吴王讲述了齐国大将田穰苴斩庄贾的故事。

吴王听后，觉得伍子胥的话有道理。妃子好找，一将难求，孙武确实是个理论联系实际的好帅才，吴王决定选择佳日拜孙武为将，同时厚葬了两个爱妃。

这个故事就发生在南宫边的山坡上，后来此山名为教场山（后属胥口乡，现为苏州太湖国家旅游度假区管辖）。教场山下有二妃墓、二妃庙，就是被孙武所斩的两个吴王爱妃之墓、祠堂，后来老百姓称祠堂为二妃庙。

教场山西首有一个略高的山峰，当地人称“蒋墩”，这就是吴王拜孙武为将的地方。苏州方言“将”“蒋”不分，把本来的“将墩山”说成了“蒋墩山”。

搭桥渡孙武

口述：马易森，苏州市高新区人。
采集整理：卢群，苏州市姑苏区人，1987年4月22日采集；张瑞照，苏州市吴中区人，2014年7月5日整理供稿。

孙武演武场练兵怒斩二妃，吴王拂袖下看台，命孙武可休息了。伍子胥很是心急担忧，唯恐吴王怨恨，因一时之悻致使吴国失去孙武这样一位天才军事家。因此，一面劝说吴王，众妃好觅，一将难求，伐楚在即，国事为重；一面设法劝阻孙武，让其不要离开吴国。

伍子胥派人先探明了孙武不在穹窿山茅蓬坞，而是借宿在狮子山东麓的一个农家。然后他去吴宫禀报吴王。听说吴王到姑苏台去了，伍子胥转道直奔姑苏台。

那姑苏台在阖闾大城外西南隅的姑苏山上，高三百丈，宽八十四丈，有九曲路拾级而上，登上巍巍高台可饱览方圆二百里范围内的湖光山色和田园风光，其景冠绝江南，闻名于天下。姑苏台下栽有四季之花、八节之果，横亘五里，又用石墙篱笆把四周几十座大小山岭兜住，放养着供围猎的麋鹿野兔，甚至花豹熊罴。这里是吴王的逍遥场所，如今他因宠妃之死心痛难挨，跑到此地黯然神伤来了。

伍子胥上山，当然是为了劝诫吴王，不过他相劝的方法很特殊，见了吴王阖闾，开口就说："大王，孙武虽是臣介绍的，但臣对他也很生气，他纵有本领，也不能不懂'打狗须看主人面'的道理，怎么可以那样做呢？都怪臣荐错了人，大王还是不用孙武的好。"

阖闾毕竟不是糊涂王，知道伍子胥话里有话，叹口气，苦笑道："算了，寡人岂能为两个爱妃，而失去一员将才呢！爱卿你这是在提醒寡人，你提醒得及时，这些天寡人是沉浸在哀痛之中，不曾考虑如何安排孙先生的职位，万一他因此误以为寡人在疏远他，那就糟了。爱卿休虑，寡人必重用孙先生。只是寡人听得禀报，孙先生不知躲往何处去了，寡人已下令寻找，但愿能尽快把他找回。"

伍子胥说："臣知道孙武现在的落脚地，大王不必兴师动众。"

阖闾说："爱卿快告之孙先生的行踪，寡人即刻遣使去召。"

伍子胥说："大王且慢召唤，此事莫要声张，我来架一座小木桥，孙武或可不召自来。"

阖闾问："此话怎讲？"

伍子胥说："二妃被斩，大王悻悻之色毕露，不愿继续观看演兵，孙武心中岂会不结疙瘩？演兵完毕，他不在大王安排给他的驿馆，也不回穹窿山，似有避开之意。然而他又不想一走了之，否则为何不离开吴国？依臣剖析，孙武对大王虽存顾忌，却仍愿为大王所用，故而暂避一时，观察大王接下来怎么做。大王遣使召他，固然一片诚意，奈何孙武疑虑未消，很容易误解大王是勉强这么做的。他之所以不去穹窿山茅蓬等消息，十有八九是怕大王强召，陷自己于应不应召的两难境地。臣建议大王在现今孙武住地的河上架座桥，就是为了彻底打消他的疑虑。”

阖闾沉思片刻，说：“寡人明白了，爱卿的意思是用这座桥示意孙先生，寡人希望他回来，但绝不强迫，他愿回来，就跨过桥，不想回来，寡人也不会再采取其他措施了。”

伍子胥说：“正是。”于是，阖闾派出一小队军士，按照伍子胥给的地址，在孙武借住的农舍前面的河上，连夜建起了一座小木桥。

孙武独自待在临时借住的一户农舍里，思前想后，心潮难平。他曾听父亲讲过，自己出生后，全家上下沉浸在喜悦之中，父亲孙凭为自己取名为“武”，是经过深思熟虑的。武的字形由“止”“戈”两字组成，能止戈才是武。古兵书上说“武有七德”，即武力可以用来制止强暴，消灭战争。父亲还给自己取了个字，叫“长卿”。“卿”乃朝中大官，父亲是齐国的卿，他但愿自己将来也能像父亲一样，在朝中为官，成为国家栋梁。孙武没有忘记父亲在他身上寄予的希望，若要他轻易放弃获得吴王重用的机会，实在心有不甘。

孙武又想到了自己为何投奔吴国。他生活的齐国，朝廷矛盾重重，危机四伏。齐景公初年，左相庆封灭掉了右相崔杼。接着田、鲍、栾、高等四大家族又联合起来，赶走了庆封。后来，内乱日甚一日，齐景公同四大家族的矛盾，四大家族相互之间争权夺利的斗争，愈演愈烈。孙武对这种内斗极其反感，不愿纠缠其中，萌发了远走他乡、另谋出路的念头。虽然齐景公给了他们孙家很多的恩惠，他父亲孙凭向上三代都是齐国之卿，但他还是要离开齐国，找一个可以倚靠的诸侯王。听说吴国自十九代国君寿梦称王以来，国势逐渐强盛，很有新兴气象，孙武便将吴国看作了自己施展才能和实现抱负的地方，不惜长途跋涉，来到了吴国。难道他看走眼了么？被人赞为雄才大略、求贤若渴的吴王阖闾竟然盛名之下，其实难副？自己的理想就这么破灭了么？

孙武正躺在床上这么东想西想，忽然听到外面有动静，他警觉地一骨碌爬起，取剑在手，悄悄走到窗前向外探看，只见一队吴国军士在河上架桥。孙武开始不清楚他们架桥的意图，皱眉思索片刻，明白了，他们是在搭桥引渡于他。眉头松开，他心情轻快地回到床上睡觉，而且头一落枕就睡着了，直至天大亮。

小木桥建好的第二天，孙武就回到了吴王阖闾身边。吴王得到孙武，如虎添翼，他的强军目标又添了一颗重量级的砝码。

如今，苏州高新区枫桥街道域内金枫河上，有座小桥名为“孙武子桥”，便是当年伍子胥“搭桥渡孙武，吴王挽留将”所遗之迹。

阖闾三试将

口述： 陆鸣涛，苏州市吴中区光福镇人。
采集整理： 张瑞照，苏州市吴中区人，采集日期：1989年5月4日。2014年7月9日整理供稿。

伍子胥派人建桥引渡了孙武，吴王阖闾也召见并挽留了孙武。但吴王心里在想，孙武是否真是运筹帷幄的将帅之才，还是只是纸上谈兵的平庸之辈？所以，他同与伍子胥意见相悖的伯嚭商量，决计多方测试，以辨真伪。

两天过后，吴王在吴宫中召集众臣，设宴欢迎孙武。酒过三巡，伯嚭对吴王道："大王，为增添一下欢庆气氛，由臣出谜题，让才高八斗的孙先生作答，以为如何？"

吴王阖闾道："那很好，伯嚭爱卿只管说来，让孙爱卿作答便是。答对，寡人赏乌金百两。"伯嚭自恃满腹经纶，准能难倒孙武，道："有奖，当然也应设罚，要是孙先生答不上为臣之谜，大王又应该如何处罚呢？"还未等吴王启口，孙武坦然言道："那在下只能自罚乌金百两了。"

吴王阖闾见孙武成竹在胸，镇定自若，心中暗暗称奇。

伯嚭想了想，道："我出题的谜语是：坐着也似飞，卧着也似飞，站着也似飞，行着也似飞。请孙大人猜一物。"孙武听了笑道："我也想以这个为谜，请你伯嚭大人猜一物如何？"

伯嚭以为孙武答不出谜语，遂对阖闾道："大王，臣以为既然我出了谜，孙武理应回答谜底。现在他提出也以此题咐臣作答，这岂非有搪塞、蒙混过关之嫌？"

吴王阖闾觉得伯嚭言之有理，正欲吩咐孙武答谜，伍子胥站了出来："臣以为将伯嚭大人猜孙武的谜语，孙武大人猜伯嚭大人的谜语，同时写下，交于大王审阅，就谁答得正确、谁答得稍次，评出优劣。"阖闾略一思考，觉得伍子胥的话也不无道理，连连点头："伍爱卿之言是也。"

侍从于是拿出笔墨和竹简，孙武、伯嚭取过，各自操笔蘸了下墨液，背对着背，在竹简上一挥而就。待墨迹干了之后，两人双手呈至阖闾面前案几。

阖闾打开孙武书写的竹简一看，上书"蜻蜓"，而伯嚭的竹简上书是"蝴蝶"两字。

孙武双手一拱，言道："臣所以答此谜底为蜻蜓，这是因为蜻蜓无论是坐，是卧，是走，是飞，它的翅膀总张着，是飞翔的姿态。"

听了孙武的话，阖闾频频点头，返身望了下伯嚭，道："伯嚭爱卿出题咐孙武作答的谜底为蝴蝶，也可以这么说，寡人以为你们两人打了个平手。"

伯嚭一听孙武答出的谜底，心想，此人果真智慧过人，为此对着阖闾，连连点头："大王，孙先生果然机智聪慧。听伍相国说，孙武用计更是胜人一筹，不如趁着阳春三月，景色如画，让他使计辨认一下贵贱？"

伍子胥心想：这不是又在无事生端吗？所以没好气地说："伯嚭大人，你叫孙武在这里如何分辨，这岂非与人为难？"伯嚭道："这其实很简单，找九个宫女和一名大王的贵妃穿上同样的宫女服饰，叫孙大人辨认谁是贵妃娘娘，就这么简单。"

伍子胥正要出面反对，不想吴王开口先说了话。阖闾道："孙爱卿刚来这里，对宫中之人尚不熟悉，叫他认识一下，这岂不是一举两得的美事？"接着，即令侍从进得内屋，让宫女和自己一个心爱的妃子穿上同样的服饰，叫孙武辨认。

伯嚭暗暗高兴，因为宫女和吴王阖闾的贵妃不但年龄相差无几，而且个个娇艳如花，青春靓丽，要是不熟悉的人，怎么也辨认不出。为此，他想，这个孙武才来吴宫，"地生人不熟"，他会用计打仗，但不可能认出其中哪个是吴王贵妃。

伍子胥为孙武着急起来，要是孙武分辨不出贵贱，自己好不容易荐举的人才，说不定会被翻手为云、覆手为雨的吴王阖闾辞退。为了辨认谁是宫女、谁是贵妃，而失去一员大将，这岂非太可惜。为此，他站出来对阖闾道："大王，心有贵贱可测，人面贵贱难分。这种游戏，还是改日再说吧！"

伯嚭见伍子胥出来阻挠，道："大王已经答应，你怎么站出来扫大王和众臣之兴？何况大王已经吩咐侍从，到了里面安排贵妃和宫女出来。趁着酒兴，让孙先生辨认一下，此乃助兴。”

伍子胥、伯嚭都是吴国大臣，在吴王心中均举足轻重。阖闾见伍子胥、伯嚭为了辨认贵贱，一个说改日再说，一个说趁着酒兴让孙武一试，一时没了主意。

孙武知道伯嚭是美其名曰为大家借酒助兴，其实是为了掂量自己，有意当着大王和众臣之面让自己出丑。而伍子胥出面阻挠却是担心自己刚被收为臣，如果辨认失误，说不定会前功尽弃。现在见大王阖闾犹豫不决之际，孙武主动请缨：“那在下就来献丑一下吧。”

阖闾饶有兴趣：“好，那就这么定了。”吴王此言一出，伯嚭喜上眉梢，伍子胥紧蹙眉尖。

吴王见状，遂吩咐伯嚭过来，轻声耳语了几句。伯嚭会意，进了内室，一会儿又走了出来。

伯嚭出来不久，侍从自内室步出禀报：“大王，贵妃与宫女服饰已经穿着完毕。”阖闾伸出双手“啪啪啪”击掌三下，侍从便向内室呼了声：“请贵妃娘娘和宫女步出。”随着侍从一声呼喊，十名穿着宫女服饰、打扮得一模一样的女子鱼贯而出，站至大殿中央。

阖闾“哈哈”一笑，令十名宫女打扮的貌美少女面向孙武。“宫女”们应了声“是”，便转过身子，目光齐刷刷对着孙武。

孙武遂对这十名女子一个个看了一遍，没有看出半点端倪，又看了一遍，仍然没看出有啥异样，默不作声，站于一旁。

阖闾问道：“孙爱卿，你看了两遍，有没有看出谁是寡人爱妃？”

孙武“噗”地双膝跪下，据实而说：“十个美女，个个绝色佳丽，为臣看了两遍，没有看出谁是大王贵妃。”阖闾倒也宽宏大度：“既然孙爱卿看了两遍也看不出十名美女中谁是爱妃，那就算了吧。时间不早，改日再说吧。”他想为才来投奔自己的孙武给个台阶下。

孙武道：“大王，为臣只要再看一遍，定能认出谁是贵妃。”阖闾不由一愣，难不成孙武真有如此神通？所以言道：“那你就当着众臣之面说吧。”

孙武从地上站起，用炯炯双眼对十个女子扫了一遍，然后一字一句道：“头上三尺有神灵，人间岂有贵贱分？贵妃娘娘脸红润，乌发之上飘祥云。”

宫女听了，不由自主地把眼光闪动起来，左顾右盼，然后把目光投向队伍中的两个女子。这两个女子心高气昂，洋洋得意。

原来，伯嚭刚才听了吴王之言，临时起意，进得内宫，吩咐侍从在十个美女之中安插了两个吴王爱妃，这样，纵然孙武认出其中一个，也会前功尽弃。然而，孙武看出了端倪，遂对阖闾道：“大王，这十名女子中有两个是大王的爱妃。”

阖闾惊讶不已：“孙爱卿，请问哪两个是寡人爱妃？”孙武遂把众宫女目光投向的两个女子唤了出来，道：“大王，你说对吗？”阖闾连连点头：“孙爱卿真是人才，不但能撰写兵法，而且能慧眼分辨贵贱。”

第二天，吴王阖闾把伯嚭唤之宫中，问他：“昨天测试了伍子胥伍大夫推荐的孙武，你以为如何？”善于见风使舵的伯嚭知道吴王心底十分喜欢孙武，所以道："看来孙武果然思维敏捷、聪明过人，是个不可多得的人才。不过……"吴王见伯嚭似有微词，于是问："难道爱卿对他尚有异议？"伯嚭连连摆手："为了大王千秋霸业，起用人才务须慎之又慎。俗语有云：'成者，用人得当；平者，用人欠当；失者，用人不当。'"

吴王阖闾沉吟一会，认为伯嚭之言有理："那启用伍大夫推荐的孙武，是得当、欠当还是不当？"伯嚭道："昨天孙武对为臣测试之题对答如流，并能在十个美女中一眼看出谁是大王贵妃，足见他聪明过人。但听伍大人说，孙武毕竟过去只是在山上砍柴、卖柴的樵夫，持弓执刀狩猎的猎户，至于他为官之后，是否有升堂理案的雄才大略，尚不清楚。"阖闾拈髯一想，频频点头。此时，伯嚭轻声向阖闾说了几句，末了道："不知大王意下如何？"阖闾仰天一笑："那就按爱卿的主意操办。"

过了两天，吴王阖闾带了伍子胥、伯嚭、孙武等人去了舟山。

舟山是一座太湖之滨的小山，为当时吴国制造战船的工场，船工们来自吴国各地。山上山下，船工运材的运材，锯木的锯木，造船的造船，一派繁忙景象。

吴王阖闾视察了一下工场之后，正欲与众臣拔步返回霄汉宫，便假装突然想起了一件事，问伯嚭："舟山前几天发生一起集体斗殴大案，一个木工在斗殴中死去，如今凶手可被绳之以法？"

舟山造船工场集体斗殴事件发生在前天，事因一批直木被运至工场，由于这批直木质地优良，为此，工场的郑班主、陆班主争着要这批直木。郑班主认为，这批直木原来就是自己相中的，理应归自己所有，备作打造下一艘战船。而陆班主认为自己工场的板木已经用完，急需一批直木，这批材料归了自己，这样不至于手下浪工。为此郑班主与陆班主各说各有理，互不相让，继而双方两班人马发生了肢体冲突。在斗殴中，郑班主手下的一个木工右肋被迎面扑来的一个莽汉击中，“扑通”一声仰天倒下，因伤势过重，两眼一闭，撒手身亡。

出了人命，惊动了地方。司寇衙门便把郑班主和陆班主以及手下的三十多人都抓了去，进行审问。郑班主说自己手下的一个木工是被陆班主手下殴打致死的，而陆班主认为这个木工在混乱中被郑班主自己手下的人殴打身亡。此案整整查了一天，没有查出真正凶手。司寇于是上报了吴国管理刑律的大臣伯嚭。当吴王阖闾问起此案是否查出凶手时，居心叵测的伯嚭连连摇头：“至今尚未查出凶手是谁。”

阖闾微蹙双眉，手捻须髯道：“此案总不能长此拖延下去……”伯嚭道：“臣以为这群殴之风断不可长，不如把这些人统统处以极刑。”

伍子胥双手直摇，对阖闾奏道：“大王，法不责众，断不能因为一人犯了人命，而株连三十余人。”吴王阖闾听了伍子胥的话，也不作答，而把眼光移向孙武。

孙武知道吴王阖闾向自己问案，无非是再次考察一下自己，于是踏前一步，鞠躬言道：“臣以为伍大人所言极是，理应迅速找出凶手，以命还命，杀一儆百，以绝斗殴歪风。”

伯嚭向吴王阖闾奏道："孙先生刚来不久，如今大王尚未冠以何职，臣荐举孙先生前去查案。"

伍子胥原想把孙武引荐给阖闾带兵，现在却叫他去查这无头之案，不由得着急起来："大王，如若把孙大人差去查案，这可不是量才其用。"伯嚭冲着伍子胥道："民事则官事，官事则民事。孙大人去彻查此案有何不当？"吴王阖闾遂对孙武道："那寡人命你三天查出凶手！"

伍子胥长叹一声，伯嚭一阵窃喜。

第二天，孙武到了司寇衙门，向司寇要来审阅的笔录，浏览了一遍，接着与仵作对死者进行开棺验尸，发现正如众人口供中所说，被打死的瘦木工是右肋中拳，仰天倒地而死。于是，他把关押在监狱里的三十三名嫌疑犯全部带了出来，让他们在官府前面的场地上卸去刑具。接着，他命人送来好饭好菜。这些人关在牢中，两顿稀粥，几条咸菜，看到好饭好菜，个个狼吞虎咽地吃了起来。

孙武在这些人吃饭的时候，转了一圈，待他们吃了饭以后，吩咐留下其中一个满脸胡茬的胖子，又将其他人重新押回监狱。

那个胖子见孙武双目直瞪自己，顿时神色慌张："我、我可没杀人，我不是杀人凶手。"孙武道："我又没问你是否是杀人凶手，你却为何狡辩？快快交代，免得大刑伺候。"那个胖子只得交代自己出手过重，把那瘦船工误打致死。孙武于是命这胖人招供画押，把监狱中的其他船工全部放了出去。

事后，伍子胥问孙武："你怎么一下子断定那个满脸胡茬的胖子便是凶手？”孙武道：“通过看了众人口供和开棺验尸，瘦船工为挨拳身亡，伤在右肋，所以很显然，这是被惯用左手的人殴打致死。而我叫大家吃饭时，三十二人都用右手，唯有这个满脸胡茬的胖子用的是左手，显而易见，此人便是置人于死地的凶手。”

吴王给三天时间破案，孙武只用了一天就查出了凶犯。阖闾十分欣喜，相信孙武智谋超人，便请他去教场指挥操练军队。

孙武文化园——兵学圣典鼎

吴王封将帅

口述：郁鹤金，苏州市吴中区胥口镇香山村人。
采集整理：李洲芳，今苏州市吴中区人，2013年供稿。

孙武的朋友们听说他练兵时杀了吴王的二妃，得罪了阖闾，闯下了大祸，肯定没有好果子吃，因此，纷纷登门看望，问他是否需要为他出一臂之力，帮他渡过难关。

孙武对朋友们说："孙武目前没有危机，请各位放心。我杀二妃，是正当执法，凭我孙武的直觉，吴王阖闾，绝非等闲之辈。"

有个朋友说："不杀不是更好，阖闾让你做大官吗？"

孙武说："我从来没有把不杀二妃作为晋升的阶梯，而是被逼之举。不杀二妃，连个队列都排不像，更不要说做立正、稍息等动作哉。一杀二妃，严令执行，训练就顺利进行，得心应手。"

又有个朋友说："你这样的作风，吴王阖闾一定有很多想法。"

孙武说："那当然。我杀二妃也是让他知道，为王的权力也不是无限的。不依法办事，就要丧失权力。"

朋友们听孙武说得有理，搁在心上的石头也就此落地。

孙武蛮放松，阖闾心不定。自从二妃被杀之后，阖闾因此茶饭不思、坐卧不安，好像一只瘟鸡，精神萎靡，两眼无神。

伍子胥理解阖闾的心情，知道他的心思，因此连夜进宫请安。

阖闾不等伍子胥开口，便说："我国山低、洞小，供不了大神。"

伍子胥也不说安慰的话，却说："今天为臣我有点不恭，请问明公，军训是不是游戏？"阖闾答道："不是。"

伍子胥又问："孙武军训，该不该严格执法？"阖闾答道："该！"

伍子胥再问："二妃违反军纪该不该杀？"阖闾答道："该！"

伍子胥说："既然如此，孙武何错之有？再说如果这次军训失败，你会起用他吗？"阖闾倒是实话实说："不会。"

伍子胥说："有话道：军中无戏言。训练时，不可笑谈，军令不行、有法不依，何以领兵制胜。大王意在克敌而领天下，没有良将怎能如愿？大王应该知道，美女易得，良将难求呀！请恕为臣直言，大王千万不能感情用事啊！"

阖闾经伍子胥一番批评式的开导，从此心中释怀，慢慢想通了。又经几次测试，进一步感知了孙武的为人和聪明睿智，决定拜孙武为大将军。准备工作交给伍子胥去操办，但是拜将仪式，阖闾主张不要放在教场山上，要另选地点。

伍子胥应允而去，根据阖闾要求，不把将台设在杀妃的教场山，而是放在教场山之北的一个高墩上。因为吴王阖闾在那儿封将，后来这个无名荒墩，就有了名字，叫"将墩"。

传说，拜将那天，土墩上幡旗招展，锣鼓喧天，上供三牲祭品。文武百官，济济一场。

先是参天拜地。然后，执事官高声宣布：“孙武为吴国大将军！”并将帅印、宝剑、兵符当众交给孙武。东周时期，大将军是官名，与相国并列，为文武二臣。古代大将军除国王外，是领兵之最高统帅，出征时除国旗外，可挂某将帅之旗号。

此时，孙武将军接过印信，双手高举，朗朗宣誓：“为吴国效劳，忠于吾主大王！”接着，他向阖闾跪行大礼。吴王回礼说：“爱卿，平身，赐座！”君臣主次坐定，接受百官祝贺，仪式完毕，各自回府。

隔了几天，伍子胥接受王命，为二妃开丧落葬。文武百官在伍相及孙将军的引领下，纷纷前往吊唁。二妃棺木落葬，建墓立碑，称“吴国二妃之墓”。后来，还建了“二妃庙”祀之。

当天，孙武腰系白带，手提黄布，十分恭敬。喜欢挑刺的伯嚭对孙武说：“二妃活的时候，你让她们死，死了以后，你来吊唁，这是为什么？”孙武从容而答：“她俩在军中是兵，离军是妃。死了，为臣的理当吊唁，这是礼数，你懂吗？”伯嚭被孙武说得哑口无言。

其他官员听了此言，无不敬畏孙武将军，觉得孙武智慧超群、胆大心细，太厉害了，十分佩服。

完善阖闾城

口述： 沙镇寰，苏州市姑苏区人，2002年编入《孙武》。

采集整理： 谈世茂，今苏州市吴中区人，2014年供稿。

公子光夺得王位后，问计伍子胥如何治国，伍子胥说："凡是想图霸称强的君主，必须修城郭、设守备、练士卒、广积蓄。"吴王阖闾说："好，就委托你办。"

相传，伍子胥初选阖闾大城的城址，是在原王僚城（今木渎古城）东北之地，他经过"相土尝水"，发现那儿靠近阳澄湖，地势低洼，不宜建城（后人称那儿名为"相城"）。后来，伍子胥经过一番周密考察，最后南移数里，建了阖闾大城（即今苏州姑苏区），经几年建设，四周城垣、城门、城楼、宫城都已完工，城内坊廊和街巷尚未建成。

一日，伍子胥同孙武谈起了内城建筑规划之事，说到得意之处，眉飞色舞，似乎很详尽完美。

孙武听后，平静地说："大城的选址、布局和规模，大夫真是独具匠心、费尽心机。只是城内……”孙武话说了一半，伍员忙追问：“只是什么？难道城里规划还有什么不妥、疏漏之处？”

孙武说：“不敢说不妥，也不敢说疏漏，‘兵者，地之助也’，倘若充分利用吴地的地利可能更好。”“没有充分利用地形？”伍子胥有些不解。

孙武说：“吴国地处大江之下，襟五湖而带三江。吴国的地利在水。吴人以舟为车，以楫为马，百姓喜于水斗，往若飘风。”“大江大湖与筑城有何关系，城又不能筑在水里。”伍员还是不解。

孙武说：“有关系。大夫筑城，为的是建一个可以称霸天下的国都，国都当为全国政治、经济、军事、文化中心，当立足高远，驻军与居民区域应分离，全面周到，稍有疏漏，必留大患。”

接着，他直截了当地指出：“可如今之设计，城中只有陆衢，没有水道。如果引水入城，使江河之水与城中之水连通，城内既有陆路，

又有水路，河街并行，构成棋盘式格局。其一，利于出行。吴人惯于行舟，水陆都有，坐船乘车，任意选择。其二，利于运货。一舟之载，胜于十车。一橹之力，胜推十车。其三，利于环境美化，沿街有河，河上有桥，小桥流水，绿树成荫，风光美丽。其四，利于防治灾害，久旱城内不会缺水，久雨城内不会积水。其五，利于攻防。若设水陆城门，敌人从陆路来，有陆军抵抗；从水上来，以水军抵御。如此，吴城可谓坚不可摧。还有，一旦敌人围城，久而不去，吴城军民如何坚守持久，也当考虑。”

伍员听到这里，恍然大悟，拍案叫绝，连声夸赞：“高见，真是高见！”

随后，伍员按孙武建议，对阖闾大城内的设计作了进一步修改和完善，城内水陆并行，除八座陆城门外，加八座水城门，城内纵、横都有水道、码头，形成前街后水道的格局，对民用军防都有好处，并在城南、城北留有大片空地。

后来，越军围攻吴都，吴军能够坚守达三年之久，就得益于这座城设计得周密。当然，后来阖闾大城之所以被越军攻破，乃是夫差穷兵黩武，不得人心，致使城门失守。

孙武对阖闾大城的完善建议，使吴城内建设更具有江南水乡特色。至今，苏州古城区内还保留着“前街后水巷，小桥流水”的风格。

孙武论治国

采集：周兴，江苏省宜兴市人，他将1972年银雀山汉墓出土残简中《伐四帝》、《吴问》之篇，于1996年译成白话文，编入《孙武本传》。
采集整理：谈世茂，今苏州市吴中区人，2013年供稿。

一天，吴王阖闾问孙武道："自古以来，帝王治国平天下有什么经验教训？"

孙武微笑地答道："从大王所问，可见大王志向宏伟。自古帝王用兵，没有不尊崇黄帝的。相传，黄帝伐四帝，黄帝当时镇坐中央，四方首领为恶肆虐。黄帝向南讨伐赤帝，在阪泉进行了战斗，顺应了天道、地理、人情，歼灭了敌人并占有其土地。经过几年休养生息，恢复民力，种植五谷，大赦罪人。向东讨伐青帝，到达衰平，双方展开交战，黄帝顺应天道、地理、人情，歼灭了敌人并占有其土地。经过几年休养生息，恢复民生，种植五谷，大赦罪人。向北讨伐黑帝，向西讨伐白帝，都用上面的办法，最终战胜了四帝，统一了天下。残酷的帝王被消灭了，对天下人来说是好事，所以普天之下，四面八方的人都归向黄帝。"

吴王听着微微点头，又问："那么，后来怎样？"

孙武接着说："后来，商汤伐灭夏桀，据有九州；周武王铲除商纣，牧野一战，四海归一。这一帝二王，全都既得天之道，又得地之利，更得民之情，所以才无往而不胜。现今天下，各国形势，吴、楚、越、齐、晋皆是如此，看谁占天道、地理、人情，又不错过大好机会。"

吴王感慨地说："将军对古帝王治国平天下的经验教训颇有研究，不过这些都是三皇五帝神圣事，不知先生对当今天下大事有何高论？本王听说晋国称霸近百年，可后来六卿专权，国势不张，民心涣散，晋国的范氏、中行氏、智氏、韩、魏、赵六世卿争权夺利，各霸一方，依先生看来，他们当中哪个会先灭亡，哪个能获得最后成功？"

"范氏、中行氏这两家会首先败亡。"孙武胸有成竹地答道。

"何以见得？"吴王接着问。

孙武答道："臣是根据他们的田亩制度、收租多少以及士卒的众寡、官吏的贪廉做出判断的。拿范氏、中行氏来说，他们以八十步为畹，以一百六十步为亩，六卿之中，这两家亩制最小，收取的租税却最重，田亩税高达五分之一，公税过重，人民生活必然困难。再看其官吏众多而骄奢，军队庞大而又屡屡兴兵，如此下去，必然众叛亲离、土崩瓦解，岂不先亡？"

吴王见孙武分析得头头是道，又切中要害，接着问："范氏、中行氏败亡之后，又该轮到哪家呢？"

孙武继续侃侃而谈："根据同样的道理，范氏、中行氏灭亡之后，就要轮到智氏了。智氏家族的田亩制度比范氏、中行氏的田亩制度稍大一点，以九十步为畹，以一百八十步为亩，租税同样苛重，也是五分抽一，智氏同范氏、中行氏出如一辙，都是亩小租重，公家富有，人民穷困，官多兵众，上主骄傲，下臣奢侈，又好大喜功，结果只能是重蹈覆辙。”

吴王听到这里，情不自禁地赞道：“说得有理！”接着又追问一句：“智氏家族败亡之后，又该轮到谁呢？”

孙武十分自信地回答：“那就轮到韩、魏两家了。他们两家以一百步为畹，二百步为亩，税率还是五分抽一。他们两家仍是亩小、税重，公家聚敛，人民贫困，官兵众多，急切征战，只是因为田亩制度稍大，人民负担稍轻，还可苟延残喘一阵，败亡当在前三家之后。”

“至于这最后一家必是赵氏家族。”孙武不等吴王开口再问，便接着说道，“赵氏家族的情况，同前面讲的五家不大一样。在晋国当权的六卿之中，赵氏的田亩制度最大，以一百二十步为畹，二百四十步为亩。不仅如此，赵氏收取的租税从来不重。亩大税轻，公家取民有度又不事苛暴，官寡兵少，上主者注重节俭，下臣者办事谨慎，苛官爱民，深得民心。以我之见，赵氏家族必然兴旺发达，晋国政权将来最终会落入赵氏之手。”

吴王阖闾听到这里，心想这一番宏论，实非一般俗子所能，也非一般武夫能言及，孙武确实是胸怀大略的人才。阖闾最后深有感悟地道：“寡人明白了，治国之道，归结一点，即是‘厚爱其民’。”

君臣解心结

口述： 龚旭若，苏州市姑苏区人。
采集整理： 卢群，苏州市姑苏区人，采集日期：1989年5月24日。张瑞照，苏州市吴中区人，2014年6月6日整理供稿。

吴王阖闾拜孙武为将，孙武成了吴国三军的统帅，经过一段时期的相处，君臣俩的关系越来越融洽，有些话也可以直说，不必担心对方疑忌了。

有一天，阖闾问孙武："孙爱卿，你在教场山练兵，就非杀寡人的两个爱妃不可吗？如果改成其他处罚，你就不能训好这些女兵么？"

孙武回答了两个字："非也。"

阖闾说："寡人想来也是，你定然不留二妃性命，应该不光是为了严肃军纪。那么，孙爱卿，你能告诉寡人你当时还有什么想法吗？"

孙武以问代答："大王，你知道臣的祖上本是哪一国的人吗？"

阖闾说："寡人只知你来自齐国，那就应该是齐人了。"

孙武说："臣的祖上原是陈国的卿大夫，因陈国内乱，才跑到齐国去的。大王，你想听一听陈国发生了怎样一场内乱么？”

阖闾说：“爱卿请讲。”

于是，孙武把陈宣公一手造成的内乱，给吴王阖闾详详细细叙述了一遍。

周武王灭商后，访求前代帝王的后裔，赐地封爵。周文王找到了舜帝的嫡裔妫满，将他分封在株野（今河南柘城胡襄镇），并把长女太姬嫁给了他。妫满在株野建国，国号为“陈”，后迁都陈之宛丘（今河南淮阳附近）。妫满这一支以国为氏，称陈氏。西周初所封诸侯国的面积有大有小，国君爵位也有高有低，爵位分五级，有公、侯、伯、子、男，但所封各国君主统称诸侯。五级之下，又有第六级的附属国，它们的土地面积更小些，一般隶属于邻近较大的封国。陈国的爵位是侯爵，面积和公国一样，辖地最大时达十四邑，大致为现在的河南东部和安徽部分地区。西周至春秋之际存有十二个有影响的诸侯国，即鲁、齐、晋、秦、楚、宋、卫、陈、蔡、曹、郑、燕，由此可见陈国在当时地位之高。

陈国传到陈宣公时，齐国的齐桓公已经称霸，陈国多次参加齐桓公主持的诸侯会盟，与齐、鲁等强国的关系也很和谐，说明陈宣公早期，他这个国君当得还挺不错的。陈宣公晚期，就变昏聩了，耽于享乐，迷恋酒色。他早已立长子御寇为太子，但有个宠妃生了儿子之后，他为了讨好宠妃，竟然废嫡立庶，杀死了太子御寇，改立宠姬之子、一个名叫“款”的婴儿。陈宣公这么做，导致了国内混乱，许多大臣出走，其中也有孙武的先祖陈完……陈国因为流失大批人才，国家很快就衰弱了，导致了为楚国所灭的后果。

孙武又说：“大王，陈宣公做的这件糊涂事，给陈国的伤害太深了。他怎么会在立储问题上犯糊涂的呢？这分明是迷恋美姬的结果。大王，您说是这个道理么？”

阖闾点头道：“寡人深表同意，其实爱卿要告诉寡人的道理，寡人早就从伍相国的经历中看到了。孙爱卿，你可曾听说过伍相国弃楚奔吴的故事？”

伍子胥的故事，吴人皆知，孙武与伍子胥已是知己，当然不会没有听说过。伍子胥的父亲伍奢是楚国太子太傅，负责教导太子建。太子对父王的宠臣费无忌十分嫌恶，费无忌暗自衔恨。楚平王为太子建聘秦女孟嬴，命费无忌到秦国去迎亲，费无忌发现孟嬴貌美，心中便生出一条毒计来。他针对平王好色的特点，极力蛊惑平王自娶孟嬴，而将孟嬴的一个陪嫁女子充当新娘塞给了太子。太子受不了这样的耻辱，跑到别的国家去了。费无忌对楚平王说：“太子出逃，肯定是伍奢鼓动的。伍奢有两个儿子在外地，大儿子伍尚，小儿子伍子胥，都有才干，不杀掉他们，他们将成为楚国的祸患。可将伍奢作为人质，将他们召来。”楚平王把伍奢关进牢里，对他说：“你若将两个儿子招来，可免你一死。”伍奢说：“大王要我写信，我不会违背王命。伍尚为人仁厚，召他一定会来。子胥为人刚烈，忍辱负重，能成大事，他料到来后会一起被擒，一定不会来。”平王遣使拿着伍奢手书去见伍氏兄弟，说：“你们若回都城，大王就让你父活命；不应召，就马上杀掉伍奢。”

伍尚愿意去都城，伍子胥说："楚王召我兄弟，并不是为了让父亲活命，是怕我们逃脱后成为祸患，所以拿父亲作为人质，假意召我兄弟俩，我兄弟俩一到，父子三人就会一起被杀。你我一去，便再也不能报仇雪恨了，不如投奔别的国家，借他国的力量来报杀父之仇，绝不能前往都城与父亲一起束手待毙。"伍尚说："我明白应召前去也不能保全父亲的性命，但我们不应父亲之召，便为不孝，将被天下人耻笑。你可逃走，以后报杀父之仇，我将安心就死。"

伍尚甘愿束手就擒，使者欲捕伍子胥。伍子胥弯弓搭箭对着使者，使者不敢上前，伍子胥就逃走了。伍尚到了楚国都城，平王将伍奢与伍尚一道杀死。临刑，伍奢叹息说："我的小儿子跑了，楚国将要苦于战争了！"

阖闾道："孙爱卿，你既然知道伍将军的这段遭遇，你就该清楚，寡人面前天天有个伍将军晃来晃去，寡人怎会不警惕重色误国的教训？"

阖闾又道："寡人也爱美女，但寡人更重江山。爱卿斩我两名爱妃，真正的用意，大概是要测试寡人是否迷恋美色而不惜将才吧？今日你我君臣把这层纱捅破了，你还有顾虑么？"

孙武离席跪拜道："大王英明，臣早已没有这种顾虑了。"

阖闾扶起孙武，问："爱卿何时打消顾虑的呢？"孙武答道："大王用一顶小木桥唤臣回来，拜臣为将，臣还有什么可顾虑的呢？"

阖闾和孙武携手相对，哈哈大笑，真是君臣面叙解心结，从此两人的关系更紧密了。

孙武与胜玉

采集整理： 谈世茂，今苏州市吴中区人，2013年根据吴地史料、民间传说和苏州评弹话本综合整理，2015年供稿。

东汉《吴越春秋》记载，吴王阖闾有个女儿叫胜玉，长得貌若天仙，又特别聪明伶俐，知书达理，还爱习文弄武，剑不离身，吴王视其为心肝宝贝、掌上明珠。她要干什么，从不说二，给以满足，日复一日，胜玉的脾气也任性了。

相传有一天，吴王和夫人及胜玉在家吃饭。席间，一家人谈起伐楚之事，边吃边聊，其乐融融。侍卫送上一道蒸鱼，吴王特别爱吃，吃了一半，再给胜玉。谁知胜玉当即丢了碗筷，气得脸通红，她对吴王说："你把吃了一半的鱼给我吃，什么意思？是不是羞辱我？"吴王感到莫名其妙，没有理睬。胜玉公主奔回卧室，抽出短剑自刎了。

人们问了，吃鱼，在江南地区属于家常菜，又不是什么高级东西，为何成了胜玉自杀的导火线？传说这其中还有一段隐情，都是公主深爱孙武引起的。

公元前512年夏，经伍子胥举荐，吴王阖闾得到孙武的《兵法》十三篇，如获至宝，那天回到家中，特别兴奋。他知道女儿胜玉喜欢武艺，便对她说："今天我得到一部兵法，你看看怎么样？"胜玉双手接过，说："谢父王！"马上打开，开篇第一句："兵者，国之大事，死生之地，存亡之道，不可不察也。"高屋建瓴，开门见山，如此高论，胜玉从未听闻，一下子把胜玉的心抓住了。

接着看："故经之以五事，校之以计，而索其情：一曰道，二曰天，三曰地，四曰将，五曰法，道者，令民与上同意也……"言简意赅，全面周到，抓住要害，胜玉觉得太妙了，一口气将十三篇看完，对吴王说："父王，此乃天下第一兵书也！吴国之宝也！何人所写？"

吴王说："写兵法之人，姓孙名武，正隐居我姑苏西郊山区。"

胜玉道："文如其人，以此兵法看，孙武乃旷世奇才，堪当大任，父王之福、吴国之福啊！"

吴王开心地笑道："此人，伍子胥七次向我举荐，说他如何了得，为父看了他的兵法，也想重用他，准备明日再亲自面试他。"

胜玉听到孙武被伍子胥七次举荐，更感到其人不一般，便提出明日在一旁看看的要求，吴王应允。

第二天，孙武在伍子胥的陪同下，准时入宫，吴王宣孙武晋见。

只见孙武身高七尺，威武英俊，浓眉大眼，炯炯有神，真是奇人奇相。他步履稳健地来到殿前，不卑不亢，拱手说道："鄙人孙武，叩见大王。"

吴王说："快进，请坐。"

孙武谦让道："草民乃一介布衣，焉敢有座？"

吴王说："先生为客卿，理当有座，请——"

"谢——大王。"孙武落座。

孙武的一举一动，胜玉看在眼里、印在心里，十分钦佩孙武。她原以为能写如此深奥莫测兵法的人，一定是年老长者，想不到此人竟然如此年轻。胜玉两只眼睛一直盯住孙武不放，爱慕之心油然而生……

吴王问孙武："请问先生何方人氏？为何来到吴国？"

孙武答道："鄙人乃齐国人氏，祖父孙书，为将军，父亲孙凭，是上卿。因避齐国四族倾轧内乱，故我在贵国辟隐深居。"

吴王又问："此《兵法》十三篇，可是足下所写？目的为何？"

孙武答："正是鄙人来吴国隐居时所作。当今列国争雄，战乱不休，看似纷繁复杂，实质有规律可循，鄙人十三篇就是为寻求战争规律而作，也可为大王实现图强称霸大业所用。"

吴王听得心花怒放，故意谦虚说："先生之兵法，吾尽观之，气吞山河，只是吾国地处僻远，国小兵弱，难让先生施展抱负。"

孙武说："国不在大小，兵不在众寡。古往今来，以弱胜强、以少胜多的战例不胜枚举。吴王寿梦以来的战争、大王指挥的战争，都有这方面战例。"

吴王听其话音，觉得孙武是真心想为吴国服务，随即哈哈大笑。

一旁的胜玉听得如醉如痴，他对孙武既佩服，又爱慕，听说孙武乐意在吴国发展，更加高兴，情不自禁地赞叹了一声："真是个奇人奇才。”

吴王闻声看胜玉，略知其意，但认为女儿还小，没当回事，可胜玉对孙武却开始动了真情，从此朝思暮想，一发而不可收。

那天，吴王面试孙武，考察其实际带兵能力。他给孙武出了一道难题，要孙武“吴宫教战”，把宫女们训练成可赴汤蹈火的军队。孙武满口答应，依军法行事，三令五申。可身为队长的吴王两爱妃，仍嘻嘻哈哈，不当回事。孙武下令斩首示众，吴王劝阻，孙武说“将受命于君，将在军，君命有所不受”，依然斩了吴王两爱妃，吴王气得当场拂袖而去，孙武继续训练宫女。

伍子胥感到大事不好，孙武大祸临头了，随后赶到吴王宫中。胜玉知道吴王对两爱妃的宠爱，也知道父王的脾气，觉得事态严重，便自告奋勇地对伍子胥说：“让我先去劝劝父王，你随后再来。”

她主动相救孙武，不顾侍卫阻挡，闯了进去，对吴王说：“儿臣叩见父王。”

吴王面孔铁板，满肚怒气，一声不吭。

胜玉细声道：“父王，您是一国之君，少了两个妃子竟然如此模样？我问您，孙武如此演兵，错在哪里？俗话说，千军易得，一将难

苏州市吴中区评弹团演唱《孙武与胜玉》

求，您说是良将重要，还是两个妃子重要？父王您犯得着如此伤心吗？”胜玉一连串的发问，像给吴王注了一副清醒剂。他抬起头，望了望爱女胜玉。

胜玉见父王怒火有些消退了，接着又扔下一句：“我看孙武年轻有为，奇才一个，人人喜爱，难道父王不爱人才吗？”

吴王知道女儿的脾气，比自己还要横。七八岁时与她斗气，她竟然绝食三天，差点死去。这次女儿闯宫来为孙武说情，话讲得蛮有道理，也觉得她对孙武好像有点特别……

于是，吴王马上安慰胜玉：“宝贝女儿，你不要急，父王听你的。”

胜玉见父王话音转了，又道：“父王打仗，最强调军纪严明，从孙武演兵可以看出，他的治军思想与父王完全一致，有这样的人统帅军队，何愁霸业不成？！假如为了孙武演兵怒斩王之爱妃而不用，消息传出，三军会震惊，传至列国，会被各诸侯取笑。对这样的旷世奇才，我国若不用，万一他回到齐国或到其他诸侯国，对我们将构成莫大威胁，如此得失，请父王三思！”

随后片刻，伍子胥进来了，又对吴王做了一番劝说，他提出建议，一方面隆重拜孙武为将，一方面厚葬吴王二妃，吴王称善。

孙武为将后，如鱼得水，挥洒自如。吴王得孙武后，干什么都得心应手，满心喜悦。胜玉看孙武才华横溢，对孙武从暗恋至情深，进而下定决心，非孙武不嫁。

吴王对女儿的心思也有数了，常逗着胜玉说：“女儿要办的事，父王没有不办的。”一天，吴王找来能说会道的大臣伯嚭，要他做些疏通工作。伯嚭认为这是小事一桩，孙武一定求之不得，借着一次机会对孙武提起这事。孙武认真地说自己已有妻子，不可，不可。伯嚭碰了一鼻子灰。

但是，伯嚭还劝导孙武说："虽有妻子，还可以再娶。"孙武回答："我们夫妻恩爱，不能再娶。一定不可，万万不可。"

伯嚭遭到严词拒绝，有点严肃地对孙武说："我是奉吴王意思而来，你考虑考虑。"

孙武有些火冒了，斩钉截铁地答道："没有什么可考虑的，你回去向吴王禀报！"

伯嚭连连碰壁，还不死心，便来了个迂回之术，直接找孙武的妻子，劝孙武妻子与孙武分手，否则将大祸临头。孙武知道后，更是不同意与胜玉的亲事。

这一切，胜玉有所耳闻，极其失望，心中烦闷。但她记得父王说过："我是一国之君，没有办不到的事。"现在父王没有亲自回绝我，可能还有一线希望。就这样，她在默默地等待着。

可是那天，吴王回家和夫人及胜玉一同吃饭，吃蒸鱼，吴王感到好吃，竟吃了一半，才想起了女儿，便把吃剩的半条让胜玉也尝尝。而胜玉呢，误以为父王以"半条死鱼"暗示她对孙武要"死心"了。

胜玉顿时伤心，泪如雨下，陷入了一种完全绝望的境地。她奔回自己卧室，心想孙武是天下难得的奇才，他谢绝了婚姻，父王一定会不择手段，找机会对孙武进行报复，那样，孙武的一切便会因她而毁。原想非孙武不嫁，如今父王以鱼示意，实是叫我死心了，如果传扬出去，岂非笑料？胜玉想到这里，觉得还不如一死了之，于是，挥剑自刎。

传说，吴王将女儿葬在太湖中一个小岛上，用青石纵横堆砌成墩，这就是胜玉公主的墓葬地。后来，讹传并有书记载：“凿池积土，所凿之处，遂成太湖，今女坟湖是也。”这显然太夸张了，太湖是自然形成的，实是公主亡后“坟在湖中一岛也”。

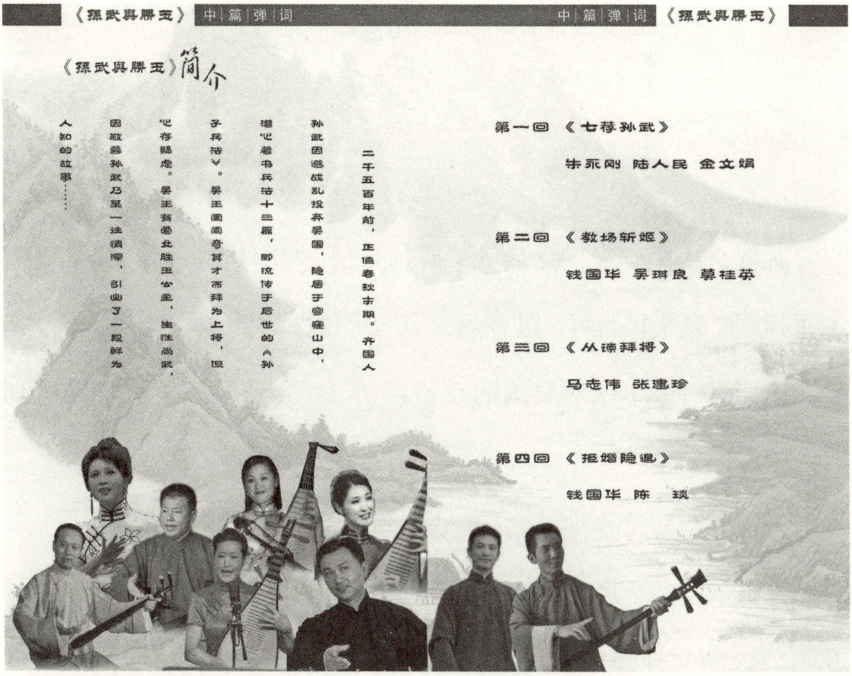

助王治官吏

口述：李春富，张家港市乐余镇人。

整理：李洲芳，今苏州市吴中区人，2013年供稿。

孙武自从来到吴国之后除了研读兵书，撰写兵法之外，还到民间去采风，接触平民百姓，跟普通民众交朋友，因此他在短时间内，几乎跑遍了整个吴国，对吴国的政治经济、社会情况乃至官德民风都有了较深的了解。

孙武做了吴国的将军之后，吴王阖闾曾问他："何时伐楚？"

孙武说："伐楚之事应议，但要考虑兴师伐楚的条件。以前，齐国桓公面对外部戎狄侵扰，内部王室衰微、诸侯相争，就提出口号——先'安内'后才能'攘外'。如今，吴国出兵之前，对内的官吏要先整顿，克服腐败，解决民怒，这才是伐楚的基础。"

吴王阖闾又问道："整顿官吏，从何处着手？"

孙武说："据我所知，吴国的邑首几乎都是王亲国戚，他们没有自知之明，把君主当靠山，难免在地方上为非作歹，做祸国殃民的坏事。”

吴王阖闾复道：“爱卿言之有理，问题是先去查谁？”

孙武说：“请问大王，那些邑首，谁对你进贡最多？”

吴王阖闾说：“在诸多的邑首中，数邗邑的邑首陈江，对我进贡最多。”

孙武问：“他是您的什么亲戚？”

吴王阖闾答道：“我的小姑父。”

孙武问道：“他向您进贡何物？”

吴王阖闾答道：“珍珠。”

孙武问道：“多少数目？”

吴王阖闾答道：“后、妃、宫女的珍珠项链都是他送的，约有两斗之多。”

孙武说：“那就去查查他的来源？”

吴王阖闾顿了一顿，说：“可以。”

于是，孙武带了一帮人马，去了邗邑。到了邗邑之后，他住在客栈里，没有去邑衙，而是到民间查访陈江的官德。老百姓众口一词，陈邑首在内拥妻抱妾，在外强奸民女，敲诈勒索，草菅人命，是一个无恶不作的瘟官。

孙武掌握了陈江的情况后，才进邗邑衙门。陈江见孙武来到，非常热情。双方寒暄之后，陈江对孙武说：“你来得不巧，下官不能陪你，我明天要出门，非常抱歉。”说完拿出一块干羊皮，上有几行字，送到孙武手里。孙武一看，那是一张请柬，是海虞邑首杨海发的。杨海是吴王阖闾的大姑父，和陈江是连襟关系，杨海的小儿子结婚，请陈江去喝喜酒。

孙武说："吃喜酒有具体日脚不能耽搁，你照去不误，公事么等你回来再谈。"

陈江前脚走出衙门，孙武后脚就派人把陈江的一个贴身心腹阿狗抓了起来，要他交代珍珠的来源。

这个阿狗倒是蛮识相的，没有用刑便老实交代了："本邑有个首富，绰号叫弄潮儿，他手下有帮人，每天在长江里捞蚌采珠，传说他家的珍珠有一担之多，富得流油。但是，他为人清高，不肯巴结我家主人陈江。于是，邑首陈江叫我勒死了一个女佣秀凤，偷偷地把秀凤的尸体放到了弄潮儿的家门口。后命地保踏勘，硬说是弄潮儿杀人，就将他捉到衙门里来，陈邑首将他屈打成招，他承认犯了杀人之罪，就把弄潮儿斩了，还没收了他的家产，其中有两百斤珍珠。"

七天之后，陈江回到邑衙，孙武就叫人把他捆绑起来，要他交代珍珠的来源。他晓得孙武是胆敢杀吴王爱妃的人物，不是好应付的对手。有话道"好汉勿吃眼前亏"，因此陈江说："孙大人，我愿招供。"

于是，孙武亲自给他松绑，叫陈江自写供词，一五一十地坦白罪行。陈江写完供词之后，怕孙武马上杀他，他说："孙大人，下官犯的是死罪，滥杀无辜、抢夺民财，在死之前，我要求见一见吴王。"

陈江之所以提出这要求，是有原因的，他认为他不仅是吴王的姑父，而且吴王也收过他的珍珠，吴王不会杀他头，最多将他撤职罢官。

孙武对陈江说："你要见一见吴王，可以，可以。"孙武答应陈江的要求，是要用他来试一试阖闾惩除腐败的决心。

陈江跟随孙武一行人马到王城之后，孙武放他回老家去拜见父母。孙武进宫去见吴王阖闾，阖闾看过陈江的供词之后，用红笔在陈江的名字上打了一个叉。

第二天，阖闾派人去请陈江父母一家人到吴宫赴宴。陈江和他的父母，还有陈江的弟弟和弟媳。入席之后，阖闾对他们说："今天我设私宴招待大家，不谈公事。"大家一边喝酒、吃肉，一边拉家常，非常开心。阖闾不断地向陈江敬酒夹菜，因此他并不感到异常，散席以后，阖闾叫陈江留下来喝茶。阖闾走后，进来四个人，拿着斩条，用绳索把陈江捆绑起来，推出去斩了。

吴王阖闾自知自己也有罪过，因此他自关禁闭三天，这叫闭门思过，并将所有的珍珠项链收归国库，作为奖品之用。这样一来，震动全国，那些有问题的官吏，纷纷向各自的上司坦白自己的罪行，表示悔过，从此吴国的官风开始好转。

吴王阖闾斩了坏官之后，有一天，孙武对吴王阖闾说："好官好比蜜蜂筑巢，坏官宛如蚁穴溃堤。"

孙武问阖闾："在诸多的官员中，谁对你进贡最少？"

阖闾说："海虞邑首杨海。"

孙武又问："少到什么程度？"

阖闾说："一年只有五斤茶叶。"

孙武再问："杨海与主公是什么关系？"

阖闾说："他是我的大姑夫。"

孙武说："也许是个好官。"

阖闾说："不妨也去查他一查。"

于是，孙武带了一帮人马，进驻海虞，在民间查访杨海的官德、官风。老百姓众口一词，都说杨海是一个大公无私、忧国忧民的好官。孙武为了找到好官的例证，特地去拜访了城里德高望重的坤生。

坤生告诉孙武："杨邑首执法如山，敢于除暴，善于安良。"孙武问："可有例子？"

"有。"坤生说，"董浜地方有个恶霸，名叫金法。他看中了古里村的有夫之妇阿彩，他要阿彩做他小妾，居然杀了阿彩的丈夫炳根。事发以后，他派人给杨海送去五百两银子，请求杨海高抬贵手。杨海毫不犹豫地把金法斩了，将五百两银子给了炳根家属。"

孙武心想，就此一例，足可以证明杨海是个清官。

坤生又说："去年杨海组织民工，治理邑城城河。年纪五十的杨海和所有的民工一样，早出夜归，在工地上挖土挑泥，和民工打成一片，一点没有邑首的架子，没有损公肥私。"

孙武告别坤生以后，走进海虞邑衙，见过杨海，主动提出要到杨海家做客。杨海用红烧豆腐、豆瓣咸菜汤招待孙武。孙武见杨海家里既无值钱的古董，也无好家具，台子、凳子都是用杨树做的。家里没有值钱东西，过着有妻无妾的清贫生活。

孙武回到王城之后，进宫向吴王阖闾做了详细汇报。后来吴王阖闾特地敕令表彰了杨海，激励了地方官员。孙武助王治政，也传为美谈。

巧断施暴案

口述：陆鸣涛，苏州市吴中区光福镇人。

采集整理：张瑞照，苏州市吴中区人，1987年4月24日采集，2014年5月12日整理供稿。

太湖东洞庭山，简称东山，山势险峻，森林茂密。一天，孙武去了那里，遇到司寇属官士师尚春。古代士师是执法官员，协助司寇大夫判理禁令、狱讼、刑罚之事。

孙武见尚春愁眉不展，便问他为了何事紧锁双眉。尚春说最近遇到了一件棘手民案。原告是东山首屈一指的富翁林员升的妻子，林妻隔三岔五来司衙吵闹，要求还自己一个公道，严惩侮辱她的歹徒虞巧匠。

孙武询问此事缘何引发，一个乡民怎会得罪当地富翁之妻？尚春便把这件民案的来龙去脉，一五一十地告诉了孙武。

被告虞巧匠是东洞庭山妇幼皆知的巧匠，经他手里做出的各式家具，不但款式新颖、富贵大气，而且坚固结实，真可谓价廉物美，所以当地人一说起他，便会交口称赞。

虞巧匠原是个五短身材，因做木匠，一双手十分来劲。然而，前两年得了一场大病，瘦了一身肉，所以如今木工工作中断木、锯板之类的重活都由他的两个徒弟操劳，而他只管拼料和精雕细刻。他为人忠厚老实，替人做家具，多下的木材，哪怕是几块小料，也会如数归还人家，结账时按预先讲好的价格收取报酬，多一枚钱币都会拒收。

林员升新建了一幢房子给儿子做婚房，并定好了婚期，遂吩咐妻子请来木匠制作家具。林妻于是去把村东虞巧匠请到家中。她屈指算了一下，整幢房里需做各式各样、大大小小的家具七十七件，其中包括大小木柜、八仙桌、太师椅、板床、凳子等，并与虞巧匠讲好了酬金三千钱币。虞巧匠一口答应。林妻于是买回各式木材，虞巧匠便带着两个徒弟起早摸黑打造家具。

整整三个月过去了，虞巧匠与两个徒弟把林家七十七件家具一一做好。大家一看，没有一个不跷起拇指啧啧赞许的，连十分挑剔的林妻也眉开眼笑，点头称好。

孙武听到这里，感到好奇："一个家具做得十分到位，一个感到十分满意，是什么引发这起民案的呢？"尚春道："完工后的翌日，虞巧匠去林妻那里结算工钿。"孙武道："难道是虞巧匠见大家夸奖自己手艺，林家又是富户人家，要求额外加些钱币？"尚春连连摇头。孙武道："是林妻少给了虞巧匠工钿？"尚春又连连摇手："远比这复杂得多了。"接着，他又这长那短地说了起来。

虞巧匠去林家，向林妻结算工钿，不知怎的，林妻把虞巧匠一把胸脯抓了往司衙而去，击鼓告起状来。尚春升堂理案，问她所告虞巧匠犯有何罪？林妻把虞巧匠往地上一甩，自己“扑通”一声下跪在地，涕泪俱下：“大老爷，你要替民妇做主啊！这个鼠头獐目的虞巧匠，在我家结算工钿之际，见民女虽年届不惑，但丰姿犹在，趁左右无人，顿生歹念，对民女又抱又亲。还乘民女不备，强行把民女抱之一旁小床，企图对民女施暴。民女苦苦哀求，望他放民女一马，可他充耳不闻。民女心想，一世清白名节，将要毁于一旦，为此，泪洒衣襟。就在这危急之时，正巧民女家女佣小香途经，大声呼救，他这才住了手，民女幸免被辱。青天大老爷，望你伸张正义，惩治恶徒。”

尚春听了林妻的申诉之后，便问一旁虞巧匠：“你可有侮辱林妻之事？”虞巧匠吓得浑身哆嗦，半晌才说出一句话来：“小民冤枉……”

尚春返身面对林妻：“你可有人证？”林妻将泪一擦，言之凿凿：“有啊，她就是女佣小香，正在门外候着。”尚春于是令当差的把那女佣小香带上堂来。女佣小香是个十六七岁的姑娘，到了大堂，恭立一旁。

尚春对小香晓之以理：“虞巧匠可有对你家女主人行为不轨？有就是有，没有就是没有；有，不能说没有；没有，不能说有；是一就是一，是二就是二，听明白了没有？”小香身子一阵哆嗦。

尚春心想，是这名少女被自己吓着了呢，还是没有见过这样的世面？半晌，小香才支支吾吾：“这个……那个……唉，叫小女子怎么说呢？”尚春平静了一下，用鼓励的目光注视着她：“在公堂之上，你只管说来，本大人为你做主。”

女佣小香正欲启口说话，一旁的林妻狠狠地瞪了她一眼，粗声大气训了起来：“大人叫你说，你说，说实话、说真话，听见了没有！”小香身子连连颤抖，“哇”的一声哭了出来：“哇，大人，是的，是虞巧匠调戏了女主人。”

尚春于是问：“你是怎么知道女主人被虞巧匠侮辱了呢？”小香道：“小女子是途经客厅，听到女主人呼喊救命之声，小女子走去一看，只见女主人从一旁木床上站起，衣冠不整……”

尚春听了小香的话，对虞巧匠道：“现在人证都在，你光天化日之下侮辱民女，该当何罪？”虞巧匠连连磕头：“大人，这是林妻想赖小民三个月的工钿，所以才诬告小民侮辱了她……”

尚春细细观察虞巧匠，不像是在说谎，所以一时难以裁断，为此将惊堂木一拍，来了个缓兵之计：“今天就审到这里，择日再公堂审案。”不想自此以后，林妻天天来衙纠缠，一定要尚春立马做出公断。

尚春把话说完，便对孙武道：“将军，一个呼冤，说是有人侮辱自己，并且有人作证；一个又说没有行不轨之举，纯属诬告，其意无非是为了赖掉三个月的木工工钿。为此我想，两人中必有一人是在说谎。”

孙武言道：“只要知道谁在说谎，这个民案就迎刃而解了。”他沉吟了一下，想到了什么，对尚春道：“先找来林员升一问，兴许可以看出端倪。”尚春顿时来了精神：“对！”便立即吩咐公差把林员升唤至县衙。林员升进了衙门，尚春开门见山地问他："听说你家翻建了房子，做了不少家具？"林员升连连点头："请虞巧匠做了木柜、天然几、八仙桌、凳子、太师椅等，总共七十七件。"

孙武插言道："你付了虞巧匠的三千工钿了吗？"林员升道："做家具之事，全叫内人揽下了，至于工钿，在未做家具之时，小人就悉数交给了她。"

孙武问道："你知道你夫人与虞巧匠发生的事了，并且已经吵到了衙门吗？"林员升"唉"地长叹一声："我与她，虽是夫妻，可我受不了她管头管脚，早与她分居多年。如今虞巧匠意图与她行不轨之事，我也是听人所说，懒得去管。"

尚春道："你不出面与你夫人去向虞巧匠讨个公道？"林员升苦笑了一声："不瞒大人说，小人虽为林家主人，管得家中所有之事，但却管不了她之事。既然是她不怕扬丑，你们只管秉公而断。"

孙武、尚春在林员升口中得知，林妻虽为妇道人家，但在家中十分强势。当林员升走了后，孙武便与尚春吩咐了几句。尚春即令当差的把原、被告——林妻、虞巧匠唤上大堂，听候公判。

林妻、虞巧匠两人到了大堂之上，一个心高气昂，志在必赢；一个战战兢兢，一片茫然。孙武在旁一看，林妻长得身高马大，膀大腰圆，而虞巧匠个子矮小，且又瘦骨嶙峋，遂对尚春是这长那短地交代了几句。尚春频频点头。

为了以示公正，尚春打开衙门公审。街坊们一听尚春在审虞巧匠侮辱女主顾林妻一案，感到好奇，纷纷前去看个热闹。一时间，衙门前的场上集聚了许多百姓。

尚春问林妻："虞巧匠确实对你实施强暴？"

林妻一脸委屈："是的，但他没有得逞。"

尚春又问虞巧匠："是你意欲非礼林妻？"

虞巧匠双手乱摇："没有，没有，她这是血口喷人，至于她心中打的什么小九九，瞎子吃馄饨，她自己心里有数。"

尚春道："一个说企图强暴自己，一个说没有，叫本官难以裁断，但不断不行。"说到这里，他指着屋外一堆叠砌的约三十块方石，道："为了体现公正，你们两人前去场上搬石，从门口搬至大堂，复而搬出门外，原告搬了放在左角，被告搬了放至右角。谁搬的石块多，谁说的话有理……"

林妻、虞巧匠几乎是异口同声："大人，用这样的方法断案，岂不有失公正？"

尚春把脸一沉，斥道："我说这样断就这样断，要是你们不听，那我就立马令当差的把你俩撵出公堂，自行处置。"

虞巧匠没法，只得硬着头皮，走至门外，用尽了全身力气，搬了块石头进了衙门，又憋红了脸，复而搬出去，放在衙门外照墙的右角，才搬三块，就已经气喘吁吁、汗流浃背，一屁股坐在地上，再也站不起来了。林妻三步并作两步，到了门外，俯身三下五除二，把石头搬起，进了公堂之后，复而把石头搬至照墙左角。才半个时辰，墙内的石头全部被搬了个空。

林妻得意扬扬，对尚春道："大人，这下你明白了吧，是民女说的话没错，虞巧匠侮辱了民女。你说该怎么处置？”尚春“哼”的一声，惊堂木一拍，对林妻斥道：“分明是你想赖掉虞巧匠的工钿，诬告他侮辱你，还不从实招来。”

林妻一把眼泪，一把鼻涕，呼天抢地：“大人，民女之话句句是实，你怎么反而轻信虞巧匠的话呢？俗话说，女子的名节宛如命。想民女家家财万贯，怎会为几个小钱辱没了自己名节？”

尚春道：“你这泼妇，事到如今，你还在一个劲儿狡辩，看来不动大刑，你是不会招供的。”言罢，即令当差的王五、赵六，把这个泼妇裤子剥了，当众责打四十记大板。

王五、赵六两个小伙子捋袖赤臂，一个箭步扑了上去。不想那林妻把双拳攥得紧紧的，大呼一声：“谁敢上前，老娘与他拼了。”王五、赵六上前拽住了林妻的两只胳膊，可怎么也按揿不住，反被林妻用力一甩，王五、赵六两人一松手，双脚不听使唤，向左右两旁踉踉跄跄跌去，最后摔倒在地。后面七八个公差见了，直取林妻。

“且慢！”孙武大声喝住，返身对林妻道：“现在事情已见分晓，你是一个人高马大之人，搬了二十多块石头不喘大气，连两个公差也按不住；一个身材瘦小的虞巧匠，搬了三块石头就气喘吁吁……试问，如若你无意与他行男女之欢，他怎么可能强行将你按倒在床非礼……”

一听到这话，众人忍不住哈哈大笑。林妻满脸羞愧，张口结舌，一时语塞。

孙武继而言道：“你不是说有女佣小香为你作证，是听到你呼救之声，她过来之后，你方始得救的吗？要不要吩咐她前来为你作证？”林妻死鸭撑硬颈：“那你就叫她来吧……”

原来孙武已对小香做了工作，要她说出实话，不然她也会因作伪证而被惩处，她早已在外等候。现见林妻依然不肯低头认罪，孙武把手一招，一个当差的把小香领进大堂。

小香步至林妻身边，低声言道：“主人，你还是照实说吧……”林妻火冒三丈，斥道：“你真是个软骨头……看我回家怎么收拾你！”

这话一说，引起了众人又一次哄堂大笑。

林妻恼羞成怒，遂对孙武气势汹汹地斥道：“你知道我是谁吗？我是林员升的老婆！你是何人，公堂审案，却来这里胡言乱语！”孙武道：“我是谁并不重要，重要的是你在公堂之上拒不认罪，所以据理好言相劝。”

尚春遂对林妻喝道：“大胆民女，敢在公堂之上放肆。你要问站在你面前的人是谁？告诉你，他就是赫赫有名的吴国大将军孙武，别说你家里有几个小钱，自以为是耍无赖，就是大王宠妃不听号令，孙将军也敢举刀令斩！”

林妻对孙武早有耳闻，这下吃惊不小，连忙下跪：“孙大将军啊，民女有眼不识泰山。”

尚春即对林妻做出裁决：“如数支付虞巧匠和两个徒弟的三千钱币，打入大牢反省三个月！”林妻磕头认罪。

孙武祭王僚

口述：马易森，苏州市高新区人。

采集整理：卢群，苏州市姑苏区人，1987年4月30日采集；张瑞照，苏州市吴中区人，2014年7月4日整理供稿。

吴国王位传到仲雍第十九世孙寿梦手里，开始兴旺起来，这个寿梦将近寿终，留下了“兄终弟及”的遗嘱。寿梦共有四个儿子：诸樊、余祭、余昧和季札。寿梦死后，诸樊继位，诸樊死后，传至余昧，余昧将死，也愿意遵照父亲的要求，将王位传给老四季札，谁知季札对治国不感兴趣，溜了号，跑到百里外的延陵（今常州）去了，以示不接社稷的决心。

季札跑了，余昧死了，王位空着，“国不可一日无君”，大臣们一合计，立了余昧之子姬僚为吴王。大臣们也有道理，“兄终弟及”之链，既然到余昧已断了，由他的儿子来继承包括王位在内的遗产，顺理成章。再说，大臣们也看在眼里，僚自小到大，不奸不刁，比较厚道，没什么劣迹，坐上王位大概可以成为很不错的一个君主。大臣们不曾看走眼，王僚在位十二年，保持了政局的稳定，国力有所增长，为后来吴王阖闾的建功立业打下了坚实的基础。

阖闾未成为吴王时，名姬光，史称“公子光”。姬僚当上了吴国大王，公子光一肚皮的不乐意。公子光是诸樊的长子，他有他的逻辑：“王爷爷定下的‘兄终弟及’规矩不可废，叔叔季札不愿做大王，那就应当从我们这一辈分上再从头开始轮流传袭，我是长房长孙，新一代吴王我是头一名，姬僚抢了我的位置！”所以，公子光把堂弟王僚恨得牙痒痒的，十二年来天天想着怎样除掉这个堂弟，夺回王位。公子光很有心计，表面上与堂弟亲亲热热、和和睦睦，暗中却在物色帮手，窥伺时机。

经过长时间的寻求，公子光终于网罗到了两名党人，一个是伍子胥，另一个是专诸。伍子胥负责设计，专诸负责实施。

伍子胥的计谋针对王僚的弱点而设。其实也不算什么弱点，说穿了只是王僚喜嗜美食，这实在是人的共同爱好。凡有美味菜肴可供一饱口福，王僚不大肯放弃。那时候的美食是羊，中国字“美”就是“羊”的延伸，但太湖地区美味可口的菜还有鱼，“鲜”字就是“鱼”、“羊”并列。伍子胥让专诸到太湖边学烹鱼的技术。学了三个月，专诸成了个特级厨师，他烹调的鱼，极其鲜美。公子光打算用专诸烹的鱼取王僚的性命和他的宝座。

但是公子光并未贸然行事，而是遍请朋客，天天在府中摆全鱼宴，用鳜鱼、白鱼、鲫鱼、青鱼、鲈鱼做了爆鱼、蒸鱼、鱼松、鱼羹、鱼饼、鱼头汤，吃得一拨拨客人赞不绝口。受过公子光宴请的人，个个甘当活广告，到处宣扬。王室中有些身价的人都在传这件事，七传八传传到了王僚耳朵里。王僚派人传话给公子光，也要到他府上尝尝那样的佳肴。

公子光给王僚的印象是竭力拥戴，百般顺从，没什么威胁性。但王僚也知道周围觊觎王位的大有人在，所以仍有点儿提防这位堂兄。这说明王僚警惕性很高，自我防卫意识颇强，他的入彀，实在是未能经受住精制太湖鱼的诱惑。

王僚赴公子光府第时，身披三重铁甲，把全身从头武装到牙齿；其次，从宫门到公子光府第的一路上，让亲信带领兵马三步一岗，五步一哨，实行严格的一级保卫；第三，在公子光宅中，特别是在举办宴会的大厅里，全部换上自己的贴身侍卫，侍卫手执吴钩长戟，组成最后一道防护网，真如俗话所说，“连苍蝇也休想飞进一只”。如此一番安排之后，王僚放下心来，安坐饮酒。

酒至半酣，公子光忽然起身，假装自己有足疾，请求入内室换药，王僚未加多想就同意了。公子光一离开杀机四伏的宴厅，专诸便登场了。

专诸端着个托盘，托盘里卧一条烹煮得浓油赤酱的大鱼，走到大厅前，侍卫照例要搜他身，专诸将托盘交给侍卫，自己动手，三下五除二，便把自己剥了个一丝不挂，然后从侍卫手中接过托盘，径直朝厅内走去。

如此全裸一个，谁都会认为他身上不可能藏有武器，疑心病再大的人也消除了戒心，鬼也猜不到一柄锋利无比的短剑，就藏在那条烧熟的鱼腹之中（后称鱼肠剑）。专诸来到王僚面前，猛然从鱼腹中抽出剑来，用尽全力对准王僚心窝便刺，利剑穿透三重铁甲，把王僚给刺死了。

那一瞬间，侍卫们一时没有防备，惊愕无比，待大家回过神来，专诸已把王僚刺死了。侍卫们这才一拥而上，专诸也被剁成了肉酱。公子光一声令下，早已埋伏在密室内的精锐甲士杀将出来，把王僚的侍卫们斩尽杀绝。

外面的兵马见大势已去，弃械投降，公子光自立为王，号为吴王阖闾。

专诸刺王僚的故事，在吴国是家喻户晓的。专诸背后的指使者就是阖闾。王僚身亡后，阖闾将他安葬在了狮山，狮山从此成了吴国臣民的禁地，唯恐踏入此山，被吴王阖闾认为是去祭祀王僚，以致惹上杀身之祸。

可是，有一个大臣例外，他备了香烛供品，公开登上狮山去凭吊王僚。这个大臣，就是刚被吴王阖闾拜为将军的孙武。

大家都替孙武捏了一把汗，认为他祭悼王僚的行为，简直是在捋阖闾大王虎须，无疑找死。孙武祭王僚的第二天，阖闾就将他宣进宫去，大家都认定大王要惩罚他，这才叫他去的。

结果却完全出乎人们的预料，阖闾召孙武去，很高兴地对他说了这么一番话："孙爱卿，寡人听说你的先祖在齐国做大夫，在政期间向民众收取赋税时，故意用小斗；而在向民众放贷时，故意用大斗，这是暗行德政于民，替国君收取民心。爱卿昨日上狮山，在寡人看来，用意和你的先祖一样，是在为寡人收取旧臣之心。朝堂中有不少王僚旧臣，他们对寡人是有怨气的，只是敢怒不敢言罢了。你公开前去祭王僚，寡人不予责罚，那班旧臣对寡人弑其故主就不会耿耿于怀了。朝堂无隙，君臣一心，吴国才会强盛。孙爱卿，你上狮山的一片苦心，寡人谢了。”

孙武非常欣慰，觉得自己没有看错阖闾。这位大王虽说使用了不大光彩的手段上台，但他毕竟是个雄才大略之君，洞察人事，深谋远虑，胸襟开阔，高屋建瓴。如果他对阖闾的为人、为君之道没有把握，他怎会贸然去狮山祭僚？

孙武又一次试探阖闾，加深了自己正确择主的信心，于是，他将聪明才智毫无保留地奉献给了吴王阖闾的大业。

妙招传干将

口述：杨惠仁，苏州市姑苏区人。
采集整理：王水根，苏州市姑苏区人，采集日期：1988年7月8日。张瑞照，苏州市吴中区人，2014年6月6日整理供稿。

有一天，吴王阖闾邀孙武谈论兵法。孙武知道，当今吴国对楚国开战在即，谋划何等重要，吴王最要听的是“作战”二字。于是孙武“投其所好”，以《兵法·作战篇》论述了速战速胜的重要性。

孙武说得滔滔不绝，听得吴王目瞪口呆、惊异不已，口中不住喃喃：“奇人！奇才！奇将！”孙武论述到结尾时，又说出一个新论点：反对以简陋的作战武器去攻克坚固的城寨，利兵先利器，善战的军队必备精良武器！吴王听到这里，情不自禁呼出声来：“旷世奇才！”

谈论兵法结束，孙武辞别吴王，跟随伍子胥出宫，刚走几步，被吴王叫住。孙武转过身，微笑着问：“大王有何吩咐？”吴王踱到孙武身边，亦笑说：“孙将军刚才所论，利兵先利器，说得极是，吾国在东郊城外，有一所专制刀剑之兵器工场，那里的领班是干将莫邪夫妇。他们近日禀告，说是在锻铸兵器时碰到一些困难，不知可否请将军前往巡视督导？”孙武领命，答道：“这是吾分内之职，明日即去。”

翌日，孙武在伍子胥引领下，来到吴国的兵器制作工场。孙武抬眼望去，四周松柏茂盛，郁郁葱葱，其间小溪密布、流水潺潺。孙武忍不住赞曰：“妙啊！是个精制兵器的好去处也！”

两人辗转走到一所工棚前，孙武又竖起大拇指，赞说：“壮哉，壮哉！”原来那工场规模庞大，纵横竟百丈有余，那里东南西北均有熊熊火炉，使用的鼓风工具——橐，居然要很多人合力方能操动。

孙武跟随伍子胥一边走，一边细心观察，还特地走到大炉近前，查看工匠的操作。只见一工匠从炉火中取出一柄通红的砍刀，往水桶中一伸，顿时“嗞嗞”声响起，一股雾气四散。工匠从水中提起砍刀，“哐啷”一声丢到刀堆里。孙武点点头，又摇摇头，略想一会，便走到工匠身边，大声问：“这砍刀好了？”工匠唯唯答：“尚需打磨，那是另一工棚之职。”

孙武并未接话，悄然走到刀堆前，拣起一把刀，左看右瞧，一会后，猛然举起砍刀，向一块青石砸去，只听得“咔嚓”一声，砍刀应声而断，一折为二。站在旁边的伍子胥吓了一跳，连退三步，嗫嚅问：“将军，这是何故？”孙武一笑，答：“无妨，伍相，吾只想试试这砍刀能否成为精良武器。”伍子胥哑然，领着孙武去见干将、莫邪。

伍子胥领着孙武走进一间草屋，只见屋内站着一位汉子，手中拿着一把断刀横看竖看，并不住地叹气。察觉到有人进屋，汉子回首，惊见是伍大夫，连忙施礼，问：“伍大夫，怎的到此？”伍子胥忙作介绍，指着汉子对孙武说：“这是吴国铸剑高手，名唤干将。另有其妻莫邪，亦是制刀能人。”

孙武连说三声“幸会”。伍子胥又指着孙武对干将说：“这位是大王刚任命的吴国上将军孙武。”干将忙施大礼，说：“上将军视察，不胜荣幸。在下早已听说将军博学多才，上知天文地理，下晓油盐柴米，请将军不吝赐教。”

孙武见干将手中拿着一把断刀，又是满脸愁容，忍不住问：“听大王说，近日铸剑锻刀碰到一些难题，不知能否化解？”干将叹口气，摇摇头，自语：“难呐！”

原来，干将所铸刀剑，锋利无比，吹毛立断，削铁如泥，可有个致命弱点，就是虽硬却脆，经不住砍杀，极容易折断。要是在战场上，刀剑折损不但会断送兵将性命，还将贻误战机。干将已经过无数次试验、改进，但尚未找到化解难题的良方。

孙武听罢原委，来回踱步，又取过干将手中的断刀细看，只见那断口细纹密布、纵横交叉。孙武将断刀用力一扔，只闻得“当啷”一声，断刀再次一折为二。孙武明白了，对干将说，或许是冷热过度、变化极速所致。

干将一听，这是内行话，心中甚是佩服，赶紧再次请教。

猛然间，孙武转过身，伸出一只手，朗声说出两个字：“菜油！”

干将不解，孙武详述：“刀胚从熊熊烈火中取出，突遇冰冷溪水，自然易裂。要是将溪水改换成菜油，冷却速度减慢，刀身当然紧固。”

干将茅塞顿开，豁然开朗。他兴奋得无以言表，竟忘形地振臂高呼：“上将军，吴国之神将也！”

伍子胥在旁，亦喜得眉飞色舞。

孙武忙说："干将大师，我想请大师把你的铸剑工艺广为传授，选择一个地方建一个吴国最大的铸剑工场，铸造出更多、更好的宝剑装备部队，不知大师愿否？"

干将应允，并在全国征召能工巧匠，选择地方建造冶铸工场。此后，一批又一批的锋利宝剑不断被推出，干将剑的名气越来越响。

如今的苏州相门，传说就是当年干将铸剑的地方。

唐《吴地记》记载："匠门，又名干将门。"《吴地记》作者还结合这里的地望记载说："东南水陆二路，今陆路废。出海道，通大莱，沿松江，下沪渎。阖闾使干将于此铸剑，采五山之精，合五金之英，使童女百人祭炉神，鼓金银不销，铁汁不下。其妻莫邪曰：'铁汁不下，宁有计？'干将曰：'先师欧冶铸剑之颖不销，亲铄耳，以然成物，吾何难哉？！可女人娉炉神，当得之。'莫邪闻语，投入炉中，铁汁出。遂成二剑，雄号干将，作龟文，雌号莫邪，鳗文。余铸得三千，并号作文剑。干将进雄剑于吴王，而藏其雌剑，时时悲鸣，忆其雄也。"北宋《吴郡志》引"门"下也云："门外有干将墓，后语讹为匠门。"《太平御览》引文相同，"门"下尚有"其言剑匠，因之名"。

孙武文化园——兵圣殿孙武塑像

第四编　南征北战立功勋

孙武为将后，深谋远虑，辅助吴王革弊变新，使吴国的经济、社会、军事全面发展，国势渐盛。

公元前511年，孙武以“三师肆楚”之计，指挥吴军攻克养城，擒杀危害吴国的掩余和烛庸两公子，控制了破楚北大门。公元前510年，出兵伐越，消除了来自南方的威胁。公元前508年，发起豫章之战，打开了破楚的中部通道。公元前506年，抓住战机，与伍子胥等一起率三万吴军，出其不意，迂回北上，联合唐、蔡两国之军（各一万），南下突袭，直捣汉水，一举掌握了战略主动权。继而诱敌于柏举决战，追击楚军于清发水，败援敌于雍澨，智取了楚郢都，五战五捷，打败楚军二十余万，将其兵法思想运用得出神入化，谱写了中国古代军事史上的辉煌篇章。

吴国实现了南服越人，西破强楚，威震北方晋与齐之霸业。孙武在南征北战中，充分显示了他卓越的军事谋略、杰出的指挥才能……

草场识真凶

口述： 孙金生，苏州市姑苏区人。

采集整理： 王水根，苏州市姑苏区人，采集日期：2012年3月2日。张瑞照，苏州市吴中区人，2014年7月20日整理供稿。

吴国强盛，意欲伐楚。是年初冬，吴王阖闾召见其视为左臂右膀的孙武与伍子胥，探讨破楚之战略战术。两位将相各抒己见，畅谈谋略，一致认为时机成熟，必操胜券。吴王听得连连点头，不住地重复说："正合吾意，正合吾意也！"

吴王对孙武说："常言道，兵马未动，粮草先行。孙将军，尔可到草料场视察一番，寡人听报近日那里并不太平。"孙武马上接口说："大王说得极是，本将明日即往。"

翌日，孙武遵照吴王的旨意，一大早就赶往草料场，伍子胥亦陪同前往。草料场地处吴国西郊，安在七子山山脚下，那里群山围绕，只有一条车路可行。孙武伍子胥策马赶到草料场，已是近午，那日光照得草料场的草垛泛出金光。停马下鞍，虽是初冬时节，两人却已是汗水涔涔、气喘吁吁。

早有兵丁通报草料场总管，那总管姓季名丙。季丙闻得两位将相亲临视察，赶紧整衣穿靴，连奔带跑急步赶到草料场门口。季丙“扑”地跪地，伏身说道：“两位大人到此，有失远迎，望多多恕罪。”

伍子胥摆一摆手，说：“起来吧，今有新任的孙武上将军视察，务必将一应事宜交代明白，开战在即，马虎不得。”季丙唯唯诺诺，说一声：“两位大人请！”便引着孙武、伍子胥走进草料场。

孙武举手遮阳，抬眼望去，只见这草料场规模大得吓人，纵观向前，一望无边；左右横向，不见边际。孙武暗暗惊喜，心中自语：“足矣，足矣！”孙武问季丙：“草垛可有多少？”季丙答：“五千有余。”孙武脸露喜色，不住点头。

忽然间，孙武紧皱双眉，指着远处几个黑乎乎的草垛，问：“那是……”季丙又“扑”地跪地，浑身哆嗦，讷讷答：“小人该死，那是几个草垛，连着几晚莫名其妙起火自燃，这火起得蹊跷，小人正在追查。”

孙武闻听，周身一凛，暗自思忖：开战在即，如若草料场起火，那后果不堪设想啊！孙武并未呵斥，而是轻声柔语地说：“季总管，你起来，将失火之前因后果细告吾听。”

季丙舒了口气，却不敢抬头，低声说：“请两位大人到屋内稍坐，待小人详细禀告。”季丙将两位大人安顿到兵营中，沏上好茶，恭手垂立在旁，也不言语。孙武呷了口茶，问：“季总管，你方才说这火蹊跷，不知可查明起因？”季丙不敢正视孙武，低着头，嗫嚅答："小人以为，这是近邻山民夜间偷盗草料，因举火照明而不慎引燃。小人已严加防范，夜间增设巡视，可……"季丙说到这里，欲言又止。孙武厉声问："可什么？"季丙续说："可收效甚微，昨夜又一草垛起火。众人皆说，这是……这是……"

孙武真的火了，提高嗓音，再问："这是什么？为何吞吞吐吐？偶然失火，尚可原谅，如隐瞒真相，罪不可恕！"

季丙听得惊骇，又"扑"地跪下，连说："小人不敢隐报，定如实禀告。"季丙将蹊跷事一一道来。

原来，五天前的傍晚，草料场里突然窜进一只毛色火赤的红狐，众兵丁见了，一哄而上追捕。红狐在草垛四周东奔西突、东躲西藏，没一会就没了影踪。就在兵丁四散寻找时，一位老兵丁忽然一拍脑袋，脸露恐惧之色，喃喃对众人说："莫找了，祸事要来了，那红狐定是传说中的火神，如惹它，必要出大事。"众兵丁听了，吓得都不敢追寻红狐。哪知，那老兵的话应验了，就在当天夜里，一个草垛竟然莫名失了火，隔天又烧了一个，昨晚草垛再次起火，幸亏众人合力，才将火救灭，未曾酿成大灾。

孙武听毕，与伍子胥对视一会，脸露惊疑之色。良久，孙武眼睛转了三圈，便对跪在地上的季丙说："起来吧！天下哪来火神之说，还是领吾等到现场去查看一番，再议。"

季丙应诺，唤来六个兵丁，领着两位将相走到被火烧过的草垛前。孙武围着一个草垛兜起了圈子，突然看见那草垛未着火的根基处有几根红色长毛，他伸手拣来，细细观看。

孙武又看了另外两个被烧的草垛，均发现了狐毛。此时的孙武似乎胸有成竹，他转过身，查看近处一个未曾烧过的草垛，亦见几根红色长毛在飘舞。看着看着，孙武突然对季丙说：“速命兵丁掀翻这个草垛，捉拿凶手！”

季丙听得一头雾水，又不敢抗命，便令兵丁从顶至基掀开草垛。六个兵丁战战兢兢，一层一层将草料掀到地上。待将近掀到垛基时，六个兵丁吓得大叫：“红狐！”其中两个还惊得跌翻在地。

孙武一望，果然是一只毛色发亮的红狐，那狐见人也惊，蜷缩在草堆里瑟瑟发抖。孙武一声令下：“拿下！”红狐束手就擒。

季丙和兵丁们跪地求情，说：“大人啊，这红狐是火神，千万捉不得啊！”孙武说：“尔等错了，这红狐才是真正的纵火凶手！”

季丙等不解，孙武细细告知。原来，这红狐出没于山间野林，长就一身红色长毛，在天寒之际，喜欢钻草堆取暖。可红狐有个习性，就是遇到外间响动，便会躲着浑身发抖。所以，红狐虽寻到草料场避冬，却被兵丁发现追赶，无奈之际钻进草堆，就周身不住抖动。哪知，其时天干物燥，红狐的剧烈抖索，擦出了火花（按现代科学就是静电起火），因而草垛便燃起大火。民间之传说称红狐为“火神”，其原因在于此。

伍子胥听得连连点头，暗赞：“真乃博学多才艺，草场识‘真凶’啊！”季丙等听如是说，怒从心头起，说要杀了这红狐。孙武不准，只说：“好生养着。”

从此，草料场就一直平安无事。

唯才应是举

口述：陆鸣涛，苏州市吴中区光福镇人。

采集整理：张瑞照，苏州市吴中区人，采集日期：1987年3月5日。2014年6月22日整理供稿。

有一段时期，吴王阖闾命孙武代行督造战船事宜。

吴国制造战船有两个工场，一个在舟山，一个在渔洋山，两地相距数里。孙武既要安排人去各地采伐木材，又要去两个工场监造，忙得不亦乐乎。

一天，孙武途经香山山麓的一个村庄，见村西有三个衣衫褴褛的年轻男子摆着个地摊。三个年轻男子长得各有特点，一个圆脑袋，一个四方脸，一个大鼻子。三人面前的地摊上有三块方正的小石，圆脑袋的年轻人见孙武走来，遂从口袋里取出一枚晶莹剔透的玉佩，面对围观的人言道："诸位客官，只要揭开石头，在下会讲一个故事，谁能答对故事里的问题，就可获得这块玉佩。如果答错，只要带在下和身后的两个弟兄去饭铺饱餐一顿。"一旁十多个围观的百姓交头接耳，议论纷纷，然而谁也没有去揭石头。

此时有个黑脸中年男子步至，一见“圆脑袋”手中的玉佩，要过一看，十分垂涎：“我也不答你的问题，愿意出五百钱币买下这块玉佩，以为如何？”“圆脑袋”连连摇头：“此玉佩为传家之宝，千金不卖。”

中年汉子大惑不解：“你们三个年轻人不就是要饱餐一顿吗？我出五百钱币把这块玉佩买下，你们手中有了钱，别说你们三人吃上一顿，就是天天喝酒吃肉，也够花上几个月。”“圆脑袋”狡黠一笑：“猜下故事里的问题，只是求得与人同乐，仅此而已。”

中年汉子见“圆脑袋”固执，看了看玉佩，搓了搓双手，俯身揭开了地上一块石头。众人移目一看，下面画着七块麦饼。

此时“圆脑袋”绘声绘色地说起故事：“有个楚国商人，中午肚子饿了，上饭铺就餐，不想店内没了饭菜，但尚有七块麦饼，于是他悉数买下，向店主要了一碗清水，一口气吃了四块，剩下的放进了口袋。请问先生，这个楚国商人身上如今还有几块麦饼？”

中年汉子忍不住哈哈大笑：“这么简单的问题，就连三岁的娃娃也算得出，还难得倒你大爷？”“圆脑袋”身后的“四方脸”、“大鼻子”几乎是异口同声：“大叔，你既然知道，那就说吧。”

中年男子不假思索：“七块麦饼吃了四块，如今楚国商人身上还有三块！”

“圆脑袋”“嘻”地一笑，双手一摇：“不，他身上还是七块，即肚子里四块，口袋里三块。”

中年汉子一时呆若木鸡，嗫嗫嚅嚅，不知所云。

“圆脑袋”把手一拱：“大叔，看你是个有钱的主，今天请我等去吃顿大餐吧。”中年汉子倒也豪爽，从口袋里掏出十枚钱币，“锵啷”一声抛给了“圆脑袋”：“鄙人有事，这几个钱足够你们三人去饭铺里喝酒吃肉啦。”言罢，朝一旁看热闹的孙武看了一眼，垂头丧气而去。

“圆脑袋”、“四方脸”、“大鼻子”三个年轻人正欲收起地摊去饭铺饱餐，孙武忍不住上前一步：“且慢！让我来揭石答题。”正中“圆脑袋”、“四方脸”、“大鼻子”下怀，连连点头。

“圆脑袋”打量了下孙武，指着地摊上的石头，开了口：“先生，那你就揭开石子吧。”

孙武俯身用手揭开一块石子，只见石子底下画了七匹野狼。

“圆脑袋”望了下孙武，说出了以下的故事：

“有一猎人，是个神箭手。一天，他持了弓箭去森林里打猎，走着走着，看到面前山坳里有七匹野狼，于是取出利箭，张弓拉弦射去，‘嗖嗖嗖嗖’射出四箭，箭箭命中野狼，野狼先后应声倒毙。请问先生，现在山坳中尚有几匹野狼？”

孙武一听，心想里面变数很大，知道有诈，所以略一思考，启口答道：“这里面有两个答案，你叫我把两个答案一一说出？”“圆脑袋”和他身后的“四方脸”、“大鼻子”听了，脸色刷地陡变，知道来者不善，遇上了对手，仗着自己人多势众，“圆脑袋”漫不经心，双肩一耸，言道：“我只要你说出一个答案。”

孙武知道，不说，这三位年轻人一定会诬言自己无信，可如果说了，正中他们下怀。为此他想了想，留了一手："那我就按常规说吧，山坳里应该还是七匹野狼，四匹死狼，三匹活狼。"

"圆脑袋"哈哈一笑："先生，射死了四匹野狼，应该还剩四匹，你怎么说还有七匹呢？"

"四方脸"、"大鼻子"几乎异口同声："七匹野狼，射死了四匹，还有三匹看到四个同伴死了，撒腿逃了，所以山坳里只剩下四匹死狼。"孙武道："两位兄弟之言差焉，野狼是合群动物，当它们见到同伴被人射死，非但不会逃跑，反而会觅寻射箭猎户，前去攻击，为同伙报仇……"

"圆脑袋"一听孙武的话，知道被看出了破绽，强词夺理："先生，你没问我这七匹野狼是成年狼还是幼狼就贸然答题，我说的是幼年野狼，一看到同伴被人射死，自然撒腿逃命，所以山坳里留下的是四匹死狼……哈哈哈……"孙武道："那你也没说出是成年狼还是幼狼，这岂非你错在先？"

"圆脑袋"道："如果我说出了，不就告诉你答案了。你输了只是请我们弟兄吃顿饱饭，而我输了，要把这价值连城的玉佩给你，世上哪有这样的好事？"孙武知道这三位年轻人设下的是一个圈套，无论自己怎么回答，他们都会自圆其说，所以不吱声了。

"圆脑袋"此时双手一拱，言道："那你得请我们三人吃饭啰！""四方脸"、"大鼻子"见孙武沉吟不语，纠缠不休："看你穿得衣冠楚楚，不会是不讲信誉赖账了吧？"

看热闹的闲人跟着起哄："输了不认账，真不知羞。"

孙武无奈，掏出十枚钱币，递给了“圆脑袋”，转身就走。刚走几步，迎面走来了伯嚭。

伯嚭原是楚国大夫伯州犁的孙子，祖父被诛，逃奔吴国。因他会奉承溜须，所以深得吴王阖闾宠信，把他提为大夫重用。

伯嚭见了孙武，施了个礼，嘿嘿一阵冷笑：“孙将军，想不到你善于用计，却败倒在这三个无名小卒的手里。”孙武见到伯嚭，感到蹊跷，佯作不以为意，回敬了一礼：“伯嚭大人，你可知民间尚有一句俗语，胜败乃兵家常事，何况是在民间与人答题取乐？”言罢，甩袖径自拔步而走，头也不回。然而此时“圆脑袋”、“四方脸”、“大鼻子”三个年轻人却乐得拍手拍脚大呼：“惯于用计、肚中无计，徒有虚名、真不要皮……”

孙武听了，不是滋味。

孙武在西太湖畔制造兵船，任务繁重，想招几名管理人才作为助手。伯嚭知道了，向他推荐了名字分别唤金鑫、林森、马骉的三个年轻人，末了说：“这三人不但能算会写，而且聪慧能干。”孙武初来乍到，见伯嚭荐才，一口答应，但要求这三人至他那里面试后方能定夺。

不久，金鑫、林森、马骉三位年轻人如约到了渔洋山应试。孙武一看，这三人正是在香山摆地摊的年轻人，“圆脑袋”叫金鑫，“四方脸”叫林森，“大鼻子”叫马骉，不由蹙起了眉尖。面对这三个年轻人，孙武依然按照常规标准对其进行了测试。不想，正如伯嚭荐举时所说，这三人果真机智过人，对孙武提出的一个个问题，对答如流。然而孙武没有当场表示任用，而是吩咐金鑫、林森、马骉回家听候通知。

金鑫、林森、马骉刚走不久，伍子胥匆匆赶来，对孙武直言：“伯嚭心术不正，诡计多端，他推荐的人，断然不能启用，何况这三人前些日子当了众人之面羞辱于你。”孙武不以为然：“先人有云，小疵不足以妨大美。虽然那天这三个年轻人行为不端，可我总觉得是受人所唆，纵然真是有瑕，只要用心去改，依然是块可塑之材。”

伍子胥走后，孙武派出了阿羊、阿牛、阿龙三个部下，先后去香山村南、村北、村西了解金鑫、林森、马骉平素的为人。

三天后，阿羊、阿牛、阿龙三人把去村里了解到金鑫、林森、马骉的情况回来向孙武禀报。

阿羊调查的是金鑫。他到了村南，村上人一提起金鑫，大家几乎异口同声地说，金鑫这个年轻后生，家中生活宽绰，一遇到荒年灾月，乐善好施，烧了稀粥施舍给村上穷人果腹。到了寒冬腊月，做了棉衣给村上无御寒之衣的穷人送去。

阿牛调查的是林森。他到了村北，村上人一提起林森，大家交口称赞。林森出自书香门第，勤奋好学，长大后识字断文、满腹经纶。村上孩子拿不识的字、看不懂的句子去问，他总是热忱施教，诲人不倦。平素施恩布德，又仁又义。村上人发生了争吵，前去他那里调解，他公正断事，为此被人称誉为帮“理”不帮“亲”的铁脸汉子。

阿龙调查的是马骉。他到了村西，见马骉带了一帮年轻人在舞刀弄棍。观看的人有男有女，有老有少，阿龙遂向村上人打听马骉平素之为人。村上人津津乐道：他是个能文能武的年轻后生，种田之余，教村上年轻人学文，与年轻人切磋武艺，为村民保家护院。

孙武听了部下阿羊、阿牛、阿龙的话后，二话没说，立即启用了金鑫、林森、马骉三人，并通知他们即日赴任。

金鑫、林森、马骉三人至孙武那里报到，怯怯不敢多言，如鼠骇猫一般。孙武道："想当初你们个个伶牙俐齿、口若悬河，怎么时隔几日却畏首畏尾？""圆脑袋"金鑫羞愧不已，"扑"的双膝跪下："孙大人，那天在香山山麓是预先排练的一场戏，万望恕罪。"林森、马骉也先后"扑"地跪地求饶。

孙武如入五里云雾之中，当听了金鑫、林森、马骉从头至尾一说，恍然大悟，忍不住仰天大笑："过去的事如吹过的风、飘过的云，不用放在心上。"

吴王阖闾得知金鑫、林森、马骉三人曾经当着众人之面羞辱了孙武，而如今孙武依然委以重任，感到不解。一天，他问孙武："孙爱卿不责三人已为大度，却还要收在身边当助手，岂非咄咄怪事？"孙武答道："先人有云，举贤不避仇，唯才是举。金鑫、林森、马骉是既会写又会算的能人，村上人对他们平素为人赞扬有加，理应知人善任。"返身对站在一旁的伯嚭道："谢谢你的举荐。"

伯嚭的脸一会儿红，一会儿白，支支吾吾，半晌才言不由衷道："为国荐才，责无旁贷。"

事后，伍子胥问孙武："金鑫、林森、马骉三人真是你所说的仁义之辈？可他们怎么做出羞辱于人、诈骗他人钱财的勾当？"孙武耸肩一笑："唆使金鑫、林森、马骉三人的人是伯嚭。"

伍子胥一脸不解："怎么会与伯嚭有关？"孙武终于说出事情真相："经你举荐，我被大王任为制作战船的大夫，伯嚭妒忌，为了让我出丑，于是撺掇金鑫、林森、马骉在我必经之地香山村东设下圈套，当众羞辱于我。这三个年轻后生以为我与伯嚭同朝为官，钩心斗角，是一丘之貉，所以欣然允诺。"

伍子胥还是一脸迷茫："那个黑脸中年汉子是谁，不是受了这三人蒙骗，白白损失了十枚钱币？"孙武道："这个中年汉子其实是伯嚭的门生，只是当初羞辱鄙人的一个托而已。"

伍子胥恍然大悟，然而总觉得金鑫、林森、马骉三人以下犯上、身负罪过。孙武坦然言道："伍大人，君子应记人之善，忘人之过。时下吴国用人之际，容当唯才是举。"伍子胥见孙武有如此坦荡胸怀，不由得肃然起敬。

事后，吴王阖闾命人书写了孙武"唯才是举"的四字，镌刻在渔洋山石壁之上，昭告天下。越国灭亡吴国后，伯嚭生怕越王勾践看到阖闾命人刻的字生气，吩咐人偷偷把字凿得一个不留，但"唯才是举"四字留在百姓心间，代代相传。

巧练护卫军

口述：陆鸣涛，苏州市吴中区光福镇人。
采集整理：张瑞照，苏州市吴中区人，采集日期：1986年9月1日。2014年6月18日整理供稿。

一天，吴王阖闾召孙武入吴宫问计："先人有云，千军易得，一将难求。吴国将才甚少，如何选拔为我所用？"孙武回答："相马以舆，相士以居；选才宛若凿石索玉，剖蚌求珠。"

吴王阖闾听了，频频点头："寡人为了选才，曾派人四处揽才，倒也相中了姬明、顺岚、郝彪三士，可这三人虽有一技之长，但弊病倒也不少。为此，左右考虑，不敢贸然任用。"

孙武据实而言："大王所言极是。要成就千秋霸业，理应收罗天下英雄豪杰，弃其身上之瑕，为我所用。取士之方，必求其实，用人之术，当尽其才。求士莫求全，用人如用木。任有大小，唯其所能。"

吴王蹙眉沉吟一下，喝退左右，向孙武说出了积压在心头的话："在伍爱卿相助之下，杀了王僚，夺下王位已有三载，但保护王城的军兵一直没有调换，时间一长，成了老兵油子。"

阖闾的弦外之音，孙武心里明白。吴王是要自己训练出一支英勇善战的军队，而姬明、顺岚、郝彪是他中意之人，只是不敢轻易委以重任。

根据吴王之意，孙武遂从军队里挑选五百名士兵，尔后又从五百名士兵中精选七十五名。这七十五名年轻士兵中，既有官宦人家的子弟，也有将士之后，但大多是出身平头百姓之家的年轻人。他让其他四百余士兵正常操练，而把七十五名挑选出来的士兵分成三队，每队由一名体魄健壮、身材高大且又识字断文的年轻人担任队长，并把吴王荐举的姬明、顺岚、郝彪刻意安排在这三个队中。

姬胜、顺岚、郝彪三人虽然个子不高，但自幼识文练武，力壮如牛，均有一门独特奇功。平素五六个年轻士兵与他们只一个赤手空拳对打，不消一会儿工夫，就会被一一打翻在地。为此，队中士兵对这三人敬畏有加。

孙武觉得正如吴王阖闾所言，姬胜、顺岚、郝彪均是可塑之才。刨根一查，这三人一人是官宦人家之子，一人是将门之后，只有一人是平头百姓的孩子。因为这三人自恃本领高强，却没被委以队长，心中不满。孙武看在眼里，记在心里，伺机点拨。

一天，一队长根据孙武安排的操练课程执刀练武。操练了一会，姬胜站了出来，对一队长道："队中连你在内，二十四人一起前来与小爷比试如何？如能把小爷打翻在地，小爷姬胜天天给你们打水沏茶，洗脚倒尿盆。"一队长连连摇头："你是官宦人家子弟，俗话说，刀上无眼，要是在刀来刀往的厮打之中，伤了你皮肉，你家长前来与我兴师问罪，怎么办？”姬胜哈哈一笑：“小爷不会伤及你等，但你等只管朝小爷身上刺杀便是。如若小爷被刀伤及，绝不怪怨各位。”

一队长虽然知道姬胜功夫高超，空手能与五六人对峙，但动起真刀真枪，胜负难料。为了杀一下姬胜傲气，一队长对姬胜道：“既然你有此意，那不妨切磋一下。”言罢，率手下二十多名士兵执着雪亮朴刀摆开阵势，一齐扑向姬胜。姬胜十分沉着，见二十几把朴刀砍来，不慌不忙，挥舞手中家伙，一刀化三刀，三刀化九刀，九九八十一刀，只见刀光闪闪，不见人影，惊得一队长与手下士兵个个瞠目结舌。就在这一瞬间，姬胜收住手中之刀，往下一蹲，“呼”的一个金刚扫地，二十多名士兵“噗噗噗”先后倒翻在地。

姬胜乐得仰天大笑，道：“你们二十多人都敌不过小爷一人，日后你们练刀可别来唤小爷了。等你们谁能持刀前来与小爷决斗，把小爷败下阵去，再来唤小爷。”

一队长尚未点头，姬胜径自一走了之。

二队长是在训练射箭。轮到顺岚去射，他操起弓箭指着面前一棵垂柳对二队长道：“垂柳上有无数柳条，柳条上有不少叶片，你吩咐人在柳叶上做个记号，本侠站在这里连射三箭，如果射不中，你们只管处罚本侠。本侠鞍前马后，任其差使。”二队长道：“那怎么可以呢？你是将门之后，要是被你父亲知道，在下还有太平日子过吗？”顺岚道：“我说出的话一言九鼎，不关我父亲的事。但有个条件，如果三箭箭箭射中，请放本侠大假三天，让本侠逍遥自在地快活三天如何？”二队长举目一看，顺岚站的地方距垂柳足有百步之遥，再说，树叶随风飘舞，怎么可能射中其中的三片柳叶？二队长即令手下拿了黑墨，跑去前面垂柳上涂了三片柳叶，然后吩咐顺岚拔箭射柳。

顺岚不慌不忙，取箭搭弦，张弓“嗖嗖嗖”连射三箭，箭箭射中涂了黑墨的三片柳叶，令众人张口结舌，忍不住拍手齐声叫好。顺岚于是放下弓箭，向二队长拱手言辞，独自去了附近集镇上找了家酒铺，与人交杯换盏，喝酒逍遥起来。

郝彪所在的三队在勤练发镖。轮到他时，三队长给了他一枚乌镖，向他喋喋不休地讲授发镖要领。郝彪“扑哧”一笑，道：“三队长，这么容易的事，你嘟嘟点啥？今天不是要每人发十枚乌镖吗？命中三枚算是合格，你把它一齐给了好汉我不就得了。要是好汉我发不中靶，你只管指着好汉我的鼻子骂，罚好汉我每天给你和弟兄们搓背敲腿。要是击中了，在练镖的这段日子里，你就别对好汉我指手画脚了。”言罢，也没等三队长点头答应，使劲“嗖嗖嗖”连续向远距五十步的靶心发去。令众人惊诧不已的是，这一枚枚乌镖，不偏不斜，镖镖命中靶心。众士兵齐声喝彩。郝彪得意扬扬，耸了耸肩，对三队长道：“你和弟兄什么时候发镖能百发百中，再来唤好汉我训练不迟。”言罢，扬长而去。

三个队长见管不了姬胜、顺岚、郝彪三个部下，生怕日后被上峰知道后担责，先后到孙武帐中禀报。孙武道：“你们把这三人唤至这里，我自有话说。”三个队长于是派人寻找到了姬胜、顺岚、郝彪三人，把孙武将军的话捎给了他们。

姬胜、顺岚、郝彪知道孙将军治军甚严，不敢有半点怠慢，立马拔腿匆匆赶去了孙武帐中。

孙武对他们三人说："听你们队长说，姬胜舞刀能力敌二十余众，顺岚射箭能百步穿杨，郝彪发镖能镖镖命中，均是出类拔萃的人才。今天我要亲眼见一下你们的独门奇功。"姬胜、顺岚、郝彪一听没有责怪自己，只是要他们三人表演一下技艺，为此沾沾自喜，跃跃欲试。

孙武言罢，便带着姬胜、顺岚、郝彪步至帐外。

一会儿，孙武手下拿出了朴刀、弓箭和乌镖，放在三人面前，然后道："我给你们六次机会，必须连胜，反之，说明你们尚须奋发图强……只能重新返回两里，老老实实听从两首调遣，否则，严惩不贷。"

姬胜、顺岚、郝彪不知孙将军如何安排赛事，心里没底，可都在想：凭着自己过人的武艺，与其他两人中的任何一个人过招比武，场场皆胜不在话下。

第一场比赛，孙武吩咐姬胜与顺岚比试朴刀。姬胜一喜，可顺岚不由一愣，虽然没有与姬胜交过手，但顺岚知他用刀如神。两人摆开阵势，姬胜持刀"霍霍"直取顺岚，顺岚只有招架之势，并无还手之力。你来我去，只打了五个回合，顺岚便败下阵来。顺岚惭愧不已。

第二场比赛，孙武令顺岚与郝彪比射弓箭，顺岚乐不可支。郝彪早闻顺岚神箭手大名，惴惴不安。顺岚取箭搭弦，张弓向箭靶射去，十箭箭箭命中靶心。郝彪取弓搭箭，十箭中勉强射中了两支。郝彪长叹一声，垂下了脑袋，一声不吭。

第三场比赛，孙武令郝彪与姬胜比发乌镖。这下，郝彪挺胸昂首，不可一世。姬胜望着靶心，一声长叹。郝彪取出乌镖，“嗖嗖”连续发出十支镖，镖镖命中靶心，而姬胜发出十镖，只中了两镖，八镖不是太高就是太低，不是太左就是太右。姬胜垂头丧气，没有半句言词。

第四场比赛，孙武令姬胜与顺岚比射弓箭，顺岚胜出。

第五场比赛，孙武令顺岚与郝彪比试发镖，顺岚败下阵来。

第六场比赛，孙武令郝彪与姬胜比试舞刀，郝彪没战三个回合，手中朴刀被姬胜一拨，“嗖”的一声，飞出丈余之遥。

六场比赛结束，姬胜、顺岚、郝彪步至孙武面前，你望我，我望你，谁也没有说话。三人见孙武一脸严肃地哼了一声，“噗噗噗”双膝下跪，齐声言道：“孙将军，在下自知错焉，望以治罪。”

孙武因势利导：“你们三人，在队长面前，一个自称小爷，一个自称本侠，一个自称好汉，自以为是，不可一世。你们可知，不学自知，不问自晓，古今行事，未之有也。想成大事者，务须不能则学，不知则问，虽知必让，能后为知；如人一能之，己百之，人十能之，己千之，方有作为。”姬胜、顺岚、郝彪羞愧不已。

孙武继而言道：“从以上六场比试中，你们三人也一目了然，自己不是全能之才，只是各有所长而已。为了扬己所长、补己之短，你们的不足之处就是你们日后奋发之方向。”姬胜、顺岚、郝彪连连点头称是。

孙武上前，俯身把三人一一扶起，语重心长道：“先人有云，人非圣贤，能者为师。”姬胜、顺岚、郝彪几乎异口同声：“回队之后，悉心练武，有朝一日，为国尽忠。”

孙武并没有把这三人再安插到队中，而是吩咐三人轮流去各队指导舞刀、射箭、发镖，并对他们说：“三个月中，把士兵训练成执刀必须舞刀自如、虎虎生风；射箭必须百步穿杨、百发百中；发镖必须镖无虚发、命中靶心……”

姬胜、顺岚、郝彪知道孙武令出如山，所以到了队中执教，不敢有半点疏忽，起早摸黑，教授士兵练刀、射箭、发镖。

三个月后，三个队的士兵个个大有长进，孙武于是把这些人安插于四百多人的大队伍中执教舞刀、射箭、发镖。

一天，吴王阖闾检阅孙武一年内训练出的五百名士卒。

孙武遂令顺岚带领五百名士兵射箭。百步之前，挂着一枚枚铜钱。顺岚把五百名士兵分成十批，五十人一组，一连十组，在百步之处张弓射箭，每批的五十支箭齐刷刷“嗖嗖嗖”射出，箭箭射中铜钱小孔。

阖闾心中一喜，遂问孙武：“爱卿，射箭命中率何以如此之高？”孙武道：“大王，这是因为当初训练时，设的箭靶为柳条。野外有风，杨柳飘舞，尚能击中，何况现在是静止不动的铜钱？”

接下来是舞刀。五百名士兵在姬胜带领下，手执朴刀舞起，只见刀光闪闪，霍霍生风，一刀接一刀，越舞越快，只见刀光，不见人影。吴王阖闾看得眼花缭乱，忍不住拍案叫绝。

最后表演发镖。五十步外设了木靶。五百名士兵分二十批，每批二十五人，每人手执十支乌镖。只听郝彪一声号令，一批士兵便取出乌镖“呼呼呼”发出，镖镖命中靶心……

吴王阖闾赞叹不已：“孙爱卿，名师出高徒，这五百名士兵如此武艺，少不了你悉心教授。”孙武道：“大王，其实教授之师是你引荐给为臣的那三人，为臣只是能者为上、扬其所长而已。”

吴王阖闾一脸不解。当孙武把一年前吴王曾推荐姬胜、顺岚、郝彪三人之事一说，阖闾恍然大悟，哈哈大笑。

孙武此时“扑”地下跪向吴王荐举：“臣以为，姬胜、顺岚、郝彪可以任命为五百士兵之首，率领此军，保驾护航。”

吴王阖闾大喜，立即起座，俯身把孙武扶起：“谢谢孙爱卿之良苦用心。”

孙武训练士兵的地方就在穹窿山北坡凤凰山麓。相传，吴王阖闾赐姓该军士兵为“吴”，因为有的士兵娶当地姑娘为妻，所以那个地方吴姓者居多。为此，后人把这个村唤作吴家村。

计破谍中谍

口述：陆鸣涛，苏州市吴中区光福镇人。
采集整理：张瑞照，苏州市吴中区人，采集日期：1987年10月2日。2014年7月18日整理供稿。

孙武拜将不久，一天，正在府中察看吴国地形图，忽听旅首伍阳子的兵丁来报，他们抓住了一个楚军探子，名字叫柯黑。孙武正要带着手下四名侍卫前去问个究竟，旅首伍阳子策马匆匆赶到。

旅首伍阳子是伍子胥的堂弟，在楚国时因伍家一案被株连，父母亲先后为楚王所杀，只身躲过楚军重重岗哨，翻山越岭，长途跋涉前来投奔已在吴国站住脚跟的堂兄伍子胥。伍子胥十分了解伍阳子，伍阳子为人诚实正直，干事雷厉风行；上战场，冲锋打仗，奋不顾身。他觉得伍阳子是个可塑之材，便将之推荐给了吴王阖闾。吴王遂任命他为旅首，赐他印信，让他带兵镇守穹窿山北麓的朱村。

孙武见到旅首伍阳子，便把他领入帐中，开门见山地问道：“获悉你旅抓住楚军探子，此人来穹窿山所为何事？时下关押何处？”伍阳子脸色阴沉，说话字斟句酌：“所抓之人柯黑，楚国昭关人氏，据卑职分析，探子至穹窿意为搜集吴国之兵力布防，如今关押在旅部之后的军牢之中。”

孙武呷了口兵丁端上的香茗，沉吟片刻，刨根问底：“你们是怎么抓住柯黑，又是怎么认定他是楚国探子的呢？”伍阳子于是像报账一样，一五一十地道：“此人挑着一副收破烂的担子进得朱村，在附近打探可有驻军。部下从村民那里得知此人行动诡秘，于是把他逮了起来。起初此人大呼冤枉：‘你们不该乱抓无辜黎民。’可当我问他为何打听我军布防时，那人道，前些日子他去了小横山收破烂，下面士兵搜去了他囊中之银，他生怕到了这里又遭此劫，所以，顺口问了一句。我差人前去小横山一问，果然有士兵干了此事。所以就放了他。可当他转身离去之时，卑职见天气炎热，他却穿了件厚厚的衣裤，觉得可疑，喝住了他，并令手下搜查。在他内穿的衣衫上，我们发现上面画了密密的山丘、河流以及星星点点的圈圈。卑职问他此为何意，如若不讲真话，军棍伺候。那人吓得脸如土色，支支吾吾……卑职觉得事关重大，于是令手下前来报告将军。”

孙武微微点了点头，看了一下四周，侍卫会意，退出帐外。孙武单刀直入地问伍阳子：“抓住楚国探子，对你来说是件喜事，怎么你自进帐至今，尽管你谈事有条不紊，但从你脸上可以看出，似有难言之隐？”

伍阳子听到这里，禁不住全身一阵哆嗦，“扑通”一下，双膝跪地：“孙将军，卑职有事前来找你，故意派了侍卫先来将军府上禀报，尔后又独个儿策马赶来。到了你这里，卑职几次欲言又止，有罪。”

孙武上前，双手俯身去扶伍阳子："这里没有他人，行此大礼干吗？"伍阳子跪地不起，仰起了脸，双目注视着孙武："您若不答应出手相救卑职，卑职此命休焉。"凛凛七尺铁汉，禁不住流下两行泪水。

孙武道："你与伍相国是患难弟兄，我与伍相国为生死之交，你只管起身对我说出实话，只要我能救，容当不遗余力。"

伍阳子这才站起身来，告诉了他今天一早发生的事。

早上，伍阳子按例升帐理事，可起身去取印信，只觉印信匣子轻得出奇，打开一看，不见印信，惊得半晌没语。他想，昨天还见印信放在自己卧室，怎么今天就不翼而飞了？要是没了印信，日后遇到战事怎么调兵？如若此事被大王阖闾得知，那是死罪。他正要查此印信下落，又生怕弄巧成拙，为此单身策马赶至将府。因为心事重重，伍阳子脸呈不悦，这给洞察秋毫的孙武看了出来。

孙武也为伍阳子着急起来："营中可有外人来过？"伍阳子摇了摇头。孙武又问："你离开印信匣子有多长时间？"伍阳子道："昨天卑职审讯抓来的柯黑只有半个时辰，晚上进家，印信匣犹在，但没打开去看，早上用印，匣中空空如也。"

孙武道："你旅中可有你仇家对头，或者与你貌合神离之辈？"伍阳子侧着脑袋想了一下，末了，摇了摇头："卑职在旅中任职已有三载，对待士兵情同弟兄，处理公务秉公办事，从未得罪过人。"

孙武道："盗你印信者，欲置你于死地，对你非仇即恨，你不妨再仔细想想。"伍阳子搜索枯肠，还是想不出欲将自己置于死地而后快的仇家。

孙武道："近日你可有在言词中无意得罪了下属？"伍阳子"哦"的一声，终于想出："昨天操练士兵时，卑职在五卒看到三个士兵使枪无力，遂从一士兵手中要过一杆枪，训斥道：'平素勤练刀枪，为的是日后上阵与敌交战。今天你们三人打我一个，胜了，放你们一马；输了，罚你等三人进大牢反省。'尔后我与这三个年轻士兵交手，只打了三四个回合，就被卑职打得趔趔趄趄，只有招架之势，没有回手之力。于是卑职对五卒首宋胡子斥道：'兵弱乃卒首之故。'言罢，卑职甩袖而去……将军，难不成五卒首宋大胡子……"

孙武不加置否地说："时下只是猜测而已，不作为凭。"伍阳子叫起屈来："卑职平素对旅下五位卒首不薄，如若上峰对卑职嘉奖，卑职定与他们分享……将军，让卑职立马把他叫来，问他宋胡子，卑职所言的'兵弱乃卒首之故'这句话，错在哪里，他居然要对卑职下如此毒招！"

孙武连连摆手："宋胡子是否是窃印之徒，尚无证据，你岂可妄加论断？"伍阳子长叹一声："事到如今，孙将军你看如何才好？卑职总不能坐以待毙？"

孙武蹙眉沉思片刻，遂对伍阳子轻声说了几句，末了言道："你如今只有这样，印信兴许会……"伍阳子半信半疑。

伍阳子听了，向孙武告辞，策马赶回穹窿山朱村，按照孙武吩咐，令亲信去家中后院伙房，半个时辰后点火烧禾。言罢，伍阳子便召集手下五位卒首至府中大厅议事。议了半个时辰，后院传来一阵呼喊之声："伙房起火啦，快来救啊！"伍阳子家丁纷纷拿着盆子、木桶等家伙，前去取水扑火……急急忙忙，呼声连连。

伍阳子遂对手下五位卒首道："今天议事就到这里。"五位卒首欲去扑火，伍阳子道："且慢，待我与你等一起前往。"言罢，奔进内室，取了印信空匣，奔了出来，当着众卒首之面塞给了五卒卒首宋胡子："你给我保管印信，我与四位兄弟前去救火……"言罢，转身撒腿而走。一卒首、二卒首、三卒首、四卒首跟了旅首奔去伙房。

要说这匣内印信，真是五卒卒首宋胡子所窃。当他拿到伍阳子给他的印信匣子，手中一掂便知是个空匣，嘴唇嚅动一下，却未启口。旅首率众卒首离去，他想，等会儿伍阳子回来，若见匣中没有印信，必定拿他是问，此时自己有口难辩……他越想越怕，见左右无人，撒腿往家走去……

再说，伍阳子与一卒首、二卒首、三卒首、四卒首扑灭伙房之火返至大厅，只见五卒首宋胡子手捧着印信匣子还待在那里。只见他头上汗水淋漓。此时，伍阳子遂从他手中取过印信木匣，掂了一掂，言道："五卒首辛苦了。"宋胡子道："卑职只是为伍旅首你保管印信匣子而已，与众位前去奋力扑火相比，不足挂齿。"伍阳子哈哈一笑："那你怎么还头上直冒汗水。"宋胡子语无伦次："天气炎热，天气炎热而已……"

伍阳子拿了印信盒，一身轻松，禁不住喜上眉梢。

第二天，孙武带着四个侍卫策马赶至朱村。伍阳子告诉孙武，用了他教给自己的法子，印信已经物归原主。末了，他问孙武："孙将军既然洞察到五卒首为盗窃印信之徒，你为何不令卑职当场拿他是问？”孙武解释道：“昨天你叫五卒首宋胡子交出印信，如若他死不承认，拒不交代印信藏在何处，我们一时又寻找不到，宋胡子情急之下，要是把这印信丢入太湖，岂不是不可收拾？”

伍阳子还是一脸不解：“卑职给他空印信匣时，心里没底，然而他怎么不当场言明此匣中没有印信？”孙武道：“五卒首宋胡子当然知道匣内没有印信。如若他一拿到手就说此乃空匣，岂非不打自招？为此他做贼心虚，只能拿着空匣回家，把印信放入匣内，乖乖归还于你。”

伍阳子恍然大悟：“怪不得卑职与四位卒首救火返回帐中时，见他气喘吁吁，头上汗水直淌。”

事后，孙武与伍阳子商议审讯柯黑和军中之事。伍阳子想到了什么，遂道：“近日营中经常发生卒与卒之间为了一点琐事斗殴的事件，我细细查了一下，许多事都与宋胡子多少有染……”听伍阳子这话，孙武骤然蹙起双眉：“军中出现此类之事，万万不可小觑。现在我在想，这个宋胡子难道仅仅是因为你训了他几句而窃你印信，欲置你于死地？他会不会是个心怀叵测之人……所以，我等务必查个水落石出。”

伍阳子问道：“他身居卒首，要是查错了，动摇了军心，吴王知道了怎么了得？”

孙武献上一计，末了言道：“不妨如此，是马是骡，牵出来溜一下，不就真相大白？”

孙武与伍阳子商量之后，便通知众卒首一起至伍阳子帐中提审柯黑。

柯黑被士兵从大牢押至大帐，还未等人提审问话，便大声呼冤。孙武道："你说自己是个买卖破烂的平头百姓，可内衣衫上画着的山水地图恰与吴国地图相当，意欲为何？"柯黑涕泪满脸，说道："鄙人信手随便画画，怎么会遭来如此大祸……"

孙武见一时问不出什么，便对伍阳子与五位卒首道："今天我手中有事，审到这里，明天你们继续审讯，一定要弄个水落石出。"言罢，遂与手下四名侍卫出得营帐，策马返回将军府。

第二天，伍阳子根据孙武之计，嘱咐人在帐中的案几上重新铺了块布帘，命自己的一个亲信拿了笔、简，藏入台桌底下，然后令五位卒首至旅首帐中。当士兵把柯黑押入帐中，伍阳子开始问案。不想柯黑又呼天抢地地连连喊冤，伍阳子道："大胆探子，你敢抵赖，快快招出你和你的同党，如若不招，军棍伺候……"随即便去拔案几之上的令箭。

柯黑一见，吓得全身哆嗦。

正在这时，孙武手下的侍卫进帐来报："孙将军到，请留下一名卒首继续审理疑犯柯黑，请您偕其余四位卒首前往大庭议事。"

伍阳子对宋胡子道："你继续审查这厮，我与其他四位卒首前去帐后大厅见孙将军。"言罢，径自拔步出帐，四位卒首尾随其后，鱼贯而出。

众人一走，帐中只剩下五卒首宋胡子和柯黑两人。五卒首见四下无人，起身步至柯黑身边，悄声言道："你是怎么干事的，落到伍阳子手中？"柯黑叫起屈来："是运、是祸，我又不会未卜先知，也许是他的部下歪打正着，我活该倒霉。望你无论如何要救我了，否则，我临死也要抓个垫背之人。"

宋胡子一听，打了个寒战："那你得承受住伍阳子的军棍，他怎么打你、哄你，你也不能承认自己是楚军派来的探子，更不能说出我与你是穿一条裤子的同党。过了这关，我自然会想方设法放你逃生。"柯黑鸡啄米似的点头称是。

一番交代之后，宋胡子松了口气。

一会儿，孙武、伍阳子与四位卒首一起步进大帐。孙武开口问宋胡子："五卒首宋胡子，柯黑这厮招供了没有？"

宋胡子道："孙将军，卑职审问了柯黑，可他坚持说自己不是楚军派来的探子，为此，卑职认为兴许他当真不是……"

孙武不动声色："是还是不是，等会儿自会见分晓。"伍阳子于是对着案儿道："里面之人，出来吧！"

话刚落音，从案儿布帘下钻出一人，将书写的书简呈给了伍阳子。伍阳子浏览了一下，递给一旁的孙武。

孙武一看，犀利的目光直逼宋胡子："你这吃里爬外之徒，还在这里装腔作势。快交代勾结楚军，刺探我军兵力布防的罪行吧。"

宋胡子自知身份败露，斜眼瞪了下一旁的探子柯黑，"唉"地长叹一声，"扑通"一声跪地认罪。

五将八城门

口述: 张和乐,苏州市高新区浒关镇人。
采集整理: 张瑞照,苏州市吴中区人,采集日期:1987年4月30日。2014年5月28日整理供稿。

苏州穹窿山北首有座无名山,驻扎着一卒(古时五人为伍,五伍为两,四两为卒,即百人)士兵。一日,孙武坐帐,听探子禀报:那里的卒首自以为兵强马壮,疏于训练。孙武一惊,轰然站起身道:"疏于训,必懒散,此乃军中大忌。"遂与一旁义弟正雷耳语了几句,即对手下侍卫道:"走,去无名山!"

无名山卒首为一个力拔千钧的大力士诸雄,原是个杀猪的屠夫,后来从军,登上了卒首之位。诸雄手下四两人马,他与四位两首撮土为香,结成异姓兄弟,四位义弟分别改名为大雄、次雄、三雄、四雄。诸雄是专诸的堂弟。专诸曾刺杀王僚让公子光(阖闾)登上王位,建有奇功。作为堂弟的诸雄于是养成了专横跋扈的习性,天天与四位两首、义弟吃喝玩乐,花天酒地。

孙武与八名侍卫策马至无名山,果然见诸雄与手下喝酒的喝酒，赌钱的赌钱，一片乌烟瘴气。

诸雄见孙武前来，立马丢下酒盅，拱手言道："孙将军光临，卒首诸雄有失远迎，失礼失礼。"

孙武见诸雄与大雄、次雄、三雄、四雄个个满嘴流油，一股酒气，十分反感，但他不露声色，言道："我去了各地视察，途经这里，随便看看。"

诸雄笑容满面："既然孙将军无事，不如在这里喝上几盅。"言罢，便吩咐大雄、次雄前去酒窖拿出酒来，还吩咐三雄、四雄："你们两人给我在附近村落买些鸡、鸭……"

诸雄又道："孙将军初来乍到，一定与你喝个痛快，一醉方休。"

孙武也不推辞，坐了下来。半个时辰之后，大雄、次雄从酒窖里把酒坛端进了帐，三雄、四雄在村里买了家禽家畜，杀了烹饪之后，端上了台桌。

喝了一会酒，孙武对诸雄道："先人有云，赳赳武夫，公侯干城。其意为做了公爵、侯爵的武官，要像盾牌和城墙一样地保卫国家。"

诸雄道："卑职从军就是要学习堂兄专诸之志，一心为吴王阖闾效忠。"四雄异口同声："卒首胸怀报国之志。"

孙武点了点头："兵应以其疾如风，其徐如林，侵掠如火，不动如山。"诸雄知道孙武话中有话，站起身来道："只要一声号令，卑职就会率手下士兵，以一当十，冲锋陷阵，在所不辞。"大雄、次雄、三雄、四雄呼声连连："卑职时刻听从将军召唤。"

孙武频频点头："不愧为专诸之堂弟，时刻准备舍生取义，精忠

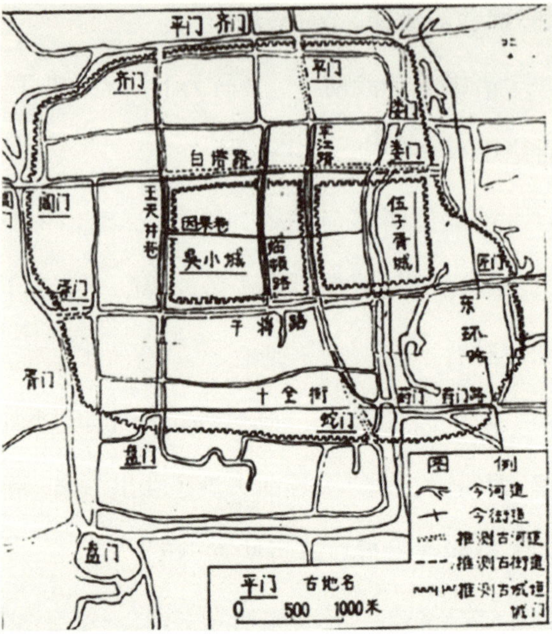

报国。”诸雄与大雄、次雄、三雄、四雄听了，喜不自禁。

正在此时，正雷策马至无名山，到了帐中，向孙武禀报：“得探子来报，昭关有千余楚军侵入我疆土……”孙武一听，丢下酒盅，轰然站起：“兵贵神速，理应立即应战。”他蹙眉一思，遂对诸雄道：“你刚才不是向本将军扬言，手下士兵能以一挡十？令你半个时辰内策马前往，不得有误。”

诸雄一愣。孙武大脸一沉，大喝一声：“听到没有！”诸雄如梦初醒，立即对四位两首大雄、次雄、三雄、四雄道：“愣着干吗，快令手下前往昭关！”

昭关距吴国数百里，孙武亲率诸雄一卒，长途跋涉三天，到了昭关。孙武见前面一片森林，令众士兵安营扎寨。森林之间有块空地，四处野坟一个挨一个。因出发时匆匆，没带粮食，孙武令诸雄留部分士兵看守营地，其余人入林中觅食。这些士兵早已饿得饥肠辘辘，看到野兔就打，见到野果就采，有的实在找不到吃食，便挖野草、捕游蛇、挖地瓜，拿回营地，砍来柴禾煮烧。煮熟之后，饥不择食的士兵狼吞虎咽。

一连几天，孙武令诸雄率兵日里潜伏在林中，夜晚于土坟丛中的帐房歇息。没有粮食，便四下林中狩猎，下湖捕鱼，采摘野果、野菜充饥。到了第七天，孙武听得探子来报，楚军千余人马为刺探虚实而来，现已返回，孙武这才下令撤军。

回到吴国之后，孙武把诸雄和四个两首叫了去，道："你们是士兵之首，身为首长，理应先行一步，学习奔跑。"五人一听学跑，耸了耸肩，轻松一笑，不以为意。诸雄道："我们五人跑至三百余里，宿在尸骨堆里也不吭一声，还骇练习奔跑……"

孙武听了诸雄等人之言，微微一笑，咐人牵出了五条狼狗。五条狼狗又高又大，凶猛异常，瞪着血红双眼，伸着长舌，一出铁笼，便"汪汪"吠叫不停。这把诸雄等人吓得半晌无语。

孙武道："你们五人在前面跑，这五条狼狗在后面追。没被狼狗咬着，你们才算合格。"诸雄道："这家伙四蹄奋起，跑得这么快，为什么非要叫狼狗追我等？"

孙武道："今天锻炼你们跑，实为日后打仗时实用。要是腿足一不利索，日后被敌军追杀，必会死于乱刀之下。如若此关不通，能谈何事？你们五人为首，以后在你们五人带领下，人人都得过这关。你们谁敢言个'不'字，军纪论之。"诸雄与四位两首噤若寒蝉。

诸雄与四位两首天天一早锻炼跑步，跋山涉水。本来这五人就身强力壮，十天过后，便到孙武那里要求一试。

孙武二话没说，在五人裤带上系了一块肉，叫他们先跑五十步，尔后，从铁笼里放出五匹已经饿了两天的狼狗。狼狗一被放出笼子，看到前面五人腰上系有肥肉，垂涎欲滴，奋开四蹄直蹿过去。赤手空拳的诸雄与四位两首见到饿狗扑来，异常恐惧，拔腿跑得如飞。

眼看五人要被狼狗追上，孙武令人策马赶了上去，喝住狼狗。狼狗不依不饶，紧盯诸雄等五人不放。策马士兵从马背上抛下一块块猪肉，五条狼狗这才停止了追赶，返身去夺马上抛下之肉。

三个月之后，这些狼狗尽管奋蹄猛追，还是追不上诸雄等人。诸雄与四位两首终于过了这关。孙武于是令四位两首用同样的方法去训练五伍伍首，然后全面铺开。

过了一段时间，孙武又令诸雄与四位两首把百根钓鱼竿子发给士兵，使其至太湖边去垂钓，谁钓的鱼多，奖一钱币。诸雄与四位两首带着士兵一起于湖边钓鱼，心情浮躁，一天钓不到几条小鱼。时间一长，他们静下心来，掌握了钓鱼窍门，除了用饵诱鱼，也静心观察鱼群出没的规律，渐渐地，鱼篓里的鱼多了起来。

孙武用垂钓培养士兵细心、耐心和冷静。

一次，楚国一支万余人的队伍举兵侵吴，从昭关欲挥师向东。吴军探子得知，快马加鞭至霄汉宫，向吴王阖闾禀报。吴王正要点将抗御，孙武道："不如先用诸雄一卒士兵打先锋。"

吴王阖闾言道："据报，楚军万余人马来犯，你却出动刚训练出的一个卒的兵马前去，岂不是以卵击石？"孙武道："我军仓促上阵，凶多吉少，而诸雄手下一个卒的士兵已训练年余，此时正是他们为国效力的时候。他们如今虽然训练有素，但从未打过硬仗，若与楚军万余人马硬拼，当然必败无疑。为此，我把这卒人马当作一把利刀，插入楚军之中，待吴军大队人马整装上阵，这支队伍既可锤炼自身，又可拖住楚军，给吴军充裕的时间做筹粮应战的准备……”吴王半信半疑，但最后还是应诺孙武带诸雄手下一卒士兵前去昭关，应战楚军。

孙武率领诸雄一卒士兵日夜兼程，到了昭关，一会儿在东，一会儿在西，一会儿在南，一会儿在北，不与楚军主力作战，而是打击楚军小股部队。为了麻痹楚军，助长楚军的傲气，孙武在行军途中令诸雄部下丢下一些粮食、衣衫，并在宿营的地方留下一些盆、碗、筷之类的日常生活用品。楚军举兵前来，便做出仓促溃逃的假象。楚军以为孙武带的这支部队溃不成军，紧追不舍，一面频频向楚王报告大捷，放松了对孙武这卒部队的警惕。

孙武于是令诸雄与四位两首撤至不远处的高山密林之中。此山山势险峻，森林茂密，只有一条羊肠小道能够通达。而两座山丘之间有条大路，是个打伏击战的好地方。过了几天，楚军得知吴军在山上盘踞，即率千余人马包围上去。当楚军进入两座山丘之间的大路时，孙武一声令下，吴军居高临下，抛下山石。山石滚滚而下，被

1950年时苏州盘门图

击中的楚军士兵一个个应声倒下。楚军十分顽强，倒下一批，冲上一批。吴军储备的山石用光，楚军大喜，蜂拥而上，至五十米处，孙武令诸雄手下挥舞朴刀，自上而下直取楚军。楚军纷纷逃窜，死伤无数。楚军做梦也没想到，在这荒山野岭会遭到吴军的突然袭击，晕头转向，乱作一团。

楚军虽伤亡惨重，溃不成军，但到了山下，还死死守住道口，凭借小道之前有条河流，妄图困死吴军。

孙武在方圆几十里的山上迂回运动了几回，没找到出路。此时军中粮草已无，孙武遂咐诸雄令众兵在山中自寻食物。不到三天，出去的士兵找来的食物有山果、地瓜，还有野兔、野猪等。没有水，吴军便喝山中泉水解渴。

一日，探子来报，在山东绝壁处凭借山中树藤可以下得山去。到了晚上，孙武便率士兵按序下山。到了山下，迂回而撤。走了三四里路，只见前面有一支楚军部队拦住了去路。孙武见楚军早有准备，打消了强攻硬取的办法，避开这支楚军。到了上游，孙武令手下士兵往河中丢下一些头盔，顺流而去。楚军以为吴军潜水而攻，猛发利箭。当见河中头盔纷纷中箭，楚军士兵乐得哈哈大笑。

楚军正在得意之时，阵地背后，利箭如蝗射来，紧接着便是一阵惊天动地的喊杀声。楚军以为吴军增援部队赶至，顿时大乱，抱头鼠窜，死伤无数。

诸雄正欲率众乘胜追击，孙武却传令：“我们小股突袭，穷寇莫追，应迅速撤退。”孙武率领诸雄一卒士兵日夜兼程，三天之后回到吴国。

一卒士兵大挫楚军，致使楚军不敢贸然进犯，吴王阖闾大喜，重奖孙武。孙武却道："卒首诸雄和部下四位两首大雄、次雄、三雄、四雄功不可没，应予升迁。"吴王阖闾一口应诺。

阖闾城有八大城门、水陆两道。孙武对阖闾禀报："五将八城门。"吴王便问："此话何意？"

孙武道："诸雄和大雄、次雄、三雄、四雄为五将，镇守阖闾城八大城门。"吴王阖闾连连点头。

从此，阖闾城不但有围城河，还有五虎将率兵镇守，故当时民间有阖闾城"五将八城门，固若金汤"之说。

现今修复后的苏州相门城墙

面献攻楚计

口述：徐祥波，苏州市吴中区人。

采集整理：诸家瑜，苏州市吴中区人，采集日期：1988年5月20日。整理：张瑞照，苏州市吴中区人，2014年6月27日供稿。

吴王阖闾执政后，经过了一系列改革，国势逐渐强盛，吴国由此成了东南地区的一个强国。吴国具有了强大的经济实力，吴王阖闾开始把重点转向军事上的发展。他以楚国旧臣伍子胥为相，修法制以任贤能，奖农商以实仓廪，治城郭以设守备；以深通兵学的齐人孙武为将军，训练吴国的士卒，以适应与中原诸侯国作战的需要；整军经武，以此提高战术素养；加紧制作锋利的宝剑，以供战争之用。

一切准备就绪，吴王阖闾首先把矛头指向了强大的楚国。为了先给楚国点颜色看，公元前512年（周敬王八年，吴王阖闾三年），吴军在将军孙武的指挥下，攻克了楚国的附属国钟吾国（今江苏宿迁东北）、舒国（今安徽庐江县西），楚国对此也无可奈何，眼睁睁地看着吴国在那里称雄。

此时，吴王阖闾觉得伐楚阻碍已被扫清，于是在一次军事会上，提出了举兵攻楚的计划，并征求群臣的意见。吴王道："西破强楚，这是我们强国富民的一个重要方案，这个计划是否行得通，请各位大臣畅所欲言、各抒己见。"

吴王话音刚落，孙武第一个发言表示反对。他认为，战争是国家的大事，关系到军民的生死、国家的存亡，是不可不认真考虑研究的。接着，他根据当前吴国与周边各国的强弱形势及利害关系进行了分析。孙武申述："臣认为，当前我国民负沉重、兵丁疲劳，所以不可急于出兵，远征楚国的都城郢都（今湖北江陵西北），要等待时机。"

吴王阖闾始料未及，攻楚的计划竟会遭到将军孙武的反对，但贤明的他并没有生气。"那好，寡人就听从将军您的意见，暂时作罢。"

孙武又奏："臣认为可先采取'疲楚、误楚'的战略方针。"在一旁的伍子胥提出了他的建议，补充说道："我们可以将军队分成三支，每次用一支军队去袭击楚国的边境，轮番对楚军进行骚扰，以此引诱楚国全军出战。这就叫作'彼出则归，彼归则出'。与此同时，我们分兵攻打夷、潜、六等地，制造假象，楚军必定会增援。这样，既可以令楚军疲于奔命，又可以误导楚军。待到楚军疲劳不堪的时候，我们再大举进攻，这就叫作'亟肆以罢（疲）之，多方以误之'。"

伍子胥刚说完，孙武就接上口来："伍相这个主意出得好。采取'彼出则归，彼归则出'、'亟肆以罢（疲）之，多方以误之'的战术，虚虚实实，可行！但是，我们还要将这些战术进行完善和细化，'以正合，以奇胜'，切忌一成不变。"说到此处，孙武话锋一转，继续发表他的意见："当前楚国的弱点是执政者众而不和，且互相推诿，我们要抓住他们的弱点做文章，'以利动之，以卒待之'。在下建议，再增加一个'用间'兵法。间谍的方法，古有因间、内间、反间、死间、生间五种。因间，就是利用敌国的当地人当间谍；内间，就是利用敌国的官吏当间谍；反间，就是让敌国的间谍为我所用；死间，就是对外散布假情报，让我方间谍去到敌国；生间，就是获得情报，并能活着返回报告敌情的人。如果我们同时实施这五种用间方法，就可以使楚国猜测不透我们的真正用意。"

"将军此言妙也！"吴王阖闾听了孙武这番话，大加赞赏。散朝后，他专门把孙武留了下来。君臣相对而坐，边喝茶，边叙谈，十分投机。"将军，寡人向您请教如何'用间'。"

孙武说："大王要想预先知悉楚国的军情，首先要在思想上树立'三不可'的观念，就是不可祈求鬼神，不可用类似的事情去类比推测，不可用日月星辰运行的度数去验证。您一定要通过人，就是那些熟悉楚国国情、军情的人去了解。"孙武喝了口茶，继续说："间谍，自古就有，我在兵书里有讲述。我们搞军事研究的，要知道间谍的作用。在军队里，论亲密关系，没有比间谍更应该亲近的；论奖赏，没有比间谍更应该优厚的；论保密，没有比用间谍更保密的。如果我们要选用间谍，首先要有几个条件：第一，不是非常聪明富于智慧的人，不能使用；第二，不是仁义慷慨的人，不能使用；第三，不是精细敏锐的人，不能分辨出情报可靠程度的人，不能使用。还有，我们的用间行动尚未展开，而事先泄露出去了，那么间谍与所有听到秘密的人，都必须处死。这一点很关键，绝不能心慈手软。”

君臣促膝相谈，推心置腹，孙武将施用“用间法”的有关要领毫无保留地一一和盘托出，这使吴王阖闾深受启发且感激不尽。之后，在孙武、伍子胥、夫概、要离、伯嚭等群臣的谋划下，吴国制定并实施了“西破强楚”的作战方案。数年间，吴军运用孙子兵法，连年扰楚，迫使楚军被动应战、疲于奔命，实力大为削弱。随着形势的不断变化，吴国做了大举攻楚的准备，并以“用间”之法，把与楚有矛盾的蔡、唐两国争取过来成了同盟国，此举使楚国的北方门户洞开，为吴军日后避开楚军正面防守实施突袭创造了极为有利的条件。

孙武文化园——知兵殿

攻楚茶助胜

口述： 李春贵，张家港市乐余镇人。
采集整理： 李洲芳，今苏州市吴中区人，2013年整理供稿。

吴王阖闾九年，也就是公元前506年，吴王带兵攻打楚国。出兵之前，孙武建议吴王给每一个士兵发三两茶叶带在身上，并说明没有命令不许拆包，要听令而喝。

吴王采纳了孙武的建议。但是，有些将领和士兵不晓得其中奥妙，嘴上不说，可心里纳闷。有的认为带三两茶叶还不如带三两大米，因为茶叶对于打仗来说是可有可无、无关紧要的，说孙武是多此一举。但是，他们对吴王的命令不敢违抗，只得照办。

吴王的军队边打边进，楚国的军队边打边退，一直退到繁阳，就是现在河南新蔡北边的地方。楚军占据有利地势抵抗吴军，你来我往，一连打了七天七夜，双方的将士个个筋疲力尽。

就在这个时候，孙武请吴王下令烧开水，泡茶喝，三两茶要一次冲泡，连水带渣一次吃尽。这样一来，不要说没有喝过茶的士兵，就是平时茶不离嘴的将领，也压不住浓茶的威力，再疲劳的人也没有一点睡意，个个生龙活虎、精神抖擞。

吴王一看，原来孙武让士兵们带茶叶，是要让每个士兵战前提起精神，现在大家倦意全退，时机已到，就下令出击，杀向楚营。

疲惫不堪的楚军哪里抵挡得住，不到一个时辰，楚军被杀得丢盔弃甲，四散逃命，吴军大获全胜。

楚王在繁阳吃了败仗之后，成了惊弓之鸟，慌慌张张地把首都从郢地（今湖北江陵西北纪南城）迁往上鄀（今湖北宜城东南一带）。

吴军班师回朝，吴王喜笑颜开地说："将士们未吃浓茶之前像条虫，吃了浓茶之后像条龙。"跷起大拇指，称赞孙武高明。

茅蓬坞穹隆绿茶

借兵收夏粮

口述：李春富，张家港市乐余镇人。

采集整理：李洲芳，今苏州市吴中区人，2013年整理供稿。

传说，吴国有一块土地在现在的安徽境内，距离楚国的六安较近。这块土地原名叫太平圩，面积千亩左右，几度被楚军占领。

吴国几次派兵去夺回来，真是得而复失，失而复得，几出几进，几度易手，最后落在吴国手里。但是，太平圩的几百间民房在拉锯战中被烧得所存无几，许多村民尤其是青壮年被楚军屠杀，因此村子改名叫火烧圩。

有一年，火烧圩里的小麦长得特别好，眼看丰收在望。但是问题来了，农民无力全部收割。为啥能种不能收呢？因为火烧圩归吴国管辖后，地方安宁，当年春天气候适宜，春播时间较长，农民把所有能播种小麦的地方，都种上了。到了夏收时，气候炎热异常，麦子很快成熟，收割时间短促，否则麦粒会爆穗脱落。抢收需要劳力，可火烧圩里妇女小孩和老弱病残居多，劳力不够。无论如何，也来不及收割和挑回家。丰产不丰收的现实已经摆在火烧圩人的面前，到嘴边的肥肉丢了，你说能不着急吗？

当时孙武将军负责边防，常在边疆巡视。有一天孙武巡视到火烧圩，村民向他反映今年麦收有难的情况，引起了孙武的重视。同时又让他想到去年楚国因灾歉收，军供不足，楚军十有八九会来抢粮。于是，孙将军在火烧圩里转了一圈，发现火烧圩四面是岸，岸边是河，村民进出全靠两座木桥。经过反复思考，想出了一条借兵收夏粮的计策。

孙武动员全圩百姓搓绳，绑了树杈棘枝放在河里，沉入水底，说是为鱼做窝。当时村民们多少有点想不通，目前不为收割小麦想办法，却叫大家做鱼窝。真是头痛医脚，本末倒置；瞎子兜圈子，不着边际。但是埋怨归埋怨，将军叫做的事情勿敢勿做。

小麦成熟了，村民开始收割了。一天早晨，突然来了一大群楚兵，有六七百名。有的推着车子，有的扛着麻袋，有的拿着武器，冲到火烧圩里抢割小麦。村民们哪敢反抗，纷纷逃回家里，关门闭户躲了起来，求个太平。

楚兵们呢？割的割，捆的捆，装车的装车，手脚非常麻利，不到一天时间，全圩的小麦被割得干干净净。楚军大获丰收，可以满载而归了。

楚军刚要起步回营，大批的吴军围了上来，楚军们顿时慌作一团，抢着逃命，动作快的，跳到河里，却是只见下去，不见上来，原来都被树杈棘枝和绳子缠住淹死了。前面的死了，后面的就勿敢再跳了，干脆坐在地上等死。

此时，孙武发现楚军队伍里有妇女、有农人，那一定是被楚军强逼拉来抢麦的。于是他决定网开一面，命令随从取来一块大牌子，放在另一座桥上，上书："空手过桥不抓不杀！"被强逼来的农人，不知道这是吴军的计策，赶紧过桥。

楚军见此情况，心有疑虑，便纷纷脱掉军装，放下武器跟着农民顺利过桥。就这样，吴军得到了一批武器，老百姓得到了一批车辆，而且还及时完成了小麦的收割任务。嗣后，孙武会同族长把麦子分给各户农民，大家十分高兴。

当时，有个吴军偏将问孙武为什么围而不杀、放生楚军？孙武说："多杀敌人并非兵家之本意，不战而屈人之兵，才是指挥者的本领。"

后来，楚军不甘心，令尹囊瓦又派兵来争夺火烧圩这块土地。吴王阖闾问孙武怎样应对，孙武对阖闾说："争地作战之法，让之者得，求之者失。敌得争地，慎勿攻之，引军而佯走，惑敌耳目。竖旌旗，奔向敌之战略要地，曳柴扬尘，分我良卒，暗设埋伏，敌必出救，人欲我予，人弃我取。"

吴军就用这个战术，终使火烧圩成为吴国的一块不失之地。

寓意剥蟹脚

口述：李春贵，张家港市乐余镇人。

采集整理：李洲芳，今苏州市吴中区人，2013年整理供稿。

当时，吴楚两国一直积怨很深。初期，楚国自恃强大，经常侵犯吴国，如今吴王阖闾当政，吴国瓦爿已翻身，国力渐增，岂能再让楚国称王称霸？吴王要给点颜色让楚国看看。因此，阖闾希望孙武领兵去攻打楚国。

孙武对楚吴两国的政局、君臣、将帅、军事、经济、外交等各个方面做了一番比较和分析，结论是楚强吴弱，攻打楚国的条件还不成熟。因此他对阖闾说：“目前吴国还需要备战备荒，做好自强工作。”

阖闾毕竟是个聪明人，他心想打仗不是儿戏，不能打没有胜算的仗，生死存亡，非同小可。他对孙武说：“寡人相信你的判断。”

吴国君臣经过又一年的治理，强军工作很有起色。

有一天，阖闾和孙武在湖边散步。看到一只螃蟹横行霸道，欺侮蟛蜞，蟛蜞无力反抗，只能逃跑。

孙武对阖闾说：“如果把楚国及其附属国这个整体比作一只螃蟹，那么楚国就是蟹坨，徐、胡、沈、陈、许、唐、蔡、顿、钟吾等附属小国就是蟹脚。只要把蟹脚剥了，蟹坨就动弹不得、虽生犹死了。”

阖闾说：“对，我们先剥它的蟹脚。”

俗话说：“柿子拣软的捏。”孙武认为徐国和钟吾国，在楚国诸多的附属国中力量最为薄弱。徐国在今安徽符离，钟吾在今江苏新沂，都与吴国接壤。攻打这两个国家，也符合远交近攻的策略。再说，巧就巧在当初吴国有两个逋臣，掩余逃在徐国，烛庸逃在钟吾。吴国便以追捕这两个叛臣为名，行讨伐徐和钟吾两国之实。

孙武将军建议吴王任命伍子胥、伯嚭为征北大军的副将，各率领一万人马，日夜兼程，从东西两面包抄钟吾国都城。钟吾国的国王临东得悉吴军突袭，自知力薄，鸡蛋难碰石头，等到吴军临城，便开门投诚。就这样，吴军不动一刀一箭，不杀一兵一卒，不费吹灰之力地灭了钟吾国。

孙武随即指挥主力北上，一万多军队攻打徐国。徐国的国君章禹也是一个聪明人，他完全清楚徐军不是吴军的对手。固守暂不败，出兵立即溃。因此，他想利用易守难攻的险要地理优势，以逸待劳，消耗吴军战斗力。

徐国都城背靠崇山峻岭，壁削沟深，是一道叫人难以逾越的天然屏障。南面是陀河，水急河深，过河需要渡船，想来吴军也不会带船而行。再说徐国的都城，城高池深，固若金汤。因此，徐国国君章禹以敛兵为守、龟缩不出、拖延时间、等待宗主国楚国派救兵的策略，特地在两扇城门上各贴四个大字："一不投降，二不出战。"以八个大字表示决心，抗拒吴军。

吴军对徐国都城围而不攻，只是放放冷箭，弄点声势给徐军制造点紧张气氛。

孙武经过踏勘地形，发现陀河自西北而来，向东北流去，又折而向南注入淮河。徐都之所以不淹，全靠陀河左侧的立背维护。换一句话，只要挖开立背，陀河之水可以直灌徐都。于是他命令吴军挖泥筑渠，当时人多手快，三天工夫就筑成一条五里多长的水渠，可以放水了。

孙武写一封敦促徐君章禹投降的书信，缚在箭上，射到城里，章禹没有任何反应。于是孙武开闸放水，水淹城池约有几寸之深，城里百姓开始发出哭声，孙武马上关闸，否则这样下去，人为鱼鳖，害煞百姓。

此刻，孙武又写了一封信给章禹，敦促投降，不然水淹全城。已经吓得要死的章禹，知道大势已去，没有回旋的余地。这时他不仅不巴望楚国的救兵，反而怕起楚军来了。倘若吴楚两军交战，吴军再开闸放水，等于屠城，一切生命都要同归于尽。因此，他二话不说，下令打开城门，举白旗投诚。孙武就这样兵不血刃地消灭了徐国。

至于掩余和烛庸，得知吴军来袭，便相约一处，带着一队兵马投降楚国去了，楚王纳降，因此为后来吴国攻打楚国找到了理由，留下了把柄。

这一次行动，吴军剥掉楚国的两只"蟹脚"。

除害得民心

口述：李春贵，张家港市乐余镇人。

采集整理：李洲芳，今苏州市吴中区人，2013年整理供稿。

徐国君主章禹投降，吴国夺得了大片土地。但是，孙武心里明白，夺地容易保地难，只有得到了民心，才能保牢土地不失。于是，他要打一场争夺民心的战争，从什么地方着手呢？考虑再三，决定为民做主，打击恶霸，替老百姓报仇雪恨。

孙武在徐都设了一个徐地政府，派方明做主管，名曰府首，管理徐地政务。

方明上任伊始，忙于组建衙门班子。孙武帮忙为方明写了一张公告："铲除恶霸，保护良民，解民倒悬，共享太平。"公告落款是徐地政府主管方明的大名。言简意赅的公告一经出示，犹如油锅注水，民众沸腾。

徐国都城里的百姓开始活跃起来了，那许多会写状纸的文人忙碌起来了。老百姓之所以有此胆气，都是因为章禹政权垮台，出现了树倒猢狲散的局面，那些无恶不作的王亲国戚，失去了靠山，自然没有好饭吃了。

章禹的小舅子名叫黑彪，是都城里有名的恶霸，老百姓告发他的状纸最多。于是方明派人把他抓起来关在死牢里，也不提审，只是派人到民间去实地调查，验证一下诉状所言是否属实。调查结果足以证明黑彪有五条人命，身背血案，属于该斩的对象。

方明要用常规的方法杀死黑彪，绑赴刑场，一斩了之。孙武对方明说："要另用他法，借黑彪的头，扩大影响，铲除徐都之害，收民心于吴国之利。"于是他令方明派人把吃过黑彪苦头的受害人接到徐地政府的衙门里来，由方明备茶接待，孙武亲自布置任务，要他们当众控诉黑彪，受害者家属个个一口答应。

八月十八日，秋高气爽，万里无云。高空黄莺叠翅，树上鸟儿高鸣。徐地主管方明，根据孙武的指示，不开庭，不审问，不宣布犯人罪状，不要犯人口供，也不签字画押，就这样把黑彪捆绑起来，用囚车押到刑场示众。

不到一个时辰，五亩面积的刑场上已经挤满了观众。此刻一声炮响，刑场上肃然无声，一个年轻女子走到台上，她开始控诉："我叫翠姑，本城曲巷人。两年前三月初九，我在场上晾晒衣裳，被黑彪偶然看见，他就对我起了坏心，竟然在光天化日之下，打死了帮我抗争的丈夫，把我抢到他家，捆捆绑绑，打打骂骂，对我肆意侮辱。我一想到屈死的丈夫，便拼死反抗。黑彪这个畜生，怕我跟他拼命，便把我卖入女闾（妓院），使我过着暗无天日的日子。"说到这里，居然哭昏过去，倒在地上。

接着一个老太上台哭诉：“黑彪这个畜生，为了招待他的姐夫，到我老头的船上要买大鱼。当天风大，陀河里白浪滔天，老头没有出港，别说大鱼，就连小鱼也没有一条。此时黑彪对我老头甩下了一句话：‘限你两个时辰，捉条大鱼回来，否则老子要你好看！’老头说：‘天底下竟有这样不讲道理的坏蛋，这等恶劣的天气，逼我去捕鱼，无异于要我的老命。若要死在河里，还不如死在岸上吧，省得捞尸烦神！’老头没有什么办法对付黑彪，就坐在河边的草棚里抽闷烟。两个时辰刚刚过去，黑彪来了，问我老头有没有大鱼，我老头回答没有。黑彪二话不说，手起刀落，把我老头的头砍了下来，从此我失去了生活来源，靠乞讨度日。”

老太说到这里，也哭昏过去，倒在台上。

接着又有一个人上台控诉：“我叫高正，本城西巷人。我和黑彪本是邻居，我家在前，他家在后，两家距离不过百米。有一天黑彪来到我家，对我的老祖父说：‘你家楼厅太高，破坏我黑家的风水，必须降低。’我祖父不肯答应，黑彪居然一刀把我的祖父杀了，并限我们全家老小在五日之内搬出家宅，否则杀尽我全家。我去衙门告状，衙门里都有他的爪牙，告状无门，只得搬家。我们前脚出，他们后脚进。黑彪现在住的二十间房子就是我高家的，你们说这个暴徒可恨不可恨？”

场下一片喊声：“可恨！可恨！”

高正之后，又有两个人先后登台，一个控诉黑彪敲诈不成，杀了他的父亲，另一个控诉黑彪奸杀他的娘。总之一句话，句句是泪，件件是血。台上边诉边哭，台下边听边哭。此刻，方明对场上观众问道：“黑彪罪大恶极，该当何罪？”

观众们异口同声，一致高喊：“死罪！死罪！”

此刻的黑彪，已经像一只瘟鸡，低头垂耳，双目紧闭，晓得自己是死路一条。

俗话说：“人人怕死，能逃则逃。”黑彪明明知道自己必死无疑，但是他还抱着死马当活马医的想法，做了一次最后的挣扎。他说：“黑彪知罪。父老乡亲们能否高抬贵手，给我一个重新做人的机会？”

观众们只回答一个字：“杀！杀！杀！”

方明向炮手们一挥手，连放三炮，一个刀斧手手起刀落，黑彪就此身首分离，鲜血直流，头颅滚翻到地上了。

场下一片欢呼：“杀得好！杀得好！”

据说，当时孙武规定徐地每方圆五里设一个乡，每乡派一个乡长。孙武特地开了一个乡长会议，叫方明把城里杀黑彪的经验向与会者作了一次详细介绍。

乡长们回到各自的辖地以后如法炮制。把凡是有血案的凶手，一个不留，统统杀掉。百姓们个个拍手，人人拥护，感恩戴德，溢于言表，因此心向吴国，都说吴国人比楚国人好，能够弘扬公道，锄强扶弱，老百姓有太平日子过哉。

吴军官兵认识到，只要肯为天下兴利除弊，就能得到民众的拥护。后来，对留徐的吴军官兵，徐地百姓锣鼓喧天地欢迎；对回国的官兵，载歌载舞地相送，真是吴军除害得民心。

点评传真经

口述：郁忠康，苏州市吴中区胥口镇新河村人。

采集整理：李洲芳，今苏州市吴中区人，2013年整理供稿。

吴国的叛臣掩余和烛庸，潜逃于楚国的附属国徐国和钟吾国，得到吴军在孙武亲自带领下前来攻打这两国的消息，吓得魂飞魄散，匆匆相约，带着部队去投降楚国。楚昭王派监马尹大心迎接掩余、烛庸，让他们住在养城，还派莠尹然、左司马沈尹戌帮他们筑城，楚昭王要利用吴人来谋攻吴国。

孙武灭了徐国和钟吾国之后，班师回朝，派吴王阖闾的弟弟夫概，领兵两万去攻打楚国的养城，目标非常明确，是要消灭掩余和烛庸两个妄图复辟的叛臣，杜绝后患，确保吴国安宁。

夫概依令，拔寨起兵，日夜兼程，直逼养城楚军扼守的隘口险道，围住了养城。

养城里有吴人掩余和烛庸手下的号称三万大军的叛军，其实只有一万五千余人，加上帮助掩余和烛庸守城的楚军，合计两万兵丁，敌我双方的兵员数目几乎相等。由于楚军以逸待劳，因此夫概指挥的吴军虽然对养城发起了多次进攻，但是难有收获，可以说是处于攻而不克的下风。为此，夫概改变了进攻策略，用了三个对付敌人的办法：一是派兵筹粮，确保供应，以备粮荒。二是围而不攻，诱敌出城。三是向叛军写信劝降，展开心理战，乱其军心。

吴将夫概跟随兄长阖闾曾参加过一些战斗，略懂一点军事知识，也比较勇敢。这次独当一面平叛，故而十分谨慎。他先派人弄来布帛，发动会动笔的官兵给叛臣的官兵写信。

有的写："在城里的吴国同胞们，掩余和烛庸是叛臣，他俩有罪，你们无罪，不要为吴国叛臣卖命。""吴国人不杀吴国人，掩余、烛庸只要肯投降，也可保住性命。"诸如此类的数百封信件，用箭投射到城里去。叛军自然不是铁板一块，军心有点乱了。掩余晓得堂弟夫概是一个力大非凡的人物，不是能够轻易对付的对手。因此他决定闭城待援，不肯应战。

烛庸呢？他发现军心不稳，士兵们在执行任务时往往阳奉阴违，指挥多少有点失灵，如果实行拖延战术，那么必败无疑。于是，他让五千兵丁出西门应战，打得胜就打，打不胜就逃。岂料他的行动正中吴军下怀，原因是夫概为了防备叛军西逃（今合肥等地），百分之七十的兵力都集中在这里，叛军出城三里左右，便被吴军包围。

此时，吴军对叛军喊话："同胞们，回家吧！"叛军中的士兵主动放下武器，纷纷投诚。掩余拒降，率亲信在城头狙击吴军，中了吴军乱箭而亡；吴军乘胜攻破养城，烛庸见大势已去，便自刎而死。

楚军的头目蒍尹然、左司马沈尹戌，见养城已破，不敢应战，带着他们的五千兵丁，向巢湖方向逃走。夫概为了消灭这批楚军，指挥六千兵士，衔尾追赶。楚军及至巢湖已无退路，个个神勇，人人能战，拼命地回击吴军。此时，吴军人生地不熟，突然遇到伏击，顿时乱了阵脚，因此败北。夫概幸有兵士拼死保护，才未成为俘虏，克敌无望，只好班师回朝。

夫概这次出战，一胜一败。因此，孙武召集伍子胥、伯嚭、要离等一帮将领，七八十人，总结经验教训。孙武根据夫概的汇报，作了如下的总结。

一是夫概得以脱身，全靠士兵保护，并非侥幸，而是他平时“视卒如婴儿，故可与之赴深溪；视卒如婴儿，故可与之赴深溪”。就是平时对士兵像对待亲儿一样关怀体贴，士兵才能跟随将帅赴汤蹈火，才与将帅同生共死，否则后果不堪设想。

二是巢湖之战，敌兵以少胜多，这就是孙武在《兵法》中说的：“投之亡地然后存，陷之死地然后生。”可见楚将蒍尹然、沈尹戌是两个非常善于用兵的指挥官，注意保存自己，他们把士兵投入危地，陷于死地，促使士兵拼命而得生。今后在战争中遇到这种情况，应该要做到：“归师勿遏，围师必阙，穷寇勿迫。”即对撤退的敌人，不要去正面拦阻；包围敌人，要留有缺口；对于陷于绝境的敌人，不要去逼迫它，谨防困兽犹斗，否则要吃大亏的。

三是夫概指挥攻城，没有硬拼，减少了损失，保存了实力，因势利导，及时调整战略。这就是说：“兵无常势，水无常形，能因敌变而取胜者，谓之神。”用兵的规律像水流动那样，避开高处水流，冲击低处，即要避开敌人坚实之处，而攻其虚弱的地方。夫概做到了，对敌围而不攻，对叛军利用心理战术，动摇敌人军心，这点是制胜的关键一步。夫概另一个成功之处是：“粮不三载，器用于国，因粮于敌，故军食可足也。”军队就地取粮，粮草供应充足了，夫概做得很对。

四是队伍布防时“无所不备，则无所不寡”。要集中力量解决关键问题，假如处处设防，就处处兵力薄弱。夫概也做到了集中力量把守关键，以百分之七十的兵力集中西路，料定敌军要打要逃都在西路。这就是：“善战者，致人而不致于人也。”善于指挥作战的人，就是调动敌人而不为敌人所调动。烛庸就是被夫概调动出城的。这就是夫概指挥作战的高明之处，可敬可贺。

孙武对养城之战的总结，令众将信服，个个受益匪浅，吴王阖闾也为之高兴，于是设宴招待众将，为夫概庆功压惊。

地道破巢邑

口述：李春富，张家港市乐余镇人。
采集整理：李洲芳，今苏州市吴中区人，2013年整理供稿。

古时候的巢邑，即今安徽省安庆桐城南部的地方。当时楚国在那里驻扎了一支部队，有七八千人，主将名叫芈繁，是一个好战分子。三天两头派兵突袭吴国边境地区，抢粮秣，抢牲口，甚至抢女人。扰得吴国边民不得安身，逃难成了他们唯一的出路，因此田地荒废，大片大片的良田杂草丛生，成了满目疮痍的无人之境。

于是，孙武派兵动员难民回家，既保护他们的安全，又帮助他们种田。然而军队的天职是保家卫国，不能老是为民种田。公元前511年，吴王阖闾决定攻下楚国巢邑，伍子胥一心想报父兄之仇，自请领兵一万去攻打巢邑。

却说，巢邑城也是易守难攻的，想当初（前548年）吴王诸樊亲自率吴兵攻打巢邑，却被暗箭射死于巢城短墙之下。

伍子胥吸取了昔日诸樊的教训，采取了稳扎稳打的战略，兵到巢邑之后，也不忙进攻，对敌先做摸底工作。伍子胥弄清敌情之后，向孙武将军写了一份书面报告，请孙武指点克敌良策。这也充分证明伍子胥对孙武是十分信赖的。

伍子胥在报告中说："敌人强兵防守，修其城池，凭险以待我军，城中粮食有足，对敌诱之不出，一时难以攻克，倘若舒城（今合肥、六安、安庆的交汇处）楚军来援，我军恐有腹背受敌之患，如何应对，请示良策。"

孙武看了伍子胥的报告之后，回复："敌人龟缩巢邑，固守不出，我军强攻，伤亡必大。请在东侧继续佯攻、西侧暗挖地道之策，定可破城。倘若敌兵来援巢邑，吾当分卒设伏，严防不怠。待敌将至，伏兵四起，出其不意，迎敌痛击之，敌必狼狈逃窜。"

伍子胥接到孙武的建言，依计而行。每天两次派兵丁佯攻巢邑东门，麻痹楚军，又派人每天夜里在巢邑西侧挖掘地道，把地道里挖出来的泥土，天不亮就运到五里之外堆放。因此，敌人对此毫无察觉。

巢邑守将芈繁，对吴军日益加强的攻击多少有点着急，为了解困，派人到舒城（一称舒州，今安徽六安市辖县）告急救援。舒城的主将乌代，领兵五千来救援巢邑，被伍子胥的伏兵击败，乌代也被吴军活捉。

舒城的楚将阿诺和芈繁有隙，因为芈繁诱娶了她的美妾阿红。然而他也不能明目张胆地不出援军，总要行动行动，做做样子。于是兵到半路，便派心腹潜回舒城，火烧城门，说有吴军偷袭，阿诺便以恐有大批吴军来犯为由，速速打道回城，保卫舒城去了。

时间一晃而过，吴军进入敌境已经一个月了，一条六百米长的地道也挖通了。一天夜里，吴军神不知鬼不觉地通过地道，进入巢邑。等到楚军发觉，两千多的吴国兵丁以迅雷不及掩耳之势，打开了南、北、西三座城门。吴军像潮水一样，涌到城里活捉了巢城守将芈繁。楚军死的死，伤的伤，降的降，活命的都装扮成市民，作鸟兽散了。

伍子胥胜利班师，回朝向吴王交差，阖闾高兴，不仅为他设宴庆功，还十分隆重地犒赏了士兵。伍子胥奏明吴王："有孙武将军一功，他的'破巢地道战'之计谋，为我提供了作战方略。"

吴王不解，伍子胥详细说了一遍，吴王听得高兴，脱口而出："给孙爱卿也记一大功！"

伍子胥带回了一些俘虏，孙武为人仁慈，不伤害已降之兵，用酒肉款待了乌代和芈繁等几名头儿，并给了路费，要他们返回楚国与家人团聚。乌代和芈繁等哪敢回楚都去见楚昭王，就潜回楚国乡间做了农民。就是这样，对楚国将士的影响也很大，楚人说吴人宽大为怀，能够优待俘虏，从而起到瓦解楚军军心的作用。这也是孙武打心理战的又一胜利。

从此，吴国西北部的边患解除，那里的百姓可以安居乐业了。

战前练精兵

口述：方伟锋，苏州市吴中区胥口镇花墩村人。

采集整理：李洲芳，今苏州市吴中区人，2013年整理供稿。

孙武入吴为将后，吴王阖闾常常要与孙武探讨兵法，商量伐楚伐越的准备。孙武认为经常征战是不可取的，应以武促和。可训练好军队，提升吴军战斗力是必须要做的，尤其同越国作战，更少不了水军。

因此，孙武花了一段时间，把精力扑在练兵上，雨天讲授兵法和武器应用，晴天抓紧操练，锻炼兵士意志和实战能力。所以，吴国陆军、水军两支主力部队都形成了一定规模，战斗力快速提升。

最近，吴王阖闾想要伐越，在起兵之前，孙武要举行一次军事演习。

这次军演分两部分进行，首先是水军，尔后是陆军。水军的演习，在太湖里进行，时间定在六月初八。陆军定在六月二十日。

六月初八那天，水军官兵各就各位，只等孙武将军一声令下，演习立刻进行，但是日上三竿，还是没有动静，为什么呢？原来那天孙武登上指挥楼船，举目一望，太湖里风平浪静，水天一色，青山浮在绿波之上，远看状若睡莲，灵秀俏丽，湖水反衬着蓝天，宁静而幽远，鸥鸟在空中盘旋，野鸭在湖中戏水，阳光照射，湖面被染得色彩斑斓，富有诗情画意。孙武决定取消当日的军演，待等来日。

六月初十，天气变了，风声飒飒，湖水啸啸，波涛滚滚，浪花飞溅，气势之凶，令人咋舌惊叹。孙武终于等到了理想的天气，于是一声令下，开始演习。小船突进冲锋在前，接着是攻坚大舰衔尾跟进，中船两翼护卫前后相连，指挥的楼船随后，还有战船垫后。大大小小近千艘战船，近万名水军官兵，从渔洋山下的太湖水面上出发，浩浩荡荡直向洞庭西山岛而去。这次军演的目的非常明确，是检测进军的速度和官兵的体能。船在汹涌澎湃的风浪中前进，船头浪花飞溅，好像雪崩玉碎，船底惊涛连击，颠簸震荡，摇晃不定得好像锅中水饺。船上的官兵个个立脚难稳，有的头晕，有的呕吐，身体像散架那样疲软无力，难受得很。

渔洋山边到西山岛，有三十多里，水军全靠人力划桨、摇橹艰难推进，从起点到终点，花了两个半时辰。到了终点之后，孙武下令水军们攻岛……一番“搏击”后就此休整。

当夜起更，孙武又命令水军从原路返回，水军们摸黑夜航，花了三个时辰，才回到渔洋山。孙武命令凡是晕船的官兵，每天都要去湖里锻炼，增强体能，直到不晕船为止。实在不适应水上活动的官兵，调往陆军服役。

六月二十日到了，陆军的军演放在教场山一带进行，十万大军分别由伍子胥、伯嚭、夫概、要离等将军带领。孙武命令陆军环山跑步前进。教场面积不大，一个圈子只有五里左右，孙武要求陆军跑十圈，必须在三个时辰内完成，这是检测陆军战士的体能。跑步完成后，孙武用红旗指挥，战车、骑兵、步卒，各成方队，挥东则东，挥西则西，兵种穿插，有条不紊地变换队形。随后，分成“敌、我”两军，对垒演习，先将对将车（骑）战几个回合，点到为止，决出胜负，再兵对兵……

吴王阖闾立在孙武身边看孙武指挥，只见兵车井然若林，战马膘肥体壮，盾牌耀眼生辉，兵刃寒光闪闪，阵容整齐，喊声震耳欲聋，旌旗遮天蔽日，场面磅礴壮观。

吴王心里高兴得难以形容，他为孙武能为吴国培养出这样一支强大的军队而感到无比骄傲，因此，他对孙武指挥吴军更有信心。

首次槜李战

口述：李培林，张家港市乐余镇人。

采集整理：李洲芳，今苏州市吴中区人，2014年整理供稿。

公元前510年（吴王阖闾五年，越王允常元年），吴越两国发生了战争，即第一次槜李（今嘉兴西南）之战。

相传，越国原是楚国的附庸国，后来吴楚交战中，吴国震慑了楚国的几个附庸小国，从此越国依附了吴国。但是，在公元前544年，有越人袭杀了巡查舟船的吴王余祭。余眛继位后，吴国准备攻越复仇。于是，越王夫谭被迫与吴国正式结盟，愿向吴国岁岁纳贡。

正在吴王阖闾筹划大举伐楚前夕，越国新君允常登位，引起了吴王阖闾的密切关注。

公元前510年，吴国此时已做好了全面攻楚的准备，远征大军演习，蓄势待发，宛如上弦之箭，只要一声令下，就能射向楚国心脏。

然而，近在咫尺的越国却动向不明，越国新君允常是倾向吴国，还是帮故主楚国？这不能不使吴王阖闾忧心忡忡。

现在从表面来看，越王允常安分守己，唯命是从，遵守先王遗训，按时向吴国交纳贡物，看不出任何异动迹象。可是，从越国传来消息说允常雄心勃勃，对内整军经武，对外又暗联楚国、徐国。但是，抓不到把柄就难以下手。

孙武在精心思索后，一条妙计冒上心头，建议吴王："吴国以兄弟同盟的名义，相约越国共同出兵伐楚。这道无可回避的政治难题，越王允常必须回答，考验允常心向何方。若是越国不肯出兵，允常的心思即已暴露，必须先平越国，以免后患。"

故而，吴国向越国派出了使者，以忘却前嫌的友好态度，重提兄弟友谊，并坦诚告之吴将伐楚的重大机密，希望越国起兵相助，最后告之：在这样的紧急关头，越若不能按吴的要求去做，吴国就只能认为越存心助楚，与吴为敌。为了吴国安全，不得不有其他措施，万一兵戎相见，恐怕对越国不利，望越国思之再三。

允常岂是俯首听命之辈？再加上文种、范蠡巧舌如簧，反复夸耀楚国的强大、不可打败，坚称越必须坚决助楚。届时吴败，远在荆地的楚国无暇东顾，必然会将吴地赠送越国作为酬劳。开疆拓土，在此一举；若助吴抗楚，楚国一灭，吴国接下来必然会侵吞越国，国破家亡，悔之莫及。

越王允常斟酌后，暂守中立，以观大局。他婉言答复吴国使者："限于国内种种情况，暂难出兵，如若吴国固执己见，一定要就此对越国用兵的话，那将是'吴不信前日之盟，弃贡赐之国而灭其交亲'，越同样希望吴国慎之又慎。"

至此，吴王阖闾在得到越王允常的答复后，听了伯嚭星相天命之说——越王新星下凡，暂有天佑，且又是小国，日后收拾不迟，应该先伐楚。吴王倒是举棋不定了。

这时，孙武以朴素的唯物论思想批驳了天命观。孙武指出："明君贤将，所以动而胜，先知形势，不可取于鬼神也。"孙武的观点："前事不忘后事之师，二十七年前的越国尚弱小，就敢派出部队，助楚伐吴，现在若吴军远出千里之外，后方空虚，越国只要从背后偷袭，吴国就首尾难顾，连回师救援都难。"最终得到了吴王的认可。

江南盛夏，一片葱郁，蛙声蝉鸣，掩不住金戈铁马之声。越国新君允常先动手，宛如初生牛犊不怕虎，已率越军越过了钱塘江，率师北上伐吴来了。

这应验了孙武的预测估计。于是，吴王阖闾以孙武为将，伍子胥等辅助，移师南下，先征讨越国，弱其国势。两军在吴国边陲槜李对阵，吴军在孙武的指挥下，势不可挡，越军当然不是对手，败退会稽（今浙江绍兴）。吴军本为削弱越国国势而来，在战场上大败越军后，并没有纵深追击，但已击溃了越王勃勃的野心，使其不敢轻举妄动了，从而消除了吴国伐楚时前后受敌的隐患，奠定了破楚的基础。

第一次吴越槜李之战，吴国全胜，又一次证明了孙武将军超群的战略智慧和才能，《孙子兵法》军事学术也又一次在战场上得到了实践应用。

赛登笠帽峰

采集：谈世茂，今苏州市吴中区人，2012年摘选整理供稿。

收集整理：谈世茂，今苏州市吴中区人，2012年摘选整理供稿。

苏州西部有一座最为高大的山，叫穹窿山。穹窿山最高的峰，叫笠帽峰。笠帽峰的东南侧有一个神奇的山洞，叫德韶洞，一称仙人洞。

《穹窿山志》记载，这是伍子胥练兵的地方。传说，孙武曾在这里与吴王阖闾的弟弟夫概，各率一队，进行过一次抢先占领笠帽峰的比赛。

伍子胥来到吴国后，时刻不忘楚王杀其父兄之仇，定要报仇雪恨。他知道楚国的水陆两军都很厉害，所以特别重视训练吴军的水陆两栖作战，训练最理想的场地是太湖边，训练战士的耐力，有时在穹窿山麓。

一天，吴王阖闾带领众文武官员到穹窿山顶观看吴军训练，他们上山时走得有些气喘，吴王突然想到，称霸中原，不仅要善于水战，还要善于陆战，尤其是要有翻山越岭的本领，这样吴军才有战斗力。于是对身边的孙武说：“我想看看我军的山地作战能力如何。”

孙武回答：“可以。”并补充说：“这穹窿山是吴地最高大的山，地形复杂，是检验部队山地作战能力的理想之地。”

吴王说：“好，明日就看陆军山地作战演练。训练项目，就是你和夫概各率领一支队伍，抢占穹窿山主峰——笠帽峰，一看谁先占领，二看占领后能否守得住，登山路线和防御方法均由各队主帅自定。”

孙武和夫概都明白，这是吴王在考察部队登山能力和主帅的智谋。

夫概认为，部队熟悉路线和增强体力是取胜的关键。当晚，他亲自带领部队爬了一次又一次；而孙武呢，当晚找来了当地山民李二虎，叫二虎对部队士兵讲述了到达笠帽峰的山路情况，让大家心中有数。然后，孙武对大家进行了简短动员，宣布明天行动路线一切听从向导李二虎的指挥，有违令不听者，斩。动员后，要大家吃饱睡好，确保精力充沛。

第二天，孙武依然陪同吴王阖闾观看演练。阖闾奇怪地问他：“你作为一队主帅怎么离开部队？”

孙武笑答：“在这儿一样可以指挥。”孙武对吴王讲述了安排向导之事，吴王恍然大悟。

夫概呢，他亲自带着一队士兵登山，由于昨天夜晚连续登山两次，今日不少士兵体力不支，昨晚熟悉的路线，一到白天，视觉大不相同，常犹豫不决或走错路，个个气喘吁吁，好不容易快到山顶，却看到另一队士兵已在笠帽峰上摇旗高呼！

夫概很不服气，文武百官也有些不解。阖闾高兴地说：“兵法中讲过‘不知山林险阻、沮泽之形者，不能行军；不用向导者，不能得地利’。孙将军灵活运用兵法，以乡民做向导，省时省力，抢先占领笠帽峰，把‘乡导’用活了。”

智战夺豫章

采集：杨善群，上海市人，1990年著《孙子评传》，1992年谢祥皓、李政教将该文编入《兵圣孙武》。
收集整理：谈世茂，今苏州市吴中区人，2013年摘编整理供稿。

孙武为将后，率领吴军南征北战，攻无不克，战无不胜。阖闾三年（前512年），他指挥吴军以“三师肆楚”之计，采用机动游击战术，以三支精锐部队轮番袭扰，翌年攻克了养城，擒杀了投楚的掩余和烛庸两公子，控制了楚国北大门。阖闾五年（前510年），第一次槜李之战，大败越军。阖闾七年（前508年）夏天，又主动发起了豫章之战。

豫章（今河南商城到安徽六安一带），当时这个地区的潜、六等国已相继被楚国吃掉，成为楚国的边邑，但在近江水（长江）一带，还残存有舒鸠和桐国等几个小国。这些小国虽似独立，但饱受楚国的残暴剥削和压迫，因而对楚国十分不满。

孙武利用这些小国的不满，展开了强大的外交攻势。首先分化桐国，使之背离楚国，接着又争取舒鸠（今安徽的舒城县）之地。舒鸠很早以前就被楚国灭了，对楚国十分仇恨，只是一直找不到机会报

吴国进攻楚国线路图

仇雪恨，得知吴国派人前来，十分高兴。

吴国使臣使出一计，要舒鸠派人向楚国君臣游说：“吴国现在十分惧怕你们楚国，这时候如果你们出兵攻打吴国，吴国就会用讨伐桐国的办法来讨好你们，这对你们楚国来说，既可讨伐桐国，又能使吴国惧怕，可谓一箭双雕。”

楚国君臣听后，认为情报可靠，且机会难得，千万不可错过，于是决定按照舒鸠人的意见行动。

这时，孙武利用舒鸠人为“间”，向楚国传达错误信息，迷惑楚军，实现了“因间惑敌，引蛇出洞”。这年秋天，楚国令尹（楚国的最高官职，掌握军政大权）囊瓦果然率领楚军来到豫章地区驻扎下来，静观吴军伐桐国。

孙武看到楚军中计，但并没有急于邀战，而是一方面采取“卑而骄之”的计谋，做出害怕楚军的样子，把吴军水军调往豫章南部的江水水面上，摆出要替楚国讨伐桐国的架势，继续迷惑楚军，使楚军进一步掉入陷阱；同时，孙武迅速采取行动，秘密将吴军主力陆军调往豫章地区中部的巢城集结，等待战机。

这样，孙武以“示形于敌”的战法，让敌人判断进一步失误，使楚军对舒鸠送去的情报确信不疑。只见吴军确实要攻桐国，而不见吴军“潜师于巢”，如此真真假假、虚虚实实，鬼神莫测。时间一长，使原有戒心的楚军慢慢麻痹了，军纪趋于涣散。

这时，孙武抓住战机，指挥吴军突然向士气低落的楚军发动猛烈的进攻，“行动如雷震”，将楚军打得措手不及、阵脚大乱，吴军乘胜追击，把楚军打得大败，大获全胜。

豫章之战中，孙武以“伐兵”（歼灭敌人有生力量）为指导思想，在三个多月的时间里，成功地应用了相敌、间敌、诱敌、骄敌、诈敌、动敌、因敌等多种胜敌之谋略，一举控制了吴楚必争之江淮流域的豫章地区，从而打开了通往楚国的天然屏障，为破楚入郢的战略布局奠定了基础。

救蔡为伐楚

口述：郁鹤金，苏州市吴中区胥口镇香山村人。
收集整理：李洲芳，今苏州市吴中区人，2014年整理供稿。

公元前509年，蔡国昭侯向楚国朝拜，身披羊羔裘皮。楚尹囊瓦要求蔡昭侯把裘皮衣给他，蔡昭侯不肯。囊瓦即拘昭侯于南郢，三年后才放他归蔡。蔡昭侯回至蔡国，愤怒地说："天下谁能伐楚乎？寡人愿为前列！"

公元前506年，楚国昭王闻之，派囊瓦兴师伐蔡。蔡昭侯闻听伍子胥在吴国，派人送信去请吴军救蔡。

伍子胥于是报告吴王阖闾，说："蔡非有罪，楚为无道。君若有忧中国之事意者，时可矣。"阖闾听后，有意赞同伍子胥兴师的主张。

当时，吴王阖闾召集伍子胥、孙武等文武大臣商议。孙武见全面伐楚的机会来了，而且条件已经成熟，机不可失，时不再来，遂向吴王阖闾建议，以救蔡为由，兴兵伐楚。

吴王阖闾听了孙武的意见，决定乘楚国出兵讨伐蔡国之机，发动救蔡伐楚战争。并命孙武将军为军事总指挥，伍子胥、伯嚭协助，吴王随军督战。

孙武分派任务，水陆并进，伍子胥率陆上之师取道南路，从云娄出发奔往柏举。孙武亲率水军，从胥溪出发，扯篷用风，摇橹划桨，逆风航行，赶往淮汭。到了淮汭，弃舟登陆。从此三更造饭，四更进餐，五更动身，两脚勿停，日夜兼程，赶往柏举，与伍子胥的部队会师。打算集中优势兵力，将楚军一批一批消灭。

楚国令尹囊瓦率领楚军渡过汉水，在小别山安营扎寨，命令史皇和武成黑两个先锋到汉阴山吴军大营前讨敌要阵。

孙武派吴将夫概应战，打败了楚军，歼敌千名，初战告捷。阖闾高兴，吩咐摆宴庆功。孙武阻止说：“不必急于庆功，今晚还有一场大战。”

阖闾问其缘故。孙武说：“囊瓦是爱耍小聪明的人，他一定会以为我军初战告捷，晚间定会设宴庆功，守营松懈，疏于防范，是劫营的大好时机。”

阖闾说：“那就快做准备。”

于是，孙武把伍子胥、伯嚭、夫概、唐成公、蔡昭侯等人叫到一起，把任务布置下去。

果然不出孙武所料，囊瓦命令史皇调一万兵丁与自己同行，武成黑领五千兵丁随后接应。初更出发，偃旗息鼓，在伸手不见五指的黑暗中朝汉阴山而去，然而，其结果是落入了孙武为他设置的陷阱。

一场夜战，吴军消灭了楚军六七千官兵，侥幸不死的囊瓦带领残兵败将逃向柏举。楚兵先打仗，后逃跑，没有停脚的时候，因此饥肠辘辘，人人骨酥，个个脚软，行军的速度好像乌龟爬山，慢得惊人。幸亏薳射领兵来救援，才使囊瓦的部队到达柏举。

吴将夫概乘楚军立脚未稳，发兵冲营，楚军彻底溃败。囊瓦为了苟全性命，带着几个心腹当差，逃到郑国去了。楚将薳射的兵马也像被捣毁了窝巢的马蜂，纷纷往汉水西岸而逃。楚军刚到江边，吴军就追上来了。待渡的楚兵不等空船靠岸便往上跳，一个跳，个个跳，大家抢着跳，渡船头重尾轻，重的一头沉下水，轻的一头翘上天。转眼之间，扣飘倒蠢，一船兵丁就此翻舟落水，伍子胥也乘机杀了楚将薳射。这时候只有司马沈尹戌率领的一支楚军在雍澨（今湖北省京山县）安营，准备阻挡吴军，决一死战。

吴国军队的补给，由反楚同盟的蔡国和唐国分担，吴军粮草充足，兵贵神速，连连得胜，士气正旺，个个善战，人人勇猛，杀得雍澨的楚军四散而逃，主将沈尹戌也落马身亡。

楚军这一战败，大伤元气，举国惊慌，楚昭王在郢都更是像热锅里的蚂蚁，急得团团转了。吴军在孙武运筹帷幄的指挥下，稳扎稳打，节节胜利。吴王阖闾心中有数，自己将有机会在楚都郢城里风光风光了。

兵夺楚昭关

采集：李光荣，湖北省监利人，赴关门镇采风，2012年编入《万里寻访伍子胥》。

收集整理：谈世茂，今苏州市吴中区人，2014年补充整理供稿。

昭关城楼

唐、蔡两国虽是蕞尔小国，但位居楚国的北部侧背，战略地位相当重要。吴国通过和唐、蔡两小国结盟，实施了避开正面楚军，进行战略迂回、大举突袭直捣楚国腹地的作战计划。

公元前506年的一天，孙武与伍子胥率军渡过长江，长驱北上，又溯淮水浩荡西进抵达淮汭，舍舟登陆，以三千五百精锐士卒为前锋，在蔡、唐军的配合导引下，兵不血刃，迅速地通过楚国北部大隧、直辕、冥厄三关险隘，向南直往楚之韶关挺进。到达一个小镇，已是傍晚时分，伍子胥打算到镇上扎营休整一下，以利再战。

谁料整个镇子关门闭户，青壮年不见一个，男女留住镇上的只有少数老弱病残者，还紧抵门户，死死不开，伍子胥十分愤怒。吴军将士都称此地为“关门镇”。

正在这时，孙武赶到，见此情景，立马劝解伍子胥说：“此乃楚王以恐怖谣言流传所致，破除百姓恐惧心理的最好办法是我军的爱民行动。”

伍子胥听后，立即发布两道命令：一是不许动用百姓一草一木，违令者定斩不饶。二是令全军离镇三里支锅做饭。接着，亲自带领士兵到镇上抚慰老弱病残，自责说：“此镇，因我伍员之兵而关门，实在不该。我们吴军是来帮大家消灭荒淫无道的楚王和欺侮百姓的楚军的。”

如此一来，镇上百姓纷纷返回，迎接吴军，盛赞吴军军纪严明，

“关门镇”又变成开门镇。由于得到民众支持，吴军如虎添翼，每战必胜。

几次交战后，楚将左司马沈尹戌看出了吴军作战的特点，吴帅孙武应用的是迂回战术。一天，沈尹戌向楚帅囊瓦提出建议，决定由囊瓦率楚军主力沿汉水西岸北进，阻击吴军的进攻，正面牵制吴军。又派楚将薳射之子、偏将薳延率一队楚军，袭击“关门镇”吴军。沈尹戌北上方城（今河南方城县境），招纳逃散在那里的楚军，计划迂回到吴军的侧后，企图先毁坏吴军舟楫，后阻塞三关，切断吴军的归路。沈尹戌再与囊瓦所率的主力南北夹击吴军。后来，楚军动向，都被孙武所察，他派吴将专毅领兵随后狙击楚司马沈尹戌军，沈尹戌无计可施，滞留方城。

楚军偏将薳延，奉囊瓦之命，率一队兵丁赶奔至昭关，联合昭关楚军，企图偷袭“关门镇”的吴军。

不料，孙武早有防备，他命伍子胥率兵迎击，吴军奋力合围楚将薳延，穷追猛打。薳延哪里抵挡得住？见势不妙，调转马头慌忙逃向关内，守关人还没来得及拉起吊桥，伍子胥抓起关门口的石狮，举过头顶，大喝一声：“谁敢闭关，定叫他粉身碎骨！”吓得守关楚将士兵个个抱头鼠窜，薳延逃奔汉水而去。吴军如潮水一般涌入，过关追杀楚军，大获全胜。

孙武指挥吴军夺取了昭关之隘，不仅打通了吴军后勤补给之道，又阻断了楚军援军之路。

巧破昭王计

口述：马易森，苏州市高新区人。
收集整理：卢群，苏州市姑苏区人，采集日期：2001年7月4日。张瑞照，苏州市吴中区人，2014年6月12日整理供稿。

楚昭王对吴国当然耿耿于怀，吴军占领了多个楚国边城，楚昭王一想起来就辗转难眠，心想无论如何也要夺回来才好。楚国现在是元气大伤，无力与吴国全面对抗，凭军事力量夺回这些边城，谈何容易？只有另辟蹊径，或许还能达到目的。

那么，想个什么奇招，方可迫使吴王把吞下的边城吐出来呢？楚昭王绞尽脑汁，挖空心思，想了三天三夜，终于给他想出了一个自己认为绝妙的点子，他决定在延陵季子身上做文章。

延陵，今之常州。季子，对季札的尊称。当年吴王之位按“兄终弟及”之顺序传到第二十二代余眛手里，余眛临终欲传季札，季札不受，避往延陵，这才使姬僚成了第二十三代吴国君主。季札生前声望隆隆，名头甚至盖过了吴王阖闾，列国或许不关心当朝吴王是谁，但一定知道吴国有一位杰出的外交家季子。季札曾出使鲁、齐、郑、卫、晋诸国。在鲁国，鲁君用原汁原味的周乐招待他，让他聆听了宫廷艺人表演的《周南》、《召南》、《邶》、《鄘》、《卫》、《王》、《齐》、《幽》、《秦》、《魏》、《唐》、《陈》等乐曲，《小雅》、《大雅》、《颂》等歌唱，还让他观赏了《象箾》、《南籥》、《大武》、《韶护》、《大夏》、《招箾》等舞蹈。季札从《周南》中发现教化开始奠基，从《王》中联想起周室东迁之后的忧思，从《魏》中领悟到大而宽、俭而易的盟主之志，从《唐》中听出了上古陶唐氏的遗风，从《大雅》中感受到了文王之德，等等，压轴戏《招箾》让季札惊叹道：这是最令人叹为观止的至德乐章，就如同苍天无不覆盖，大地无不承载。就算是盛德之至，也是无以复加了。季札对所有的歌舞一一加以评论，说出的感想都很精当，令鲁君刮目相看。吴国在鲁国君主的眼里，原本是个未开化的荒蛮小国，季札用他深厚的艺术素养改变了鲁君的偏见，重塑了吴国的形象。

季札到齐国，会见了齐相晏婴，他劝晏婴："贵国祸乱将起，你赶快交出自己的封邑和权力，这样你才能免于祸患。"晏婴接受了季札的建议。在不久后贵族的相互攻杀中，因他在众人眼里已无足轻重，不被记起而得以身免。季札到郑国，见到了子产，他对子产说："贵国掌权者奢纵欺人，大难将临，你是下一个执掌大权的人。等你主政，务必以礼治国，否则贵国难免衰败。"后来，子产为相数十年，仁厚慈爱、轻财重德，爱民恤孤、颇多建树，郑国一度相当强盛。季札到卫国，非常欣赏蘧瑗、史遒、公子荆、公叔发、公子朝，感慨道："卫国君子很多，因此国家无患。"他说的没错，这一班人在世的时候，卫国虽小，周围的大国却不敢吞并它。季札到晋国，看到韩宣子、赵文子、魏献子这三位大夫势力膨胀，预言道："晋国政权将要落到这三家了。"果如他所言，晋国分裂成了韩、赵、魏三个国家，史称"三家分晋"。总之，季札一路出使，会晤各国重臣，高谈政事，评论时势，无不准确，令人钦佩。通过季札，中原国家对吴国不再藐视，纷纷表示愿意与吴国通好，吴国的地位得到了极大的提升。

季札出使途中，还有一件特别为人称道的事。在今天江苏和山东交界之处有个徐国，徐国并不在季札出访的目的地之列，他只是路过。徐国国君慕季札之名，挽留他住一宿，盛宴款待，觥筹交错，相谈甚欢。席间，徐君的眼光几次掠过季札的佩剑，显然是很想要这把剑，但不好意思开口。季札因佩剑是使者的身份象征，不便当场赠送给他，也就装作不曾察觉对方的心思。待须访五国皆已访毕，季札回程时特地绕道再经徐国，不料徐君已经病故。季札备了祀牲，到徐君墓上祭拜一番，临走，解下佩剑挂在墓旁树上。随从人员说："徐君已死，吴剑珍贵，遗之若何？"季札说："当初我内心已答应了他，怎能因为徐君已死，我就违背承诺呢？"此事传开，季札被人视为礼仪和诚信的代表人物。

总而言之，季札堪称吴国的标志性人物，假如季札落在了楚昭王手里，他就有了与吴王谈判的资本。吴王不得不考虑影响，要他拿强占去的十多个楚国边城来换季札这个人质，他不能不乖乖从命。楚昭王对自己这个主意，越想越觉得高明，越想越开心，迫不及待地付诸实施了。

楚昭王招募了三百名勇士，给每人娶了一个漂亮的媳妇，造了一幢较大的宅院，置了百亩良田，然后，派他们去偷袭延陵，劫持季札。这一切，都是在极其保密的情况下进行的，楚昭王相信一定能成功，到时候就等着不可一世的吴王阖闾低声下气地来要求和谈吧。

楚昭王把整个计划都筹划得滴水不漏，却忘了一件事，那就是吴国有个孙武，这孙武是间谍战的大师。孙武的十三篇兵法，专门有一篇“用间篇”，其中说道：“故用间有五：有因间，有内间，有反间，有死间，有生间。五间俱起，莫知其道，是谓神纪，人君之宝也。因间者，因其乡人而用之；内间者，因其官人而用之；反间者，因其敌间而用之；死间者，为诳事于外，令吾闻知之而传于敌间也；生间者，反报也。故三军之事，莫亲于间，赏莫厚于间，事莫密于间，非圣贤不能用间，非仁义不能使间，非微妙不能得间之实。微哉微哉！无所不用间也。间事未发而先闻者，间与所告者兼死。凡军之所欲击，城之所欲攻，人之所欲杀，必先知其守将、左右、谒者、门者、舍人之姓名，令吾间必索知之。敌间之来间我者，因而利之，导而舍之，故反间可得而用也；因是而知之，故因间、内间可得而使也；因是而知之，故死间为诳事，可使告敌；因是而知之，故生间可使如期。五间之事，主必知之，知之必在于反间，故反间不可不厚也。”

间谍的实际运用，演化为五种，即因间、内间、反间、死间、生间。五种间谍同时用起来，使敌人无从捉摸我用间的规律，这是使用间谍神妙莫测的方法，也正是国君克敌制胜的法宝。所谓因间，是指利用敌人的同乡做间谍；所谓内间，就是利用敌方官吏做间谍；所谓反间，就是使敌方间谍为我所用；所谓死间，是指制造散布假情报，通过我方间谍将假情报传给敌间，诱使敌人上当，一旦真情败露，我间难免一死；所谓生间，就是侦察后能活着回来报告敌情的人。

孙武在吴军占领楚城期间，将“用间篇”用到了极致，在楚国百姓和官吏中物色了大批间谍，现在楚昭王的一举一动，都会在最短时间内传到孙武那里。孙武获悉了楚昭王派出三百勇士前来劫持季札的消息，立即点齐一千精兵，由他亲率飞骑赶往延陵，设下埋伏，使楚国的偷袭人马落了个被围齐歼的下场，一个也没能活着回去。

楚昭王得到失败的消息，只能叹息。孙武巧破昭王计，这真是应了苏州人的一句俗话，叫作：“棋高一着，缚手缚脚。”

柏举大决战

口述：余第，苏州市吴中区人。

收集整理：卢群，苏州市姑苏区人，采集日期：1987年4月5日。张瑞照，苏州市吴中区人，2014年6月3日整理供稿。

公元前506年，吴王阖闾命孙武、伍子胥统率骁勇甲士三万，水陆并进征伐楚国。楚军以二十万兵马应战，双方在楚都郢城北郊（今湖北江陵北）百里外排阵布兵，双方拉锯了一段时间，等待大决战。史称，吴楚"柏举大战"。

楚国疆域、人口皆数倍于吴，长期以来以强凌弱，尤其是两国边民，为了争桑地，经常摩擦械斗，直至引发战事。历代吴王都受过楚国欺压，如今吴国强盛了，吴王阖闾怎会不和宿敌算总账！这次，吴王利用唐（今湖北随州西北）、蔡（今河南新蔡）两国与楚的矛盾，将其争取为吴的盟国，既使楚陷于孤立，又扼楚之要冲地带。

此时，楚国令尹囊瓦（国相，又名子常）亲率三军，渡过汉水，至小别山列成阵势，遣其爱将史皇出兵挑战。

孙武使吴军先锋将夫概迎之。夫概选勇士三百人，俱用坚木为大棒，一遇楚兵，没头没脑挥棒乱打。楚兵从未见过此军形和武器，措手不及，被吴兵乱打一阵，史皇大败而走。

囊瓦初战失利，并不在意，对众将说：“孙武十有八九会认为我军受挫，不敢妄动，他的营寨扎在大别山之下，不如今夜出其不意，往劫之，以建大功。”囊瓦挑选精兵万人，披挂衔枚，从间道杀往大别山。

谁知孙武已料到敌帅心思，吩咐将士道：“囊瓦乃斗筲之辈，贪功侥幸。今史皇小挫，楚军未有大亏损，囊瓦将要小聪明，今夜必来掩袭我营，不可不备。”乃令夫概、专毅各引本部，伏于大别山之左右，但听哨角为号，方许杀出。使唐、蔡二君，分两路接应。及至三更，囊瓦果然引精兵悄悄从山后抄出，扑到吴军大营，见寂然无人，情知不妙，急令撤退，已来不及了。只听得哨角齐鸣，夫概、专毅两军

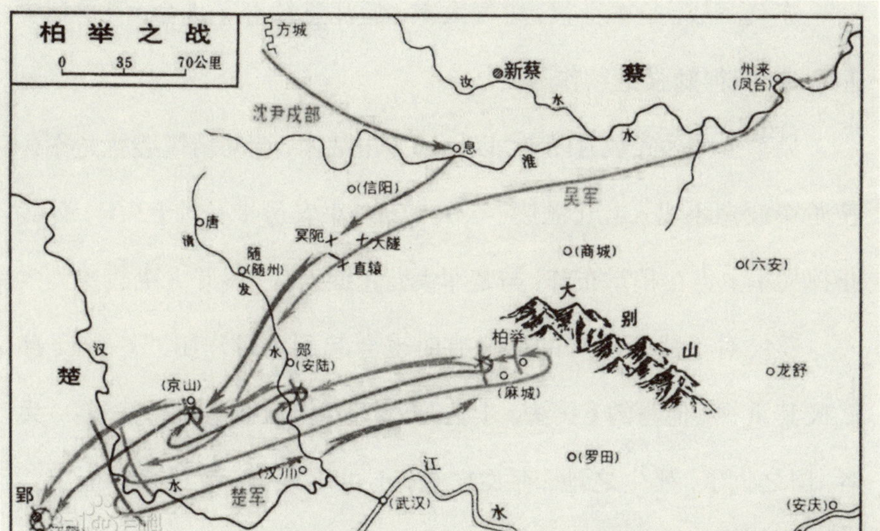

从左右突出夹攻，囊瓦且战且走，兵士折损三分之一，才得走脱。又闻鼓声大震，右有蔡侯，左有唐侯，两下截杀，楚军又失三分之一。囊瓦带着残兵逃回本寨，好在大部兵马尚在，这才心安。囊瓦把部将召集到一起，说道：“孙武用兵，果有机变！以后不可贸然与战，需寻找有利于我的战机，与之决战。毕竟我军数倍于他，一战而定胜负，对于我军方是上策。”

囊瓦打着这样的如意算盘，等待决战的日子，孰料孙武避开楚军防守正面，沿淮水迂回进军，由楚守备薄弱的东北部直驱楚国内腹的江汉地区，打破了囊瓦的战略部署，进而引诱楚军调动，使其脱离有利阵地，逼迫楚军慌乱回防，仓促布阵。楚军尚未开战，已显被动。然而楚军毕竟多出吴军三倍之多，进行的又是一场国都保卫战，必定拼死抵御，全力反扑，吴军若要以少赢多，一举荡平楚营，又有什么克敌制胜之术？

连续三战，楚军受挫，锐气大减。囊瓦意欲弃军逃命，但受到史皇指责，只得勉强继续作战。

吴军主帅孙武数月以来，以迂回游击战术，调动精锐袭扰楚军，使楚军疲惫不堪、士气颓废。公元前506年农历十一月十八日，孙武指挥吴军主力在柏举布阵，与楚军大营正面对垒，展开大决战。

气候对于战场形势的变化有时也会起到关键作用，这一点，孙武极其重视。他写的《兵法》十三篇，第一篇《计篇》开头就说：“兵者，国之大事，死生之地，存亡之道，不可不察也。故经之以五事，校之以计而索其情：一曰道，二曰天，三曰地，四曰将，五曰法。”他对“天”的解释是：“天者，阴阳、寒暑、时制也。”孙武这段话的意思是：战争，是国家的头等大事，是关系民众生死的所在，是决定国家存亡的途径，不能不认真加以考察、研究。应该以五个方面的情实为纲，通过具体比较双方的基本条件来探讨战争胜负的情形：一是道，二是天，三是地，四是将，五是法。所谓天，就是气候的阴晴、寒暑，四季节令的更替规律等。孙武既然如此深谙气候的重要性，对如何让老天爷介入这场决战，他早已成竹在胸了。

孙武在军中特设“风角”一职，相当于现代军队的气象处长，专司天气预报工作。孙武聘请的几位“风角”，都是上知天文、下知地理的饱学之士，他们预报天气，三只指头捏田螺，十拿九稳。

吴军在柏举扎下营栅之后，“风角”们夜观天象，夜夜不辍，到第五天，非常肯定地告诉孙武，后天申时，必有大风。

孙武于是严令全军坚守不出，楚军来攻，以硬弩利矢射退，不可出营追击，如擅出一卒，斩！在击退敌军进攻之余，吴军上下均在赶制眼罩。

到了第三天傍晚时分，好端端的天气突然狂风大作，尘土铺天盖地，正在轮番冲锋的楚军眼都睁不开，全成了掐头苍蝇，在吴军营栅前乱奔瞎撞。孙武抓住时机，亲自擂鼓，顿时营门大开，战车成队驰出，数千戴着眼罩的吴军将士丝毫不受风沙影响，砍瓜似的，一路砍杀敌军。楚军大溃。

孙武见夫概的五千精锐已突袭楚军主营，乃乘机以主力投入交战，不到一个时辰，楚军阵势大乱，相互践踏，踏死的比砍死的还多，楚将史皇也战死沙场，楚军主帅囊瓦失魂落魄，弃军向郑国逃奔。

楚军遭重创后，成了没头的苍蝇，大部分狼狈地向西溃逃。孙武指挥吴军及时实施追击，尾随不舍，终于在柏举西南的清发水（今湖北安陆西的涢水）追及渡河逃命的楚军。吴军再度给楚军以沉重的打击，一部分楚军已逃至雍澨（今湖北京山西南）。吴军追及正在埋锅造饭的楚囊瓦军残部。楚残军来不及吃饭，又弃锅而逃，却给吴军饱餐了一顿。

吴军继续追杀楚军，这时遭遇回救楚军的沈尹戌部，他从由息（今河南息县西南）募军而回。两军经过激烈的拼杀，楚军又战败，主将沈尹戌伤重身亡。至此，吴军五战五捷，楚军全线崩溃，郢都（今湖北江陵西北）完全暴露在吴军面前。

吴楚著名的战役——柏举之战，吴国仅以三万兵力，便击溃了楚国二十万大军。孙武创造了春秋史上最著名的以少胜多的经典战例。

大破楚都城

口述： 李培林，张家港市乐余镇人。

收集整理： 李洲芳，今苏州市吴中区人；谈世茂，今苏州市吴中区人，根据明末吴中人冯梦龙编著的《东周列国志》，走访收集地方史料，再补充整理，2013年供稿。

柏举大战后，楚军遭受重创，一部分溃逃郢都。虚岁十八的楚昭王听到前线楚军失败的消息，知道问题严重，不是闹着玩的，事关楚国的生死存亡。他继位十年，都是楚尹、大臣们在辅政，如今楚令尹囊瓦（子常）临阵脱逃去了郑国，左司马沈尹戌和大将史皇、薳射等已战死，他真有点手足无措。

于是，楚昭王急召大臣商议抗击吴军、保卫都城的对策。经过一番争议，他最后做出这样的决定，发布了命令："大将斗巢，领兵一万，镇守麦城（今湖北省当阳市两河镇），必须挡住北路，捍卫郢都。副将宋木，领兵一万，镇守纪南山，挡住西北路。右司马公子申，领兵两万，扼守鲁洑江，挡住东路。楚昭王庶兄子西、子期，带领文武官员，固守郢城。至于南路，因有江河之险，吴军无船，无须防守。"

楚昭王毕竟逍遥惯了，他坚信楚都易守难攻，故而下达命令之后就啥事不管了。

讲起楚国都城，确是易守难攻，因有大城（外郭城）与小城（内宫城）两个城。大城（外郭城）原名纪南城，是公元前689年，楚文王当政，从丹阳迁都筑城于纪山之南而名。此城长方形，规模宏大，东西长九里，南北宽七里。纪南城有城门十个，其中有七个陆门、三个水门。当时，纪南城内以等级分区，有王宫（殿）区、贵族区，平民区和手工业作坊区。

公元前528年，楚平王当政时，为防卫外国入侵和楚国百姓造反，他将纪南城原东南角的王宫（殿）区改造，并向南扩建，四周挖了四五十米宽的护城河，加一道六米高的内城墙，改造成南北、东西各三里的正方形小城，四周城墙中间各开一个城门，四角设有烽火台，在城门上方写有“郢城”二字。

从此，楚都有大小、内外城之别，平民、商人及小官吏、军卒都居住在外郭城（纪南城）。楚国官署、王宫（殿）都设在郢城的高墙之内，君王、贵族、高官等居小（内）城。以外郭城护卫内宫城，固若金汤。

再说，吴军渡过汉水以后，主帅孙武传令分工：伍子胥领兵一部攻打麦城，消灭楚援军；伯嚭领兵一部，保驾护王（阖闾）；自己领兵主力，与夫概等将攻打楚都城。

公元前506年农历十一月二十五日，孙武指挥吴军开始围攻楚都，他知晓有外、内两城，均以城高池深、墙厚壁坚、易守难攻著称。这是楚都的优势，其劣势是城址在江河中段，地势较低。

孙武亲自带吴军先锋将夫概登上虎牙山，查看周边地形，孙武看到城北有一条大江，水势滔滔，名叫漳江；城西有一湖，波平如镜，名叫赤湖，赤湖之水经一小河直通郢城下。他边看边想，心生一计，手指着前方对夫概说："先锋将军请看，楚都两道城墙高而坚固，硬攻不行。但可利用它的致命弱点，只要如何……郢城即可破也。"

夫概一听，连称好计。传命部下，迅速于高阜之处驻扎。然后，兵分两路；一路三天之内，掘开新河一道，引漳江之水，通于赤湖；另一路三天之内把赤湖的下游长堤加高，围住江水，使那赤湖水高起一丈。事真有巧，虽是冬季，却在第三天夜里，西风大发，乌云翻滚，霎时，暴雨倾盆而下，漳河之水大涨，孙武便命兵士掘开上坝，将漳江之水引入赤湖。

一时间，漳江之水犹如万马奔腾，直下赤湖，再由赤湖冲往外城郭。外城守将宋木，只道江涨，驱城中百姓奔郢都避水。哪知水势浩大，连郢都城下，也一望如江了。守城楚兵见纪南城内江水滔滔，一片汪洋，知大水是吴军决开漳江所致，一片惊惶，各自抢船逃生。

这时，孙武下令，将事先准备好的山上竹筏，摆开队形，叫吴军前锋数千士兵乘筏顺流而下，直奔城内冲杀而来。吴军主力攻破了外郭城，大部队长驱直入。

那边，伍子胥兵临麦城发现该城的城墙高大厚实，非常坚固。城墙上楚军旌旗招展，戈戟成林，城门紧闭。守城兵丁人人弓上弦，个个刀出鞘，杀气腾腾。伍子胥派兵叫阵，城里的守将斗巢置之不理，伍子胥用引蛇出洞的计谋，斩杀了斗巢，拿下了麦城。

接着，孙武和伍子胥兵合一处，攻打楚都内城——郢城。吴军兵临内城下，这下子火烧屁股，楚昭王心急如焚，神经高度紧张。楚昭王虽见大势已去，但不甘心被灭亡，指挥郢城楚军企图据城顽抗。他派子西守东门，子期、斗辛守南门，申包胥守西门，王孙由守北门。他的策略是先力战，战而不胜则死守，守不住就撤离，撤离后再见机行事，一句话，就是要克敌求存。

郢城东北与雨台山相邻，东临庙湖，有险可据，其坚固程度远非一般城池所能相比，如铁桶一般，可谓针插不入、水泼不进。三步一岗，五步一哨，道道关、步步卡，戒备森严，哪怕是一只麻雀，也休想飞进郢都。

对吴军来说，攻内城确实困难，然而这是一块非啃不可的骨头。怎么啃法呢？孙武自有办法。他派伍子胥攻南门，夫概攻东门，伯嚭攻西门，唐、蔡两君攻北门。孙武对众将说："我军攻击突破的目标放在南门。因为南门的地势最险峻、最难攻，是楚军最有把握守住的地方。然而它也是楚军持其险而守备最为薄弱的地方。为了让郢城的南门成为软肋中的软肋，孙武命令夫概，伯嚭，唐、蔡两军，提前两个时辰先攻东、西、北三门。吴军诱使楚军调南门之兵去支援其他三门，而使南门空虚。"

吴军攻城战争一打响，楚军的动作果然都在孙武的预料之中，两个时辰之后，伍子胥指挥吴军攻打南门。死伤五十，上一百，死伤一百，上两百，死伤两百，上四百。就这样，吴军以泰山压顶之势、激流飞瀑之威，前仆后继式地进攻……

至此，楚昭王意识到郢都已经难以坚守了，于是在十一月二十八日深夜，乘着天黑和伯嚭在西门的堵截疏漏，他带了诸将及少数随从和一个妹妹乘船西逃。孙武发觉楚昭王等人已逃遁时，派一队吴兵驱车追杀。楚军点着火燧系于象尾，纵象群冲向吴军，吴军避之，耽误了时机。于是，楚昭王摆脱了吴军追击，逃奔郧地，后又投奔随国去了。

翌日清晨，楚郢都的城门在吴军进攻中应声倒地，吴军像潮水一样涌入城中，占领了楚都心脏——郢城。

孙武三进言

采集整理：谈世茂，今苏州市吴中区人，根据明末吴中人冯梦龙编著的《东周列国志》及吴地民间传说资料，选摘整理，2013年供稿。

“将听吾计，用之必胜，留之；将不听吾计，用之必败，去之。”这是孙武在兵法中对吴王说的。孙武为将后，一开始，吴王对孙武和伍子胥的意见几乎是言听计从。可在吴军伐楚取得几次胜利后，吴王因胜而骄，就不把孙武的话当回事了。相传，孙武曾三次借机向吴王建言。

第一次，以将不离兵，拒住东宫。

当时，吴军占领了楚国都城，上上下下一片欢腾。吴王阖闾更是欣喜若狂。他升楚王之殿，接受百官贺拜，然后是唐、蔡二君，入朝致辞庆贺。阖闾兴奋之际，吩咐手下置高酒隆重庆祝，甚至荒唐地让将领们按官爵等级，分别住进楚国大臣们的官府，孙武不愿去。

阖闾派人再请孙武进驻楚国太子宫，并告知孙武，千里征战，孙将军功劳最大，应该在东宫住下，休息几日。

孙武说："从古到今，将不离兵，部队指挥中枢都在营寨，没有把营寨安置在宫殿之理。将军如果离开营寨，将军就不成将军，军队也不成军队，主帅离开中军，这个主帅就不能成为主帅。"阖闾见孙武态度坚决，也不勉强。是晚，阖闾住在楚王宫，左右得楚王夫人以进。而孙武呢，先派士卒察访，得悉郊外有个大庙，庙中无人，于是在郊外的破庙中住下，同时部署军队以守四邻。

第二次，以兵以义动，不毁宗庙。

吴军进入郢城后，伍子胥报仇心切，他向吴王建议，将楚王宗庙拆毁，以示楚国灭亡。孙武进言："兵以义动，方为有名。楚平王废太子建而立秦女之子，任用馋贪，内杀忠良，而外行暴于诸侯，是以吴得至此。今楚都已破，宜召太子建之子芈胜，立之为君，使主宗庙，以更昭王之位。楚人怜故太子无辜，必然相安，而芈胜怀吴德，世世贡献不绝。我王虽赦楚，犹得楚也。如此，则名实俱全矣！"

阖闾贪于灭楚，不听孙武之言，让吴军焚毁楚之宗庙。唐、蔡二君各辞归本国，阖闾又置酒章华之台，大宴群臣，群臣皆喜。阖闾看到伍子胥不但不喜，反而痛哭不已，问："卿报楚之志已酬矣，又何悲乎？"伍子胥含泪回答："平王已死，昭王复逃，臣父兄之仇，尚未报万分之一也。"阖闾问："卿欲何如？"伍子胥对曰："乞大王许臣掘平王之墓，开棺斩首，方可泄臣之恨。"阖闾曰："卿为德于寡人多矣，寡人何爱于枯骨，不慰卿之私？"遂许之。

伍子胥率本部兵丁去掘平王之墓，鞭平王之尸。吴军在郢城班楚宫、毁宗庙和伍子胥鞭尸等一系列举动，进一步激起楚人对吴军的极大愤怒。此时,吴王才感悟到孙武之言的准确。

第三次,以欲斩伯嚭,整治军纪。

吴军占领楚国都城后,楚国即将灭亡。楚臣申包胥为了挽救危局,飞奔到秦国,在秦廷哭诉了七天七夜,讨到救兵。秦楚联军于沂水与吴将夫概部会战,将夫概打得大败,吴王阖闾大惊失色。孙武进曰:“兵,凶器,可暂用而不可久也,且楚国土地广阔,人心对吴有不服,若久处楚宫,与之相持。楚人愤怒,吴人骄而惰,加之虎狼之秦,臣未保其万全。当今之计,一是请王立芈胜为楚王,以安抚民心。二是与秦国通好,许以复楚君,不灭楚。三是割楚之东部,以扩大吴国疆土。如此对吴国不会不利也。”伍子胥亦赞同孙武的意见,吴王阖闾也同意,可这时,伯嚭出来坚决反对。伯嚭说:“我们吴军从吴都出发,一路破竹而下,五战拔郢,今只遇到几千秦兵,即想班师回国,为什么以前那么勇敢而现在如此胆小呢?”还说:“愿领兵一万,必使秦兵片甲不回。如若不胜,甘当军令!”

孙武与伍子胥再三劝阻,不可交兵,伯嚭不从。吴王阖闾听到伯嚭信心十足、态度坚决,于是许之。

伯嚭引兵出城,在军祥(今湖北)与秦军相遇。伯嚭自恃强大,列阵迎敌。他看到秦军行列不整,以为不堪一击,便下令击鼓,驰车突入。正遇楚将子西,子西对伯嚭高声大骂:“你这个叛国逆夫,今日何颜相见?”

伯嚭大怒,挺戟直取子西,子西挥戈相迎,战不数合,子西诈败而走,伯嚭穷追不放,不一会,左边,楚将沈诸梁带了一支军队杀来;

右边，楚将薳延带了一支军队杀来；秦将子蒲、子虎率领主力，从中直贯吴阵。如此三路兵马，将伯嚭团团围住。伯嚭左冲右突，不得解脱。这时，伍子胥飞兵赶到，大杀一阵，救出伯嚭。此时，伯嚭的一万吴军所存不足两千。

伯嚭自囚，入见吴王，等待治罪。孙武对伍子胥说：“伯嚭为人，矜功自任，久后必为吴国之患，不如乘此兵败，以军令斩之。”

但是伍子胥顾及同乡之情，说：“伯嚭虽有丧师之罪，然而他前功不小，如今又大敌当前，不可斩一员大将。”吴王阖闾听了伍子胥的话，遂赦伯嚭死罪。这在吴国种下了祸根。

冯梦龙对孙武三次进言，十分赞赏，故在《东周列国志》中总结了孙武功绩，其诗曰：“孙子之才，彰于伍员；法行二嫔，威震三军。大伸于楚，小挫于秦。智非偏拙，谋不尽行；不受爵禄，知亡知存。身出道显，身去名存。书十三篇，兵家所尊。”

见虐生退意

口述：余第，苏州市吴中区人。
采集整理：卢群，苏州市姑苏区人，采集日期：1986年9月2日。张瑞照，苏州市吴中区人，2014年5月30日整理供稿。

吴楚之战，乃经历了诱敌迂回战、柏举大战、清发水追击战、雍澨败援战、入郢攻坚战五个阶段，吴军五战五捷，吴王阖闾上前劳军，孙武、伍子胥随奉吴王入楚都郢城。

吴王阖闾升楚王之殿，百官拜贺已毕，然后唐、蔡二君亦入朝致辞称庆。阖闾大喜，置酒高会，犒赏诸军兵丁。

是晚，阖闾宿于楚王之宫，侍卫搜得楚王后，献给吴王。楚王后年轻貌美，阖闾见了心旌摇曳，很想要她侍寝，但考虑到这样做有点不地道，故而犹豫不决。伍子胥进言道："国尚有之，况其妻乎？"意思是楚国都是大王您的了，楚国的一切，包括这个女人，大王尽管享用。伍子胥撺掇吴王占有楚王之妻，用意在于羞辱楚国，以此宣泄自己对故国的仇恨。阖闾经伍子胥这么一劝，便不再客气，将楚王后占有了。大王开了头，下面的文臣武将纷纷效学，吴大夫占楚大夫之宅，吴将领居楚将领之室，都把人家的妻妾收用了。兵卒则占百姓之屋，霸平民妻女。郢城遭此劫难，楚人将吴军视为仇寇。

孙武得到消息，想要进谏劝阻，已来不及了，只能叹息不止。为这件事，孙武对伍子胥颇有微词。

第二天早朝，伍子胥向吴王建议，欲将楚宗庙尽行拆毁。毁一国之宗庙，等于宣告并吞了该国，这会引起诸侯们的强烈反感，无疑为吴国四处树敌。孙武赶紧进言道："大王，兵以义动，方为有名。平王废太子建而立秦女之子，任用谗贪，内戮忠良，而外行暴于诸侯，是以吴得至此。今楚都已破，宜召太子建之子芈胜，立之为君，使主宗庙，以更昭王之位。楚人怜故太子无辜，必然相安，而胜怀吴德，世世贡献不绝。吴虽赦楚，犹得楚也。如此，则名实俱全矣！"阖闾贪于灭楚，不听孙武之言，下令焚毁楚王宗庙。孙武对伍子胥的不满，又增了几分。

阖闾再次大摆宴席，大宴群臣，乐工奏乐，群臣皆喜，唯伍子胥痛哭不已。阖闾问："卿报楚之志已酬矣，又何悲乎？"伍子胥泣道："平王已死，昭王出逃，臣父兄

之仇，尚未报万分之一也。”阖闾问：“卿欲何如？”伍子胥道：“乞大王许臣掘平王之冢墓，开棺斩首，方可泄臣之恨。”阖闾道：“卿为寡人立功多矣，寡人怎会爱惜楚王的枯骨，而不让爱卿得到这样的满足呢？卿之所请，寡人允了。”孙武私下劝伍子胥，希望他不要一心只在报私仇上，而激起楚人更大的愤怒。伍子胥回答他：“贤弟，这事任谁也改变不了我，我奔吴为的就是这一天，只要能出这口气，什么后果我都不管。”孙武听了，唯叹无语。

伍子胥靠着赏金，访知楚平王之墓在郢城东门外寥台湖，乃引本部兵往。但见平原衰草，湖水茫茫，无法找到墓的确切位置。派了一批批水兵潜下湖去搜觅，亦无踪影。伍子胥捶胸向天而号：“天乎，天乎！不令我报父兄之怨乎？”

这时有个老翁求见，对伍子胥揖而问道：“将军一定要找到平王之冢么？”伍子胥咬牙切齿道：“平王弃子夺媳，杀忠任佞，灭我宗族，我生不能加兵其颈，死亦当戮其尸，以报父兄于地下。”老翁道：“平王自知仇人太多，恐死后被人发掘其墓，故葬于湖中。将军必欲得其棺，需涸湖水而求之，乃可见也。”

伍子胥闻言，不惜驱使将士昼夜戽水，花了整整一个月，累垮了数百士卒，总算让湖底露了出来。经老翁指点，将士从淤泥下挖出一具石棺。石棺抬上岸来，将士撬开棺盖，拽出尸体，伍子胥验之，确是楚平王之身。因用水银殓过，肤肉不变。

伍子胥怨气冲天，手持九节铜鞭，鞭尸三百，致尸体肉烂骨折。但他还不解恨，又以左足践尸腹，右手抉尸目，骂道：“你生时枉有目珠，不辨忠佞，听信谗言，杀我父兄，乃有今日之报！”取刀断平王之头，毁其衣衾棺木，同骸骨弃于原野。

做完这一切，伍子胥问老翁：“老丈，你何以知悉平王葬处的？”老翁道：“当年平王也是抽干了湖水，为自己筑墓湖中的，我就是筑墓的五十余个石工中的一个，墓冢筑成，恐我们泄露秘密，将诸工尽杀冢内，只有我一人逃脱。平王死后入棺，放水盈湖，本来倒是掩盖了墓冢踪影，却不料还有个老不死的我，可以替将军指明墓址，亦借将军之手为五十余冤鬼稍偿其恨耳！”伍子胥取金帛厚酬老翁，老翁称谢而去。

伍子胥回到郢城，对孙武讲了那老翁的情况，意在证明自己鞭尸是顺应民心之举。孙武想对他说：“楚人恨平王，理所应当，你如今身为吴国大臣，却这样对待楚王之尸，就是吴国对楚国施暴，只会惹恼楚人，于吴大不利。”但他没有把这些话说出口，因为他觉得说了也不能让对方接受。

孙武与伍子胥，原是无话不谈的，现在说话要掂量掂量了，这一对知己朋友分明有了隔阂。

按伍子胥的心思，还想率军追捕楚昭王。他没能亲手杀了楚平王，就将一腔怨怒迁到其儿子头上，总要抓到昭王加以惩罚方始称心。可是，半路冒出个申包胥，使他的打算落了空。

申包胥是楚国大臣，为了挽救国家，前往秦国求援。秦哀公开始并不愿意发兵救楚，申包胥不脱衣冠，立于秦庭之中，昼夜号哭，不绝其声。如此七日七夜，水浆一勺不入其口。哀公闻之，大惊道：“楚臣之急其君，一至是乎？楚有贤臣如此，吴犹欲灭之，寡人无此贤臣，吴岂能相容哉？”秦哀公命大将子蒲、子虎帅车五百乘，由申包胥带领，开赴楚国，准备与吴军进行战斗。

阖闾问计于臣，孙武详叙天下大势、双方力量对比、胜负各占几成、天时地利人和对谁有利，最后，加重语气说道：“兵，凶器，可暂用而不可久也。且楚土地尚广，人心未肯服于吴，臣前请王立芈胜以抚楚，正虞今日之变耳。为今之计，不如遣使与秦通好，许复楚君，割楚之东鄙，以益吴疆，君亦不为无利也！若久恋楚宫，与之相持，楚人愤而力，吴人骄而惰，加以虎狼之秦，臣未保其万全。”说得阖闾当即决定撤出楚地，回军吴都。

孙武力主撤出楚国，暗藏着代吴王及伍子胥补偿楚民之意。阖闾和伍子胥君臣两个在郢城的所作所为，令孙武很失望，他不由得萌生了退意。替吴王取得伐楚大捷的成果后，孙武却打算退出吴国重臣之列，这是大家始料未及的。

平叛逐夫概

口述：余第，苏州市吴中区人。

采集整理：卢群，苏州市姑苏区人，采集日期：1986年9月2日。张瑞照，苏州市吴中区人，2014年5月30日整理供稿。

阖闾之弟夫概，自恃在破楚之役中建有大功，却未获得王兄提拔，仍然让他做孙武麾下一个部将，因此心中郁郁不乐。吴王阖闾听探子来报，其弟夫概在营中酒醉之后牢骚满腹，于是把他召来，厉声斥道："断不可再行如此，否则严惩不贷。"

夫概当面向阖闾点头认错，然而回至营中不久，及闻伯嚭与秦军一战而失利，夫概忽然心动，想道："阖闾是个要面子的人，输了一仗，定会看作奇耻大辱，必然会留在楚地和秦军决一死战，我可不愿奉陪了。"

"吴国之制，兄终弟及，是当年王爷爷立的规矩，阖闾之后，我应嗣位，可是阖闾已立其子波为太子，我不得立矣。乘此大兵出征，国内空虚之机，我何不赶紧归国，称王夺位，岂不胜于久后相争乎？"打定主意，便引本部军马，偷偷离开驻地，渡过汉水，派儿子扶臧分兵一部据淮水，以遏吴王阖闾归路。自己则日夜兼程，赶到吴都大城下，诈称：“阖闾兵败于秦，不知所往，我当次立！”

吴都留守太子波与大将专毅，闻变即关闭六门，登城守御，不容夫概入城。夫概迫不及待地在城外筑土坛，祭了天地，自称吴王。夫概欲攻大城，但手中兵力有限，只有自己本部所属的五千兵马，另有两千给扶臧带着驻守淮河了。他面对的是吴国都城，易守难攻，真有点老虎吃刺猬——无从下嘴之感。夫概见自己势单力孤，难以有所作为，感到骑虎难下，不知如何是好。

家臣州立为夫概献策道：“现在吴王正在郢都和秦师对垒，不能脱身。环视吴国周围，看来只有越国可用。大王不如遣使越国，许以重货，说服越王出兵夹攻姑苏。如越王愿意出手相助，大城可破也！”夫概频频点头，便命州立为使联络越国，请越王进军吴境，许诺事成之后，割五城为谢。

再说阖闾，因秦军灭了八千吴卒，不禁愤愤，本打算撤兵回国的，现在也要重新考虑了。阖闾寻思，若此时退归本国，知道的说他是按原计划行事的，不知道的只认为他吃了一次败仗，怕了秦军才走的，这个脸他丢不起！阖闾有了这个心思，孙武再陈利害，他也听不进了。吴国大军就这样滞留在楚地，给夫概钻了空子。

阖闾还在楚地寻找与秦军对决的战机，国内警报传来，说是夫概引本部兵私回吴国去了。孙武道：“夫概此行，其必反矣！”阖闾这才觉得问题严重，问：“将若之何？”孙武道：“夫概一勇之夫，不足为虑，所虑者越人或闻变而动耳，王宜速归，先靖内乱。”

王弟叛乱，无异于在吴王的心脏上狠狠扎了一刀，致使阖闾内心流血，无比心痛。于是，阖闾下了退兵的决心，打算率全军回国平定内乱。

孙武却一反常态，说："大王，时至今日，三军不可全撤。"阖闾讶然问："撤军不是你极力主张的么，怎么又说不可全撤了？"孙武提醒说："我军如此仓促地撤出楚地，秦军不难料到吴国内部有变，怎会放我军顺利回国？秦军肯定会全力掩杀，急于回师的我军却很可能士气不再，这样的话，不但我军回不了本国，甚至全军都要大难临头，请大王三思。"

阖闾沉吟半晌，皱着眉头问："爱卿，你有两全之策么？"孙武说："可让伍将军率大部兵士留驻郢城，摆出不放弃灭楚的姿态，据城固守，吸引住秦军，大王与臣率一万人马回国平叛就可以了。"阖闾有些犹豫，说："寡人担心回国兵少，不能一举荡平叛贼。"

孙武说："夫概并非心腹大患，大王回师，其患自消。臣估计越国不会老实，十有八九会趁夫概之乱捞些好处。待我们这一万人马回去，伍将军便可与秦军脱离，绕道东南，包抄越兵，出其不意予以痛击，我们倒是捎带着拣了个大便宜。"

阖闾采纳了孙武的计谋，安排伍子胥屯兵郢城，摆足与秦军决战的架势，他本人则在孙武襄佐下，仅带精兵一万，顺长江东去。果然不出孙武所料，秦军注意力皆被吸引在了郢城，阖闾舟师得以顺利潜出楚境，一路顺风顺水，不日已到吴国边境。这时得太子波告急信，言："夫概造反称王，又结连越兵入寇，吴都危在旦夕。"阖闾已成竹在胸，一面命三军星夜驰归，一面遣使沿江传谕叛兵：“去夫概来归者，复其本位，后到者诛！”淮上之兵，皆倒戈来归，扶臧剩得孤身一人，惊慌失措，拍马狂奔，逃回父亲帐下。

这时，夫概欲驱城郊之民一起抵御阖闾，百姓闻吴王尚在，一齐走匿，夫概扩军不成，只得硬着头皮，率领本部残军出战。

阖闾列阵于阊门城下，用马鞭指着夫概，责问道：“我以手足相托，何故反叛？”夫概对答道：“你弑王僚，非反叛耶？”阖闾大怒，麾精锐军直进，夫概虽勇，怎奈寡不敌众，大败而走，扶臧具舟于江，以渡夫概，逃奔楚国，后遁往宋国去了。

阖闾抚定臣民，被太子波迎接入城。约月余，传来伍子胥击退越军的捷报，阖闾大喜。孙武运筹帷幄，又为吴国立了一功。

清代苏州城墙

东山演武墩

采集： 汪银培，江苏涟水人，1983年12月写入《中国名人名胜录》草稿，2005年其子汪育俊将其稿编入《淮涟一草集》。谈世茂，今苏州市吴中区人，2014年选摘补充整理供稿。

东山镇杨湾古街背后的山岗上，轩辕宫东南面，有一个演武墩，俗称阿五墩，它起源于2500多年前的春秋时期。

那时候，东山还是太湖中的一个孤岛，与西山岛遥遥相对，天然形成吴国西南方的一大门户，从楚国、越国来的商家，都要经过东、西山之间的水道再到吴国都城。

吴国为了防止敌人入侵，在东山和西山两个岛上都派有不少驻军，并设置了训练场所。东山后山的南望、北望这两个自然村名，就是因吴王在这里设的

两个瞭望所而得名。再如箭浮山，传说是春秋时制造弓箭的场所。凡是制作的弓箭都要到这里试射。士兵们在小岛上竖起箭靶，让射手试射，有时吴王也来试射。日积月累，箭在岛上及周围堆积如山，故名箭浮山。还有，与移山相邻的丰圻与长圻两个自然村名，也是因吴王派水军在此驻守而来。古代有“三城三圻”之制：“步兵屯于城，水军屯于圻。”丰圻与长圻的驻军与箭浮山的驻军正好形成遥相呼应之势。

这演武墩的由来，传说是有一次，吴王和孙武将军一同巡视东山驻军，突然命令驻东山的水军和步兵同时到长圻集结，不料步兵迟到了片刻，吴王发怒，问罪领队。领队从实说来：“平时训练都在平地，这次本想走近路，哪知山道崎岖，脚力不支，以致迟到。”

孙武上前一步，对吴王说：“主要是我考虑不周，求大王宽恕。”吴王听罢，认为确是实情，未加问罪。同时想到，吴军擅长水战，但敌国境内，既有水泽、平原，还有高山峻岭，今后军队训练，既要加强水战训练、平地训练，也要加强山地训练。吴王和孙武在返回吴城路上，经过杨湾，看到杨湾山岗地形作为操练步兵之地比较合适，从此，这个山岗就成了演武墩。

立于墩上远眺太湖，湖光山色，壮丽无比，橘树遍山野，茶果处处香。演武墩旁还有轩辕宫，古称胥王庙。后人在演武墩题诗一首：“此地曾经演武来，刀光戟影响风雷。健儿身手今何处，放眼唯余石一堆。”

神秘南武城

采集：邱维俊，苏州昆山市人，1995年参与文化考古，编录《南武城访考》；谈世茂，今苏州市吴中区人，2015年收集整理供稿。

今昆山市巴城镇西北四公里，与原吴县交界处有一个自然村，名“北潭村”，村内有一潭，称“武城潭”，又称“武神潭”。

相传为大军事家孙武奉吴王阖闾之命，在此精心构筑的一座攻防兼备的水寨城。由于历史变迁，武城湮灭，仅剩潭和一些依稀可辨的遗迹。

春秋时代是列国争雄称霸的时代。春秋末期，吴国和越国先后崛起，成为与中原北方大国抗衡的一支新的力量。吴、越两国都想在列国争雄的政治舞台上扮演未来霸主的角色，以致不和，战争不断。

阖闾当上吴王后，急不可待地实施谋越伐楚的军事行动，但他又担心越国及淮夷会乘虚而入，于是在吴都周围先后构筑了东城、吴城、胥城、濑渚城等防卫性城池。

传说，南武城就是这个时期由孙武设计并精心构筑而成的。这是一座具有水网地区特色的水寨城，与吴都（即今苏州古城区）形成犄角之势。它位于今阳澄湖东湖之北，东西宽3.5公里，南北长4公里，面积约14平方公里。

南武城设中央城、内城、外城。中央城内筑有神台。台南有长方形“神潭”，面积约30亩，可屯一队战船备检阅。有南北两个出口，设十二处水道，为“阴阳”式布局。河道直角拐弯，套围而不死，门开而实不通。境内迷网歧路，无一不是阴阳不断转换、五行生克莫测的蛇道。

南武城的四周，分别有塘、湖、江、港为障。城内可组织船队向周围的河道出兵，并可根据来敌方向，灵活选择出击方向，与围城之敌作反包围战斗。来犯者若单线进攻，则会很快遭围；来敌如已突入，则又会遇到死河或水下木桩阻拦，陷入进退两难之地，而最终只有死路一条。犯敌即使懂得“卦形”军防，但也难以攻克这座水寨城。

传说，南武城呈“卦形”的格局。古代八卦是以“乾、坤、离、坎、兑、巽、震、艮”八字，象征“天、地、雷、风、水、火、山、泽”八种自然现象，并通过互交，演化出八八六十四卦，有所谓“以通神明之德，以类万物之情”的含义。有人说，孙武设计的南武城就是按照“后天八卦图”而规划择地构筑的。

南武城建成后，有效地防御了越国水军对吴国的威胁。同时，由于孙武建城时对河道进行了疏浚和改道，使水患变水利，也使当地居民能安居乐业。因此，百姓为纪念孙武之功德，在南武城的神潭边，建造了一座武神庙，又名护国庵（该庙于1959年因建小学被拆毁，2002年6月恢复重建），庙里供奉着孙武像。由于武神庙的建立，那儿的乡名曾被称为“武神乡”。

春秋吴国南武城形貌图

（昆山市巴城镇人民政府提供）

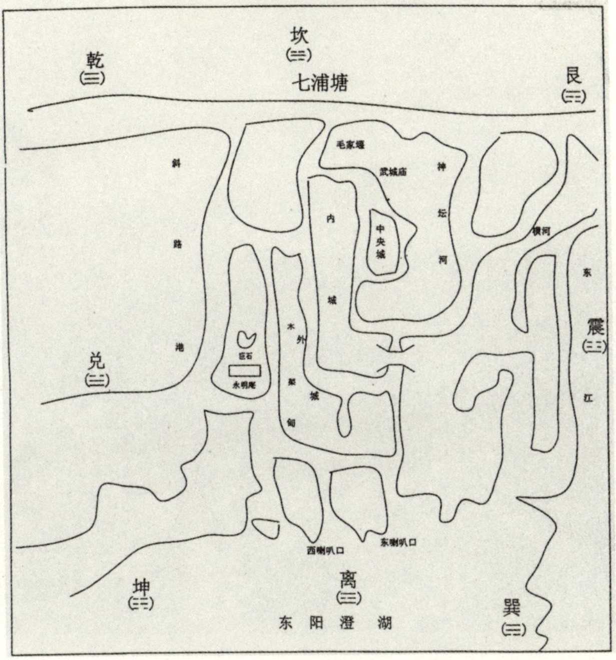

孙武文化园

第五编　终老吴地传智慧

吴国西破强楚，北威齐鲁，国力不断提升。正当吴国的鼎盛时期，吴王阖闾在与越国的交战中负伤，回途未及吴都便逝。伍子胥等扶阖闾之子夫差继位。

相传，孙武将军觉察吴王渐变，不愿继续就任，悄然遁入吴中乡间隐居，总结多年领兵作战之经验，对其原著兵经进行了加工和补充。一代兵圣终老吴地，墓葬吴城平门外十里（今苏州相城区元和街道御窑西南）。孙武的后裔在吴越故地生息繁衍，有一支孙氏在三国时创立了江东吴国。

孙武留下了兵家最优秀的经典——《孙子兵法》，这部兵经，千古流传、盛名不衰。如今，已成为世界文化之瑰宝，被译成日、英、法、德、俄、朝鲜、越南、希伯来等多种语言，世界上无数党、政、军、企的各类人员，都从《孙子兵法》中汲取智慧和营养……

看穿伯嚭相

口述： 余第，苏州市吴中区人。

采集整理： 卢群，苏州市姑苏区人，采集日期：2010年5月22日。张瑞照，苏州市吴中区人，2014年6月24日整理供稿。

楚臣申包胥借楚王后是秦国公主的姻亲关系，七日七夜哭于秦廷，使秦哀公怜之，同意发兵。申包胥搬来了秦国救兵，吴将军孙武审时度势，力主撤军，吴王阖闾也同意了孙武的意见，可是有个伯嚭跳了出来，表示反对。

孙武觉得伯嚭只为报杀父之仇、灭族之恨，不顾惜数万征战了十个月、疲惫不堪的吴军性命。如今天气已是隆冬，再与秦楚联军硬拼，破楚五战五捷便可能前功尽弃，恐怕吴国君王与将领及士兵也难以安全回家乡。这岂不是伯嚭为一己私利而不顾吴国的国家安危？孙武思维敏捷，洞察一切，剖断伯嚭入木三分。

当时，楚平王听信少傅费无忌的谗言，叫楚令尹子常将伯嚭之父处死，并株连全族。伯嚭侥幸逃离。听说另一位遭楚平王迫害的伍子胥在吴国受到重用，便来投奔。伍子胥与伯嚭虽无私交，却因遭遇相似，同病相怜，就将他举荐给了吴王阖闾。

吴王阖闾接纳伯嚭时，问道："听说你父亲遭费无忌谗害，被楚相所杀。你不嫌吴国僻远，投奔来此，有什么可以教导寡人的呢？"伯嚭的泪水一下涌了出来，悲悲切切地说道："先人无罪，横被暴诛。我不过是楚之一介亡虏，听说大王您收留了穷厄亡命的伍子胥，所以不远千里，归命大王。大王您有什么需要我效力的，万死不辞！"阖闾听罢，颇为伤叹，任伯嚭为大夫，让他与伍子胥一起图谋国事。因初来乍到，伯嚭在吴国还没有站稳脚跟，谈不上有多大的贪欲，一心想的是自己亡命异国、家仇未报，何日方能仰仗吴国之力，出师伐楚，以一雪父死族灭之辱。所以，他对伍子胥不仅恭敬相从，而且同舟共济、出谋划策，朝夕为训练吴师尽力，配合得倒也十分默契。

这次伐楚，伯嚭也是带兵将领之一，也很勇猛，保驾护王，受到吴王赏识，多次被赞扬。吴王也夸过伍子胥荐人很有眼光，使伍子胥也很高兴。然而，伯嚭在围攻郢都领兵守西门时，却是麻痹大意，被楚昭王钻了个空子，从西门城河中乘船溜走了。

此时，伯嚭见吴王要撤出楚地，他打起了小算盘，心想："我到吴国，一直在伍子胥之下。以我之才能，不输给他，只因他资格比我老，所以盖着我。我总要建个奇功，让大王高看我一眼，方可脱颖而出。如今，秦军前来，正是天赐于我的良机，我若能替大王赢这一仗，还怕不能一战成名么？"于是，伯嚭向阖闾进言，慷慨激昂地说道："我军自伐楚以来，一路势如破竹，锐不可当。如今一遇秦兵，就令班师，未免太胆怯了。臣愿领兵一万，杀得秦兵片甲不留。如若不胜，甘当军令！”

阖闾赞赏他的勇气，就令他领兵出战。伍子胥为伯嚭担心，劝道：“孙将军的主张，是有道理的，秦军乃虎狼之师，挟锐而来，我军久战已疲，与之交战胜算不大，你再考虑考虑。”伯嚭说：“伍前辈，孙将军是齐人，不像你我于楚王有深仇大恨，他可以建议避秦，你我不可怯战。”伍子胥被他的几句话说动，就不再拦他。

伯嚭引兵出战，与秦军相遇，两军排开阵势。伯嚭取胜心切，不待稳住阵脚，便下令击鼓，驰车突入秦阵，正遇秦将子西，伯嚭挺戟直取子西，子西亦挥戈相迎，战不数合，子西诈败而走。

伯嚭挥军追击，未及二里，左边一支秦军杀来，右边也有一支秦军杀来，秦将子蒲、子虎引生力军，从中直贯吴阵，三路秦军把吴军截为三处。伯嚭左冲右突，不能得脱。幸亏伍子胥放心不下，率军来援，大杀一阵，才救出伯嚭。伯嚭带去的一万军马，所剩不足两千人，只得自缚入见吴王，待罪请惩。

那时，孙武进一步感到伯嚭为人不端，擅于投机取巧，好大喜功，此种乱纲之人万万留不得。故而，孙武对伍子胥说：“伯嚭贪功，方有此惨败，损卒八千，我们入楚以来，有哪一仗战死过这么多士兵的？这个人心术不正，您为什么那么信任他呢？”伍子胥答道：“我与伯嚭有相同的怨仇。贤弟，你没听过《河上歌》所唱的‘同病相怜，同忧相救’么？我与他就好比惊飞的鸟儿，追逐着聚集到一块，有什么可奇怪的呢？”

孙武又说：“你只见其表，不见其内。我看伯嚭为人，鹰视虎步，本性贪佞，专功而枉为。他若得到重用，久后必为吴国之患。不如乘此兵败，以军令斩之！”伍子胥却摇摇头，执拗地说：“伯嚭这次虽有丧师之罪，但也有前功。大王要实现霸业，正是用人之时，不可斩一大将。”

伍子胥不听孙武劝告，奏禀吴王，还以自己的身家性命力保伯嚭，阖闾看在伍子胥的面上，赦免了伯嚭。

若干年后，果然被孙武言中，伯嚭贪婪的本性暴发，收受了越王勾践的重贿，吃里爬外，替勾践说话，让吴王夫差上当，给吴国造成了严重危机，最终，吴国为勾践所灭。另外，伍子胥的屈死（被夫差赐剑自刎），也与伯嚭的不断谗言、诋毁大有关系。如果当时伍子胥清醒些，认真考虑孙武的意见，促成吴王阖闾严惩败将伯嚭，或许吴国后来的历史会改写，夫差也就不一定会失国。

设宴探子胥

口述： 郁忠康，苏州市吴中区胥口镇新河村人。
采集整理： 李洲芳，今苏州市吴中区人，2013年供稿。

一桌丰盛的酒水放在中帐里，这是孙武自入吴以来，第一次设宴请客。他所请的客人，不是别人，正是伍子胥。因为他晓得伍子胥将以追捕楚将之名，兵发郑国，报郑君当年派兵追杀之仇。

伍子胥因约而至，入席后不见他人，便问："将军，还有谁？"

孙武说："没有别人，就你我两人。"伍子胥因此面显疑色，既然只有两人，为啥弄那么多菜，八仙桌上，满满一台。

孙武说："子胥呀！自从发兵伐楚以来，你我虽然见面次数很多，但是我与你总是开口进攻，闭口防御，哪有时间和你品酒聊天。现在伐楚胜利了，作一次酒聊，你说该是不该？"伍子胥说："该，该，该，该我做东，却让你领先一步，子胥愧对将军了。"

孙武说："你饮恨十六年，血海深仇，终于得报，为你高兴呀！"

子胥说："伐楚得胜，都是将军深谋远虑、神机妙算，统筹得宜，致使楚军人仰马翻，全军覆没，才使子胥如愿以偿，子胥在此跪谢大将军了。”说完双膝跪地。

孙武急忙扶起伍子胥说：“使不得，使不得，快快请起，快快请起，是大家克敌制胜的功劳，非我孙武一人之能。”

两人回席后互相敬酒，难分宾主，亲若兄弟。酒至半醉，孙武对伍子胥说：“历代君王，成事之前，无不谦虚恭谨、礼贤下士。事成之后，无不专权跋扈、利令智昏。多少忠臣良将死于非命，多少善良百姓含恨黄泉。老实说，此次伐楚获胜，我你都是功臣，君王谋臣，对你我都有恭维溢美之词。可你我必须警惕，保持头脑清醒。倘若沾沾自喜、居功自傲、目中无人，无异于自设陷阱，千万，千万要夹着尾巴做人。倘若让君主感到你我有功高压主的言行，势必有祸降临。”

伍子胥点着头说：“是，是，是，切记，切记。”说完，给孙武又斟酒一碗，孙武一饮而尽。孙武说：“你将去攻打郑国。”

伍子胥大吃一惊，心里暗想：我还只有想法，没有行动，你孙武就已知道我的意图，真是料事如神！这怎能不叫伍子胥佩服得五体投地？连说：“是，是，是，有此打算。”

孙武是怎么会晓得伍子胥要去攻郑的呢？原因是孙武太了解伍子胥了。几年交往下来，孙武知道伍子胥是一个有仇必报之人。楚仇已报，他也绝不会放过郑侯。

孙武说：“郑国国力，虽然不及强楚，但也不可轻敌。劳师袭远，将士疲惫，士气不振，此乃兵家大忌。务必注重调整士兵心态，振足士气，而后才可开战。郑国百姓发现吴军来袭，必然会坚壁逃匿，因此你必须带足粮秣，保障供给。”

伍子胥点头说：“是，是，是。”孙武难得喝那么多酒，精神特别兴奋。嘴巴像打开的闸门，说话像流水，滔滔不绝。他说：“善用兵者，必以泰山压顶之力、激流飞瀑之威，扑向敌人，使其无喘息之机、无应敌之力，从而完全彻底地歼灭敌军主力。”伍子胥说：“是，我一定听从将军的教诲。”

时间过得很快，不知不觉已经天黑起更，按吴军规定，主将必须到岗。伍子胥告别，孙武握着伍子胥的手，依依不舍地将伍子胥送出营门。之后仍然立在门口，目送伍子胥，直到伍子胥消失在黑夜之中，看不见背影，方才回头，脚步显得非常沉重。

孙武为啥？因为他想到阖闾纵容吴军在郢都城里抢掠奸淫的行为，便知阖闾并非尧舜，料他随着国势的增强、声威的提高，必将骄奢专横，霸道肆虐。今后他若要斩杀功臣，我孙武必然首当其冲。何况我曾杀了他两个爱妃，拒绝他的要求，让他脸上无光。再说我孙武不是完人，有执拗死犟的缺点，一旦推车撞壁，不肯转弯，势必粉身碎骨。再加上在这次伐楚战争中，我把敌人耍得团团转，难道他就不怕我耍他吗？孙武面前只有四个字——“急流勇退”，这就叫识相。

因为孙武在决意离开阖闾政权之前，要会一会知心朋友伍子胥，所以他为伍子胥设一次宴。但是伍子胥并没有意识到孙武请他吃酒作客别有用意，两人喝酒聊天是最后一次。因此，留下了许多许多的遗憾。

伍员寻孙武

口述：李培林，张家港市乐余镇人。

采集整理：李洲芳，今苏州市吴中区人，2013年供稿。

伍子胥和孙武联手指挥作战，打败了楚国之后，因申包胥在秦国王宫外边哭了七天七夜，感动了秦王，秦王出兵救楚。吴国为了避免和秦国发生战争，便从楚国撤军回国了。

伍子胥想，当吴国的军队回到吴国以后，孙武将军请我喝了一次酒，却从此不见了踪影。孙武为什么不告而别？这叫吴国的君臣们百思不得其解。吴王阖闾对群臣说："孙将军出走，对吴国是一大损失，他不肯再为我国效劳，也只好由他去了。"

伍子胥说："大王，我想去寻找，活要见人，死要见尸。"

阖闾说："那你就想办法去找吧。"

伍子胥说寻就寻，立即行动，当天就带着一帮人马出发，人人手里拿着一幅画像，指着画到处问："看到这位孙大将军吗？"就这样从东到西，由南而北，寻遍了大半个吴国，还是没有发现孙武的下落。因此，伍子胥猜想，孙武出走，可能是担心吴王阖闾要报杀妃之仇，所以做出急流勇退的决定。

伍子胥想到这里，算是明白了，就此止步，不再找他了。但是他和孙武交情很深，不甘心失去这个朋友，便痛痛快快地哭了一场，以释心头之痛。

可是，孙武的形象，像幽灵一样盘踞在伍子胥心里，缠绕不歇，弄得他坐卧不安、神魂颠倒，早晚盼着孙武在他面前突然出现。等呀等呀，一年过去了，又是一年，公元前496年，阖闾战死之后，伍子胥想，孙武再也不必担心吴王阖闾会报杀妃之仇，应该现身了吧。

可是孙武仍是杳无音讯，这让伍子胥彻底失望了。但是他还在想，孙武或许是担心吴国今后要他领兵去攻打齐国，到时候进退两难，齐国是他的祖国，去打吧于心不忍，不去打吧，对不起吴国，于是三十六计，走为上策。

伍子胥算是彻底明白了。为了纪念孙武，他组织工匠，造了一座孙武庙，塑了一个孙武坐像，在孙武子庙落成的那天，伍子胥又放声大哭了一场。从此以后，他的心绪才慢慢地平静了下来。

定计潜脱身

采集: 沙镇寰,苏州市姑苏区人,2002年编入《孙武》。

收集整理: 谈世茂,今苏州市吴中区人,2013年供稿。

民间另有一说,孙武将军又潜隐,是在夫差当政时期。那时,孙武感到吴王夫差没救了,他死心塌地走上了一条穷兵黩武的不归路,吴国败亡局面已定,谁也无法扭转。孙武决定辞去将军一职,退出吴国政治舞台。同时,他也清醒地认识到,此时脱身不是一件容易的事,如何脱身?孙武思忖良久,心生一计。

一天上朝,孙武说:“齐国老家来人报信,臣之老母病故,特向大王报告。”

吴王夫差听后,故作同情地说:“老人仙逝,子孙尽孝,乃是天理,将军是不是想回趟老家……”

孙武心里有数:这个时候夫差是绝不会让他回齐国老家的。因为在夫差看来,他回齐国就意味着对吴国的背叛,倘若齐国聘他当将军,则对夫差更加不利。于是急忙回答说:“国与家,国事更大。身为将军，重任在身，岂能随便回家？”

夫差点头称是，接着问：“那你想怎么办？”

孙武答道：“我想在吴都郊野寻一处净土，为老人修座衣冠冢，暂辞将军职务，为老人驻守茅庐，恪守三年孝道。”

夫差听后，心里暗喜：因孙武与伍子胥一样，常与自己意见不合，孙武虽不像伍子胥那样激烈反对，但也常常奏本，现在他主动退出，少了一个障碍，为一喜。孙武留在吴都附近，我可以派人直接监视他，不怕他怎样，为二喜。我同意他辞官退隐为老人守灵，表明我施行仁德，文武百官和天下百姓一定对我大加赞赏，为三喜。想到这里，于是点头应允，并对孙武过去的功劳和恪守孝道大大赞扬了一番。

孙武再三称谢，至吴都郊外找了一个僻静之处，修坟墓、建庐舍。

夫差随之派人暗中监视孙武的一举一动。

孙武退隐之后，坚持不接待任何宾客，断绝与官方的一切往来，带着家人整天祭祀亡灵。

监视人员初期按照吴王要求，天天向夫差报告，每天都是平安无事老一套，日子一长，夫差不想听了，监视人也慢慢松懈，后来干脆撤销了对孙武的监视。

其实，孙武退隐以后，在僻静的小家园里一点也不清闲。充分利用这个清净的机会对《兵法》十三篇又反复琢磨起来。他结合自己的作战实践感受，反复思考修改，在原兵法十三篇的架构上，丰富了基本原则和思想观点，把一些实践中的新东西加了进去。比如，对伐楚取得郢都，最终却不得不放弃的深刻教训，在《火攻篇》中加了：“夫战胜攻取，而不修其功者，凶，命曰费留。故曰：明主虑之，良将修之。”意思是，打了胜仗，不修明政治、不巩固战果，是很危险的，很可能要白费民力、军力，白耗战争财力，以告诫此后的明君良将，一定要注意处理好这个问题。

就这样，孙武在兵法中日复一日、年复一年地遨游，经过他再次精心修改、升华，本来就很好的兵法更加完美，达到了一种至高无上的境界。同时，孙武在家，既是家长，又是老师，他要孩儿们读书、写字，既教他们如何做人，也向他们传授兵法之道。因此，孙武的后代也很出色。

代友尽孝道

收集整理：谈世茂，今苏州市吴中区人，根据东山镇地方文史资料和民间传说等综合整理，2014年供稿。

吴王阖闾九年（前506年），吴王命孙武统领大军伐楚，五战五捷，大破楚国郢都，楚昭王西逃，跑到郧县去了。

吴军占领楚郢都后，伍子胥为了报楚平王杀其父兄之仇而掘楚平王墓，破棺鞭尸三百下，弄得尸骨粉碎，再抛入河中；吴王阖闾乘胜占据楚王宫，强占楚王后妃，吴王还命许多将领也占楚国臣妻……孙武再三谏阻，无济于事。终于激起了楚国民怨。

孙武看到楚国百姓本来非常痛恨楚昭王的暴虐无道，现在转为愤恨吴王荒淫、吴军烧杀淫掠的行为，民心大转向，这使孙武心急如焚。

秦楚联军与吴军对峙期间，好大喜功的伯嚭领兵出战，损兵八千，而吴王阖闾并未按军令状行刑，不遵军纪、军法，将军令法则当儿戏，身为将军的孙武心中很不好受。

吴王阖闾十年（前505年），吴王阖闾在楚地率吴军与秦军对决，而其亲弟夫概带了自己的亲信部队已回吴城，自称吴王，攻击吴都，袭杀吴城留守将领。阖闾闻讯，采纳了孙武的计谋，让吴国大军分批返回，并和孙武带一部分军队先行。为能安放吴军所掠楚都财物，安置陆续归来的吴军，吴王在太湖西岸鸡笼山之南、东临太湖水之地，构筑了长三里、宽二里的长方形的临时屯兵之所（今常州市武进区雪堰镇城里村与无锡市滨湖区胡埭镇湖山村之间，现在无锡也称它为阖闾城）。当年，孙武等帮助吴王阖闾平定夫概叛乱，夫概逃奔楚国，吴王阖闾复归吴都。同年九月，楚昭王也回到郢都，将夫概封于堂溪，称为堂溪氏。

吴王阖闾十一年（前504年），吴王阖闾为夫概之事，又派吴军再次讨伐楚国，败毁楚舟师，又败楚陆师于繁阳（今河南省新蔡北），攻取了楚国的番邑，迫使楚国迁都于都（今湖北宜城东南），夫概逃奔宋国。从此吴国威震华夏。

吴王阖闾十二年（前503年），孙武见阖闾日益专横，生活糜烂，沉溺于酒色，不纳臣谏……

孙武几年来察觉吴王初心变了，遂以母丧尽孝为由，急流勇退。

孙武功成名就、身隐山林后，公元前484年，他得知伍子胥因为向吴王夫差进言，却被夫差赐死，孙武十分震惊和惋惜。他想到了伍子胥的老母，白发人送黑发人，多么伤心，不知伍家现在情况怎样？他恻隐之心油然而生，派人打听，千方百计地找到了被抄家流落在外的胥母。

孙武见到胥母，老人已是老态龙钟。孙武不禁两眼泪水夺眶而出，双膝跪下，口称：“娘！今后您就是我的亲娘！长卿代替伍兄为您养老送终，今后我陪娘亲一同生活……”

孙武同胥母商量，想找个隐蔽一点的地方，他向胥母讲了螺浮岛，穹窿山茅蓬坞，洞庭东、西山，征求胥母意向。

胥母想了一下说：“去太湖中东山岛吧！前番我从楚国来找儿子子胥，乘船经过西太湖，在东山岛玉笋峰（一写玉筍峰）下湖边上岸，曾在玉笋峰村一户农家住过一阵子，那儿离吴城较远，出入都要用船，可谓世外桃源、理想的隐蔽之所，而且那儿山民不多，民风淳朴，不少山民我都认识。”孙武答道：“那好，我陪您一起住在那儿。”

孙武雇了一只小船，做了一点准备，把几个家人和胥母都带上。到了洞庭东山玉笋峰村，熟人相见十分亲热，听说伍相国、太夫人遭如此劫难，族长十分同情：“这儿的人家不多，都是我的亲族，太夫人和孙将军住在这里只管放心，吃住在我家就是了。”

当时的东山还是太湖中的一个岛，与陆上不连通的，那里的确比较安全，孙武要找点事干，族长便让孙武教族中几个小孩读书写字。

就这样，孙武在东山岛玉笋峰村上，既教书，又代替好友伍子胥伺奉胥母好几年，以胥母为娘，尽之孝道，直至胥母过世。

孙武待胥母过世后，才离开东山岛玉笋峰村。那时，吴国已被越国所灭，时过境迁，他又重回穹窿山茅蓬坞。

相传，因为孙武陪伴胥母隐居在东山，所以东山亦被人们称为胥母山。而玉笋峰村，后来改称了东山槎湾村。怎么会改的呢？这是因当年胥母避难于此，指导当地山民砍竹、伐木，编制成水上的运载工具——“槎”（即楚国的竹筏、木筏）。玉笋峰下临水有个太湖湾，湖湾中停靠了许多槎，村名就慢慢被叫成“槎湾”了。

胥母过世后，该村族长为感激、纪念这位老夫人，盖了一个“胥母娘娘庙”，后来改为“保安寺”。这个寺中，大殿里既不供奉释迦牟尼，也不供奉观音菩萨，而是供奉胥母娘娘，塑像凤冠霞帔，色彩华丽。胥母娘娘两侧各有一尊泥塑人像，一尊道家装束，手捧竹简，老人们称是孙武像；另一尊像，称是伍子胥像。传说，孙武代好友伍子胥尽孝道的事迹感动了当地民众，所以百姓建寺庙一同纪念。

东山镇槎湾村“保安古寺”

临终说三愿

收集整理：谈世茂，今苏州市吴中区人，根据张晓成原载2000年4月28日《姑苏晚报》的资料及吴中历史人文资料和民间传说等综合整理，2014年供稿。

两千五百多年前的一个清明节，穹窿山茅蓬坞，青翠掩映，树木摇曳，枝头鸟鸣，山泉淙淙，交织成美妙动听的乐曲。

这时，一位农妇在茶林里飞快地采摘着新嫩的茶芽，然后急匆匆地赶回坞中的茅屋……她用煮好的清茶，给一位已故的老者上供祭奠。

被祭祀的老人，便是春秋时赫赫有名的兵圣——孙武。

传说，孙武认胥母为娘，代好友伍子胥尽了孝道，为其养老送终后，又潜回穹窿山。常年隐居在山坞里的孙武终日闷闷不乐，他的大儿子早已战死沙场，另外两个儿子移居富阳，都不在身边，爱妻已亡故，身边仅有他的一个使女，因是当地有名的种茶能手，人称“茶娘”。

茶娘为了使孙武心情开朗，不但每日清晨泡一杯清茶给他败火，而且常常陪他在山坞里转悠。清茶的幽香和大自然的秀丽使得孙武的心情慢慢舒展起来，吟出了“匹夫堪如此，潜山归去来”的诗句。从此，晚年的孙武便和茶娘以种茶来排遣心中的忧愁。

日复一日，孙武老了、病了。搞了一辈子兵法、闻惯沙场血腥味的孙武临终时向茶娘提出，要去山坞看看亲手种植的几十棵茶树。

茶娘感到很为难，对孙武说：“老爷，你如此病体，经不起风吹啊！”

孙武闻言，老泪纵横道：“茶娘，要知道，我晚年的杰作便是这几十棵茶树啊！”他见茶娘哽咽着说不出话来，便讲述了他爱种茶的原因，话之大意是：茗生山石不惧雪，绿叶茂盛枝相连；雀舌银芽出焙篝，津芳甘奉惠众生。

茶娘频频点头。从孙武这喜茶之本源中，她体会出了主人刚正不阿、与人为善、历经考验、乐于奉献的人生哲学。

孙武又道：“茶娘，你我相依为命多年，宛如父女，够苦累你了，真该谢谢你，我死后还有三件事，你要替我办好：一是你若遇我的儿子孙明或孙敌，要把我改好的十三篇兵法交给他们，并希望你能转告他们，这是老夫一生之心血，要传于后人。二是我死后，墓不要建在这里，要建在吴都望齐门外。我原来曾站在望齐门城楼上，遥望过齐国故乡，心中默默祝愿故乡国泰民安。死后葬在望齐门外，也让我离齐国故乡近一点。三是每年的清明，请你泡一杯清茶供于我的灵前，并到虎丘山吴王阖闾冢凭吊，亦供奉清茶一杯，不枉我千里寻明主。如今吴国虽亡，但君臣曾有过一段情谊。茶娘，你明白我的心思吗？拜托你了。”

孙武三桩心愿说完，甚是疲倦，伸出双手，似乎向茶娘要什么东西。茶娘流泪问道：“老爷，你是不是再要看一看你的十三篇兵法？”

孙武点了点头，长叹道：“是呀……可我……”话没说完便头一偏，驾鹤归天了。

孙武逝世后，忠心耿耿的茶娘依他主人所托，三桩后事，一一照办。从此，茶娘在穹窿山茅蓬坞里管理孙武生前喜爱的茶树，日长年久，穹窿山茅蓬坞里的茶叶树长得越来越茂盛，每年的清明节前后，都会从山坞的茅屋中飘出缕缕的茶香……

穹隆山

墓葬孙墩浜

采集整理：殷仁伦，苏州市吴中区人，在吴县陆墓中学和吴县市人大工作期间（1965年至2001年）多次访考，整理成文发表于《孙武苑》，2015年修改补充供稿。

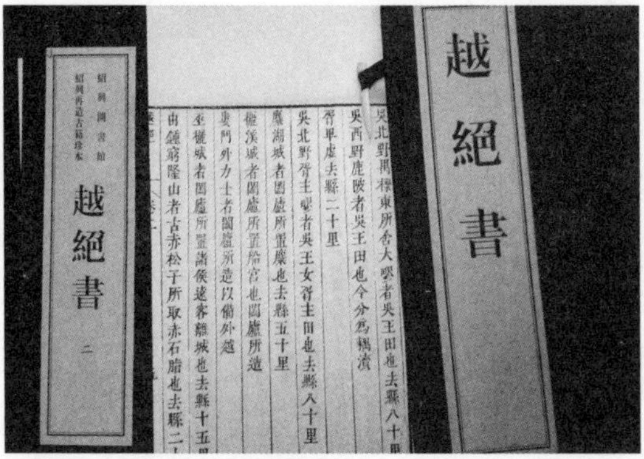

《越绝书》载：“巫门外大冢，吴王客齐孙武冢也，去县十里，善为兵法。”苏州巫门即是吴城北门，后称平门，平门的东侧就是望齐门，简称齐门，两门在同一个方位。因此，按《越绝书》所指孙武墓在巫门外的位置，即虎丘山吴王阖闾墓的东北边，那儿确有个大坟，正南方直对望齐门，叫孙墩。墩北有条小河，叫孙墩浜（原吴县陆墓镇西，今相城区元和街道御窑村西）。

孙武墓怎么会建在那儿的呢？这要从他第二次在吴地辟隐深居和望齐门的来历说起。

自从破楚后，吴王阖闾干出了淫辱楚王后妃等一系列不仁义不道德之事……孙武再三谏阻，吴王不听。吴国大军回来后，又发生了夫概叛乱，阖闾与夫概兄弟相互残杀的事件。夫概投楚后，吴王再次伐楚，连年战争使吴地百姓负担沉重，民怨纷纷。另外，吴王日益专横，生活糜烂，花天酒地，沉溺于犬马声色。

孙武感到吴王阖闾变了，越来越听不进逆耳忠言，喜听伯嚭之流的谗言，故而他借母丧服孝三年为由，急流勇退，隐遁吴中山林。

后来，老忠臣伍子胥被吴王夫差赐死，隐居的孙武十分悲伤，代好友伍子胥伺奉胥母于太湖东山岛，尽之孝道。吴王夫差被越王勾践打败后，吴国灭亡，孙武又重回穹窿山茅蓬坞。那时，孙夫人亦已亡故，他也七十多岁了。

传说，孙武的儿孙们在吴王夫差当政时期，都被迫离开了吴都之地。因此，晚年的孙武只有使女茶娘陪伴，在穹窿山茅蓬坞种种茶，深研完善兵法。约在吴国灭亡后的第三年，孙武以尽天年而终，享年约七十五岁。

孙武临终前夕，托过茶娘三桩遗愿，其中之一是要求茶娘待他死后，墓要建在吴都望齐门外。这望齐门是有一个来历的，此门是为齐国公主而开。

当时，吴王阖闾实现了“兴霸成王”的愿望，南伐越国，西破强楚，北慑齐晋，一度称霸东南，威震中原。然而，齐国国君齐景公却不思振作，专事游乐。但是，他为了防备吴国，便与楚国图谋联盟。

吴王阖闾听说齐楚想结盟，便准备出兵攻打齐国，但总要找个借口。此时，伍子胥等臣为吴王出了个主意：“吴太子波（一名终留）之妃已经去世，还没有继室，齐景公有一个未曾婚嫁的女儿，才貌出众，不如派人到齐国求婚，如果齐景公不答应，就有理由出兵讨伐了。”

由此，吴王派大夫王孙骆出使齐国，齐景公慑于吴国的武力，只得忍痛答应。齐景公幼女名少姜，到吴国与太子波成婚后，齐公主成了吴太子妃，但她年幼不知夫妇之乐，一心思念父母，日夜哭泣，忧郁成病。最后吴王同大臣商量，想了个办法：令人在吴城北城门（巫门）边开了个城门，上造一个九层飞阁，并将此门名为望齐门，每日由太子波陪同少姜去城楼游玩，以北望齐国。然而齐女登楼北眺，哪里望得见齐国家乡和父母的影子？

但在一个万里无云的晴天，少姜倚窗远眺，看见一座青山绵亘横卧，山色时隐时现。太子波告诉她：“这山名虞山，因葬前勾吴国君虞仲而得名。”少姜凄然一笑，心中若有所思。

由于太子妃终日忧伤，不久就一命呜呼了。临终，她对太子波说："妾闻虞山之巅，可见东海和北方，乞葬于此，倘魂魄有知，庶几一望齐国也。"太子奏告父王，于是将齐公主、吴太子妃少姜安葬于虞山。

人非草木皆有情，所以孙武决定将墓建于望齐门外，可能也是他乡愁使然。他原来也曾站在望齐门城楼上的飞阁，遥望齐国故乡，盼望故乡国泰民安，死后亦要葬在望齐门外，那是一片悠悠天宇旷，切切故乡情。

此时，吴国已亡，是越王勾践统治吴地了。茶娘协助孙武家人依照孙武遗嘱，葬其于吴城望齐门外，了却其主人生前的思乡之情。孙武墓又在虎丘山吴王阖闾冢右侧北部，还含有将军死后仍坚守辅臣之忠义，续联君臣之情谊。

当地流传："古时候有一个很会打仗的姓孙的将军的墓葬在村子边，有座大坟叫孙墩，旁边河浜叫孙墩浜，附近村庄叫孙墩浜村。离孙墩西边数里就是虎丘山，那是吴王阖闾的墓。孙武因为吴王而成就一番事业，吴王也因为得到孙武和伍子胥的帮助而称雄天下，关系特好。吴王死得早，死后葬于虎丘；孙武死得晚，所以，选择葬在离虎丘不远的地方，表示忠于吴王。"老百姓的话，也是一代代流传下来的。

20世纪中期，还可看到孙武墓遗址大坟堡，墓碑上刻有“吴王客齐将军之墓”，孙墩村人称其为南大坟。南大坟高出周围平地三四米，呈方形，占地有两亩多。村民还说：“以前这个墩要高很多，1958年“大跃进”时整田平地，被平掉了很多，原来还有许多柏树、石门槛、石狮子，现在只剩几条石门槛了。”

1995年，吴县陆墓镇人民政府立了块石碑，石碑上刻着“吴王客齐孙武冢”七个大字，旁边还有一块《重修孙武冢记》小石碑，记有“高大的坟墩变成了一座小坟”。

2014年12月，相城区在孙武冢东边，新建了孙武纪念园。全园占地总面积八万多平方米，建有孙武墓、孙武像、广场、孙武生平故事长廊、孙武文化展示馆等。2016年5月12日对外开放。

后人徙富春

采集整理：谈世茂，今苏州市吴中区人，赴富阳龙门镇等地考访，参阅有关谱牒资料等，2013年整理供稿。

有书称，孙武妻子是齐景公朝中大夫鲍国的曾孙女鲍姜；也有人称，孙武是和齐国栾庆大人女儿结的婚；还有人称，孙武是与吴地的田氏女成了婚。

一说鲍姜生长于名门贵族，自幼受到良好的家教，加上她聪明颖异，不仅知书达礼，而且琴棋书画、女红针黹无所不能。结婚后，鲍姜敬重丈夫，对孙武的饮食起居亲自过问，细心照顾。她深明大义，全力支持丈夫的事业和志向，因此夫妇俩非常恩爱，琴瑟和谐，过着幸福美满的生活。鲍氏先后生育了孙驰、孙明、孙敌三个儿子。也有说，长子孙驰是栾氏所生，而次子孙明和幼子孙敌是鲍氏所生……

总之，年代久远，史无详记，多种传说并存。但是，孙武有三个儿子是可信的，长子孙驰、次子孙明、三子孙敌。对孙武（或其子）受封富春侯，是谁赐的，又是谁受封的，有些史志、谱牒中的记述略有不同。

有谱牒说，孙武长子孙驰在伐楚之战中，死于柏举战场（注：《孙子大传》剧中以此说，孙驰战死）。吴王阖闾因此对孙家心怀愧疚，故把富春当作封地，赐给孙氏。孙武次子孙明因父兄功绩受封富春侯（今浙江富阳），后来在富春成了孙氏在南方著名的吴郡望族。也有书称，孙驰柏举之战后，不知所踪。

《富阳县志》中载，孙武奔吴，献兵法于吴王。当时富春是吴国的辖区，吴王阖闾将富春封给孙武为食邑。所以，孙武的儿子孙明就在富春（东晋时更名为富阳）定居了下来，成了瓜邱之祖。瓜邱，就是现在的富阳市王洲乡瓜桥埠一带。

《王洲孙氏宗谱·王洲记》中载道："富春西去四十里许，有地曰洋涨，孙氏数百家环而居之，因其名曰孙洲……自春秋时，有孙明者，见其地千趣百态，遂构室而居之。"说明孙明初居地是富春孙洲乡瓜桥埠（注：三国时孙权为东吴大帝后，孙洲改称王洲）。

还有传说，吴国被越国灭亡（前473年）后，越王勾践曾派人到处寻找吴国前朝旧臣的下落，并区别对待：对媚颜夫差的谗臣伯嚭，杀其九族，没收全部家产。对被夫差赐死的忠臣伍子胥，立祠建庙，弘扬其功德。对隐居的孙武，则派人到处寻找其下落，寻找不着，又下令寻访孙武的子女，终于在富春（今浙江富阳）找到孙武的二儿子孙明。勾践不但没有杀孙明，还因为孙武有大功，"以父功食采于富春"，把富春之地封给孙明。

不管何种说法，相同的一点是，孙武第二个儿子孙明确实在富春落户，并当过富春侯。从此，就有孙武的一脉后裔在富春大地上生息繁衍了。孙明就是富春（今浙江富阳）孙氏的始迁祖，肇始之地是孙洲乡瓜桥埠。“富春堂”也成了富阳孙氏的主堂号，与山东“乐安堂”孙氏同宗共祖，这些是准确无误的了。

相传，富春孙明后裔中，名人众多，最为人们熟知的有三人，即战国时著名军师孙膑、三国时东吴大帝孙权、民国初中华民国临时大总统孙中山。

战国时著名军师孙膑，是孙武五世玄孙。世系是：孙明生二子，即孙顺（前471年生）、孙顗；孙顺生一子孙机（前443年生）；孙机生六子，即孙智、孙敏、孙英、孙操（前415年生）、孙俊、孙贤；孙操生一子，即孙膑（前387年生）。

孙膑的父亲孙操为何离开富春孙洲而北上？因孙操英武俊杰，有将门之风，被燕国王看中，招为驸马，故北上入赘，并生孙膑。所以，孙膑生于阿、鄄之间的地方。但他四岁丧母，九岁丧父，又处战国乱世，只得从小跟随堂叔父孙乔。后孙乔成为齐康公的大臣，齐康公被田太公驱逐后，孙乔等旧臣也被追杀，孙膑在逃难中与堂叔父家离散。

浙江富阳——孙权故里

孙膑长大后，与庞涓、苏秦、张仪等师从于鬼谷子，孙膑、庞涓学习兵法，苏秦、张仪学习游学（也叫纵横学）。庞涓贪图名利，学业未完就去了魏国做官，后庞涓为魏惠王的将军。公元前362年左右，孙膑应庞涓之邀，误入魏国，孙膑受到刖刑（即砍去双脚膝盖）。公元前356年，孙膑被齐国使者偷偷救回齐国后，被齐威王任为军师……马陵之战，孙膑身居辎车，计杀庞涓，大败魏军。著有《孙膑兵法》，成为战国时一代著名军师。

孙膑之子孙胜，字国辅，秦时大将。孙胜之子孙盖，字光明，为汉中太守。孙盖之子孙知，字万春，为武信君。孙知之子孙会、孙念、孙愈。孙愈，字甚然，为右侍郎。孙愈之子孙期、孙实、孙益。

孙武的第十到第二十世裔孙是：第十世孙益，字玄器，为汉侍中。有子孙抑、孙卿、孙聊→孙冯→孙诚、孙询→孙鸾、孙骐→孙福、孙箕、孙爰→孙厚、孙原→孙瑶、孙琳→孙邃→孙倏→孙骯、孙国……

三国时东吴大帝孙权，是孙武第二十三世裔孙。世系是：富春孙明后裔中，孙操、孙膑在战国时曾一度移居北方，第十五世裔孙孙箕，字子远，曾出任东汉光武帝时天水太守。孙箕的儿子孙厚，字重殷，为大将军掾，重新由北方迁回富春。传至孙瑶→孙邃→孙倏→孙骯→孙铭、孙钟。

东汉末期，孙钟任乌程侯，遇战乱回老家，隐居于富春孙洲，以种瓜为业，路人有求，慷慨相赠，因此，善人之名，肆闻乡里。有三子：孙羌字圣台（早逝）、孙坚字文台、孙静字幼台。

历史上会有许多巧合之事。作为孙武第二十二世裔孙的孙坚，娶聘吴王阖闾叔父季札的第二十四世裔孙吴偳的两个女儿（吴县人）为妻。此二女如花似玉、德才兼备，随二兄吴景去钱唐县投亲，孙坚慕名前去求婚，先娶姐为夫人，后娶妹为妾。吴大姐生有四个儿子——孙策、孙权、孙翊、孙匡，吴小姐生有一子一女——孙朗和孙仁（孙仁乳名尚香，后为蜀主刘备的三夫人）。

孙坚弟孙静也有五个儿子：孙暠、孙瑜、孙皎、孙奂、孙谦。

汉末州牧割据叛乱，孙坚、孙静被征参军。两人参军后，多次参加平叛战斗，又随朱俊征讨黄巾军，立下许多功劳，被东汉朝廷封为长沙太守、乌程侯。其弟孙静为奋武校尉。后董卓乱政，孙坚联合袁术，参加了诸侯联军，伐董卓、击袁表，后孙坚战死沙场。

孙策、孙权和叔侄们艰苦创业，终于江东崛起，以吴郡为根据地，建立了三分天下的孙吴政权。

孙策在吴城南郊被严白虎暗箭射伤身亡后，孙权继承兄长意志，夺取江东六郡，在吴郡吴县宣布为东吴大帝，成为三国时代吴国的开国皇帝。

孙权立国后，先以吴县城（今苏州）为吴国都城。所以，孙权父母、兄长都葬于苏州古城盘门外。孙权追谥父亲孙坚为武烈皇帝、兄长孙策为长沙桓王。册封母亲吴大姐为吴国太后。敕封叔父孙静为昭义中郎将，镇守富春故乡。封大舅吴熊庆为太傅、吴郡公，二舅吴景为丹杨太守、扬武将军。

孙权生有七个儿子：孙登、孙虑、孙和、孙霸、孙奋、孙休、孙亮。在当时世袭制度下，孙氏家族，都掌握军政大权，其时的江、浙、皖、赣诸省均为孙氏所控制。

吴郡富阳孙氏，确是孙武世系中一支直系望族，宗亲中出了很多显赫人物，包括中华民国临时大总统孙中山。

富阳人说，孙中山的先祖就是东吴大帝孙权第三子孙和（东吴末帝孙皓及弟孙德、孙谦、孙俊的父亲）的分支后裔。山东人说，孙中山是孙膑之玄孙孙知的一支后裔。

其实，孙知、孙和虽是两个支系，但都是孙武之子、富春侯孙明的后代。在唐代僖宗年间，孙明的后裔中有孙拙者，官历中书舍人及两浙节度使，其子孙俐被选为百将公，率兵转战于闽越江右之间；在唐末黄巢举事时，孙俐被封为东平侯，驻在虔州虔化县，后定居于此，即今江西宁都。孙俐有子孙实，孙实生七子，其中三子孙士元生孙有敬。在五代时，孙有敬为承事郎，因躲避兵祸，由江西宁都迁居福建长汀河田。明朝永乐年间，孙俐十二世孙——孙浩，字友松，自闽迁粤，为入粤始祖。孙友松下传十一世至孙鼎标时，鼎标抗清失败，有个儿子叫孙连昌，迁居增城，清中期再迁居中山县涌口门村，又二传至孙殿朝，移居翠亨，孙殿朝生子孙恒辉，孙恒辉生子孙敬贤，孙敬贤生三子，长子孙达成又生三子（孙德佑、孙德昭、孙德明），孙德明即是孙中山先生。

如今，孙武后裔分布在全国各地，世界上，美、俄、日、德、英、法等一百多个国家和地区，都有孙武的迁居后裔。

兵法传四方

口述： 陶汉章，江西省进贤市（进贤县）人，1985年著《孙子兵法概论》，1998年4月25日口述于家中。

采集整理： 谈世茂，今苏州市吴中区人，2012年以记录整理供稿。

孙武的《孙子兵法》，作于吴中山林，历经千年传至五湖四海。相传，在唐代就走出国门，首达日本、朝鲜。公元1772年，法文《孙子兵法》就在巴黎出版，然后在欧洲广泛传播开来。

法兰西第一帝国皇帝拿破仑，也是世界著名的军事家。他最善于运用炮兵和骑兵，还重视知识分子的作用。一次远征，他下令带两千门大炮，同时下令带一百七十五名各行各业的学者以及成百箱的书籍随行。他的命令中有一句话是：“让驴子和学者走在队伍中间。”

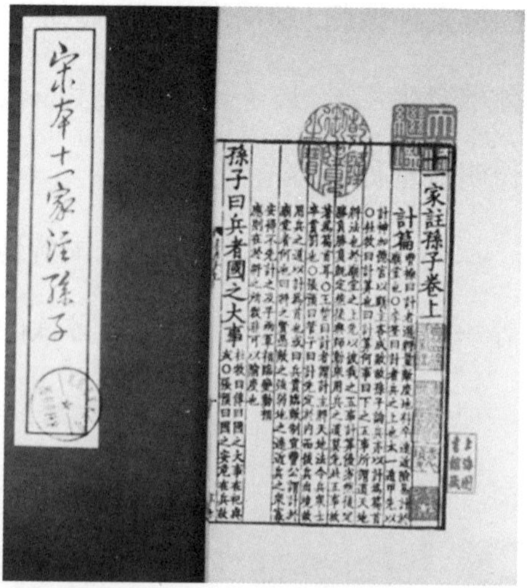

传说，拿破仑也喜欢《孙

子兵法》，说他在滑铁卢之战惨败后，被流放囚禁在一个小岛上，仍继续研读《孙子兵法》。一天，他读着读着，突然拍案叫绝，进而叹息：“倘若我早点看到它，我是不会失败的。”

拿破仑可能发现了《孙子兵法》中《计篇》中的“天者，阴阳、寒暑、时制也”，还有“绝地勿留，围地则谋，死地则战”。他恍然大悟，滑铁卢战役失败的一个重要原因是突然遇到那场没完没了的狂风暴雨，部队无遮无挡，在那一大片无边无际的泥泞地里寸步难行。“陷入绝地不能停留”，“要想办法实现突围”，“找到不利于敌人的地形再决战”，所以他悔恨至极。

《孙子兵法》传播到美国后，很快被普及，在第二次世界大战前后，从总统到平民百姓都知道中国的《孙子兵法》，西点军校把它列为教科书，美国管理学家乔治在《管理思想史》中大声呼吁：“你想成为管理人才吗？必须读《孙子兵法》。”著名作家詹姆斯·克拉维尔曾呼吁：“我希望能把这本书列为自由世界所有官兵、一切从事政治活动的人以及政府和大学里所有人的必读之作。”

1991年爆发的海湾战争，是美国主导的多国部队参与的高科技条件下的战争。此场战争中，北约联军共出动飞机近十万架次，投弹九万吨。同时，发射了二百八十八枚战斧巡航导弹和三十五枚空射巡航导弹，还使用了一系列最新式飞机和各种精确制导武器，对选定目标实施多方向、多波次、高强度的持续空袭……

当人们议论这场战争的时候，美国《华尔街日报》记者从海湾前线向世界发出一篇报道，说中国虽然没有派出一兵一卒，但却有一个神秘的中国人亲临前线指挥作战。这个神秘的中国人，就是指中国古代最杰出的军事家和军事理论家孙武。

一个离开我们两千五百多年的人，怎么会到海湾战争前线指挥战争呢？原来，美国海军陆战队司令阿尔弗雷·德格雷是一个“孙子迷”。在海湾战争前，他指定《孙子兵法》为所有官兵必读书，在实施沙漠盾牌计划的初期，特地将中国的《孙子兵法》英译本运往沙特阿拉伯的沙漠，他让陆战队员的行囊里都装上一本《孙子兵法》，要他们结合海湾战争实际活学活用。这事被记者发现了，他幽默地向全世界发出一篇报道，在全球引起很大反响。

《孙子兵法》，这本书历经沧桑，从没有被人遗忘，而被人们称为是一部奇书、兵家宝典。虽然只有五千余言，但内容包罗万象、博大精深，涉及战争规律、哲理、谋略、政治、经济、外交、天文、地理等方面内容，以其精炼的战争哲理、丰富的斗争智慧在中外军事思想史上产生了巨大而深远的影响，堪称古代兵学理论的宝库、中华优秀传统文化的瑰宝。

如今,《孙子兵法》传至四方,它的基本原理和思想精髓已经渗透到了军事之外的政治经济、工商管理、社会生活等各个领域,尤其在企业发展、商业竞争等活动中,兵法中的智慧得到了广泛的学习和应用。

孙武书院

编 后 记

为弘扬中华民族优秀传统文化，抢救吴地非物质文化遗产，苏州市吴中区孙子兵法研究会在区委、区政府及区社科联的支持下，将有关中国春秋时期著名的军事家、政治家孙武及《孙子兵法》列为研究课题，花了多年时间，广泛收集了孙武在民间广为流传的事迹，加以整理，编纂成《传说孙武》一书。

《传说孙武》以民间文学的形式结集表述，系统地颂扬了古代先贤孙武杰出的聪明睿智、宏伟的思想境界、高尚的品德人格、巨大的历史功绩，以飨读者。《传说孙武》有助于大家加深对兵圣孙武及其《孙子兵法》的认知，从他的历史传说中汲取智慧营养，传承古代文明的精华，增强实现中华民族伟大复兴的信念。

《传说孙武》初稿中，共收到小故事一百多个，编纂中为避免重复赘言、远离主题、矛盾情节、封建迷信等而有所删剔，现仅选录七十八个。为便于阅读，以孙武生平简历为序，辑分五编记述，统一标题和格式，以使全书格调和谐；并根据民间传说的基本特征，书中尊重了原口述者、采集整理者的基本表述内容和语言习惯，保留了一些故事重叠或略有不同的传说情节，旨在多角度、全方位地展示孙武的远大理想和智慧人生。

《传说孙武》在收集、整理、编纂过程中，得到了众多重视优秀传统文化的领导者、民间故事传颂者、民间文学爱好者、书画摄影者们的热忱关心、无私帮助和大力支持，尤其是中国孙子兵法研究会原副会长吴如嵩将军，在百忙之中为本书作序。还得到了区财政局、区文体局、古吴轩出版社的积极帮助，才得以如期出版。

谨在此对上述支持、关心、帮助《传说孙武》编纂的各单位和个人，一并表示衷心的感谢！

本书在编纂中，按照“去粗取精，去伪存真”的原则，做了一些年代考证、纠偏改误、拾遗补阙等工作，力求上下联贯、脉络清晰、通俗流畅、有可读性。由于编纂人员水平有限、学识浅陋，加上千年流传久远、口传变异难以深究和时间仓促等原因，书中难免存在差错和许多不尽如人意之处，希冀各位方家、读者谅解，恭请大家不吝赐教指正。

苏州市吴中区孙子兵法研究会

2017年夏

图书在版编目（CIP）数据

传说孙武 / 苏州市吴中区孙子兵法研究会编. — 苏州：古吴轩出版社，2017. 9
ISBN 978-7-5546-0997-2

Ⅰ. ①传… Ⅱ. ①苏… Ⅲ. ①孙武—生平事迹 Ⅳ. ①K825.2

中国版本图书馆CIP数据核字（2017）第224900号

责任编辑：洪　芳
见习编辑：徐　铼
装帧设计：杨　洁
责任校对：蔡时真
责任照排：杨　洁

书　　名：传说孙武
编　　者：苏州市吴中区孙子兵法研究会
出版发行：古吴轩出版社
地址：苏州市十梓街458号　　邮编：215006
Http://www.guwuxuancbs.com　　E-mail:gwxcbs@126.com
电话：0512-65233679　　传真：0512-65220750
出 版 人：钱经纬
印　　刷：苏州日报印刷中心
开　　本：787×1092　1/16
印　　张：22.25
版　　次：2017年9月第1版　第1次印刷
书　　号：ISBN 978-7-5546-0997-2
定　　价：48.00元